社会化养老多元供给主体融合研究

主　编　彭　钢　唐　健
副主编　冯玉莹　何　涛　郑小莉
编　者　（按姓氏汉语拼音排序）
冯玉莹　何　涛　彭　钢
唐　健　王林智　郑小莉

科学出版社
北　京

内 容 简 介

本书以福利多元主义理论和协同治理理论为基础，认为社会化养老需求通过多元主体供给、多元主体之间协同供给可以形成新的、稳定有序的供给体系，可以实现社会化养老多元供给主体融合的目标。本书介绍了社会化养老多元供给主体融合的概念、分析框架和分析工具，认为融合是供给能力和制度供给两个方面结合的状态，提出了多元主体融合机制可以通过供给能力融合与制度供给融合两个维度来分析。本书还分析了多元主体融合机制、模式与制度架构。

本书可为从事社会化养老研究的政府工作人员和高校研究人员提供参考。

图书在版编目（CIP）数据

社会化养老多元供给主体融合研究 / 彭钢，唐健主编.—北京：科学出版社，2023.6

ISBN 978-7-03-075785-2

Ⅰ.①社… Ⅱ.①彭… ②唐… Ⅲ.①养老－社会服务－研究－中国 Ⅳ.①D669.6

中国国家版本馆 CIP 数据核字（2023）第 104636 号

责任编辑：丁慧颖 / 责任校对：张小霞

责任印制：赵 博 / 封面设计：吴朝洪

科 学 出 版 社 出版

北京东黄城根北街 16 号

邮政编码：100717

http://www.sciencep.com

固安县铭成印刷有限公司印刷

科学出版社发行 各地新华书店经销

*

2023 年 6 月第 一 版 开本：787×1092 1/16

2024 年 4 月第二次印刷 印张：12

字数：280 000

定价：80.00 元

（如有印装质量问题，我社负责调换）

前　言

随着中国人口老龄化进程的加快和中国家庭人口结构的小型化、核心化发展，高龄老年人所占比重越来越大，人口老龄化的程度不断加深，社会化养老便成为诸多学者和相关政府部门关注的焦点。

社会化养老是我国目前急需解决的重大现实问题和民生问题，也是推动我国经济长期快速发展的重要内容之一。目前关于社会化养老的研究，大多侧重于社会化养老模式、途径、方式、服务体系的探讨，很少系统地对社会化养老供给主体进行深入研究。供给是社会化养老服务的核心问题。但是长期以来，中国养老服务供给主要依赖家庭互助和政府、社会救助制度，还没有形成系统的、稳定的、制度化的应对措施。目前政府、家庭、市场、社会组织等多元主体的供给处于分离状态，还没有实现融合，资源利用效率低，养老需求没有得到适度满足。因而研究中国养老多元供给主体融合机制、模式与制度架构，有助于防范老人养老需求缺失风险的发生和保障失能老人的生活品质。

编者在总结国内外养老多元供给主体的基础之上，通过调研掌握一手资料，并结合编者课题组的医学背景和特色资源，努力推出一本具有很强针对性的社会化养老多元供给主体融合机制的著作。

首先，编者剖析和总结国内外实行社会化养老供给主体多元化的经验和办法，力求在分析社会化养老供给主体困境的基础之上，对社会化养老多元化供给主体融合机制和实现路径研究进行有效创新；其次，通过对社会化养老模式调研并进行实证研究，掌握目前社会化养老机构的运行模式及困境，对社会化养老多元供给主体融合机制提出合理的参考建议，为其融合机制和实现路径创新提供范式。

本书共分十章，从绪论、社会化养老多元供给主体理论溯源、社会化养老供给主体多元化的历史演变、社会化养老多元化供给现状与发展分析、社会化养老供给主体多元化供给能力分析、国外社会化养老供给主体多元化融合的比较、社会化养老供给主体多元化融合机制分析、社会化养老供给主体多元化融合的制度架构、促进社会化养老供给主体多元化融合的政策建议、社会化养老多元供给主体融合基本结论和研究展望等方面进行论证和分析。

本书紧密结合国家关于社会化养老多元供给主体融合方面的政策，力求在社会化养老融合机制创新上有所突破，着力在社会化养老多元供给主体融合困境分析及对策方面进行探索。

在本书的编写过程中，武汉大学社会保障研究中心冯玉莹博士参与了部分章节的工作，主要承担第二章、第三章和第四章的写作工作。

具体来讲，本书的出版有以下 5 个方面的意义。

（1）从理论上来讲，能够丰富社会化养老多元供给主体融合机制范式，为丰富多元供给养老理论，提高养老供给能力，实现养老资源科学合理配置和健全养老服务体系提供借鉴。

（2）在人口老龄化的背景下，开展社会化养老多元主体融合问题研究是关系国计民生和国家长治久安的重大问题，对创新养老供给制度改革具有探索意义，对构建社会主义和谐社会具有重要意义。

（3）构建合理社会化养老服务多元供给制度有利于资源合理配置。只有改变政府作为单一供给主体的现状，形成多元化供给主体的协同局面，才能真正提高社会化养老供给能力，实现养老资源科学合理配置，健全养老服务体系。

（4）实行社会化养老服务，才能适应城镇化加速、农村青壮年人口向城市的流迁、计划生育政策带来的家庭结构核心化、家庭平均人口数量不断减少、人们的传统价值观念不断受到冲击、农村土地政策的变化等带来的影响。

（5）完善社会化养老服务市场是发展经济，扩大内需的有效举措。养老市场具有很大的消费潜力，在经济新常态下，养老消费又是推动地方经济发展的重要内容和有效途径。

本书出版得到国家社科基金项目“乡村振兴背景下农村社区‘医养结合’深度融合体系构建及培育路径研究”(21BGL225)、四川省 2022 年省级大学生创新创业训练计划项目“医养联合体数据库平台建设研究”（S202210632143）的大力支持，在此表示感谢！限于编者的水平，本书难免存在疏漏之处，敬请读者给予指正。

编　者

2023 年 5 月

目录

第一章 绪　论

随着中国人口老龄化进程的加快和中国家庭人口结构的小型化、核心化发展，高龄老年人所占比重越来越大，人口老龄化程度不断加深，社会化养老便成为诸多学者和相关政府部门关注的焦点。社会化养老是我国目前急需解决的重大现实问题和民生问题，也是推动我国经济长期快速发展的重要内容之一。

早在 2000 年，中国就进入了老龄化社会。截至目前，中国已经成为世界上老龄人口最多、老龄人口增长速度最快的国家之一。老龄化带来的一系列社会问题日益凸显，家庭结构小型化，家庭照护功能弱化，社会化养老已经成为未来发展的趋势。而中国社会化养老的供给主体存在相互分离的倾向，还没有形成责任社会共担机制。社会化养老需要政府、家庭、市场、社会组织的共同参与，任何一个独立的个体都无法妥善解决失能老人所面临的风险。本书从中国老龄化背景下社会化养老多元化供给现状与困境分析出发，结合当下社会化养老供给主体多元化供给能力进行分析，在社会化养老供给主体多元化融合程度国际比较的基础之上，对单一供给主体的供给能力进行分析，进而验证多元主体深度融合的必要性，并对多元主体融合机制、模式与制度架构进行设计。

第一节 社会化养老多元供给主体融合问题的提出

一、现实原因

（一）人口老龄化问题严重

目前，我国社会结构正在向老龄化发展，根据民政部发布的《2021 年民政事业发展统计公报》数据显示，截至 2021 年底，全国 60 周岁及以上老年人口 26 736 万人，占总人口的 18.9%，其中 65 周岁及以上老年人口 20 056 万人，占总人口的 14.2%。而 2013～2021 年，我国 60 周岁以上人口占总人口的比重不断上升，已经从 2013 年的 14.9%上升至 2021 年的 18.9%，年均增长率达 4.44%。按照中国纪检老龄委办公室公布的有关情况，《中国人口老龄化发展趋势预测研究报告》显示，到 2050 年，我国的老年人口总量将超过 4 亿人，我国人口老龄化程度将达到 30%以上，这也就意味着每 10 个中国人中就有 3 个 60 岁及以上的老年人；2051 年，我国老年人口规模将达到峰值，约为 4.37 亿人，老年人口数量达到少儿人口数量的 2 倍。

按照国际惯例，当一个国家或地区 60 岁以上老年人口占人口总数的 10%，或 65 岁以上老年人口占人口总数的 7%，即意味着这个国家或地区处于老龄化社会。根据国际标准，我国已经进入老龄化社会，并且具有自身独有的特征。

1. 发展速度快

相较于欧美国家长达数十年或上百年的老龄化进程，我国仅用了十多年，远快于这些国家。一是速度快、时间短。据有关专家的研究统计，世界上先期进入老年型人口的国家，由成年型转变为老年型所需的时间：日本为 25 年，英国为 45 年，美国为 60 年，瑞士为 85 年，法国为 115 年，而我国仅用了 18 年。据预测，我国 60 岁及以上老年人口比例将由 2000 年时的 10.1%迅速上升到 2025 年的 20.1%与 2050 年的 31%，成为世界上人口老龄化发展速度最快的国家之一。到 2050 年人口老龄化达到高峰时，60 岁及以上老年人口占总人口的比重将上升至 31%，从绝对数上看，中国老年人口规模极其庞大，占世界老年人口总数的 22%左右。届时，中国总人口预计是 2000 年的 1.1 倍，而同期 60 岁及以上人口预计是 2000 年的 3.4 倍，老年人口的增长速度明显超过总人口的增长速度。二是老年人口高龄化迅速。在人口老龄化的同时，老年人口内部年龄结构也将发生巨大的变化，突出表现为在老年人口中低龄老年人口所占比例不断下降，而中龄与高龄老年人口比例不断上升。伴随我国人口老龄化快速进程而来的是老年人口的迅速高龄化。根据预测，21 世纪上半叶，中国 80 岁及以上高龄老人的数量将迅猛增加，80 岁及以上老龄人口在 2050 年老龄化高峰到来时，其绝对数量将达到 1 亿左右。

2. 区域分布不平衡

人口老龄化呈现出东部经济发达地区高于西部经济落后地区，乡村高于城市的特点。地区间社会经济发展水平与人口政策等方面存在的明显差异对我国各地区人口发展产生了巨大的影响，同时受人口迁移的影响，中国各地区人口老龄化的发展很不均衡。中国人口老龄化总体格局是东部沿海地区人口老龄化速度与程度显著高于中西部地区，汉族地区高于少数民族地区，虽然中国人口老龄化首先出现在城市，但由于城市化与人口迁移，农村人口老龄化程度与发展速度都已超过城市，今后我国农村地区将面临比城市更严峻的人口老龄化的挑战。

3. 结构化问题复杂

我国老龄人口构成复杂，有高龄老人、失能老人、慢性病老人、空巢老人及无子女或“失独”老人等，每一群体面临的需求也不相同。这种人口结构，对国家经济建设、政治层面、社会发展、文化建设等都产生了严峻冲击，而其中最直接的问题是养老问题。受历史上出生率与死亡率波动的影响，中国人口老龄化的发展过程是不均衡的，大量老年人口的增加带有突发性。无论是从老年人口的绝对数量，还是从相对比例的变化上考察，总体上人口老龄化有不断加速之势。中国的人口老龄化与严格控制人口增长同步进行。

4. 呈现“未富先老”的特征

瑞典、日本、英国、德国、法国等发达国家在进入老龄化时，人均国内生产总值（GNP）已达 10 000～30 000 美元，在全球 72 个人口老龄化国家中，人均 GNP 达 10 000 美元的占 36%，3000～10 000 美元的占 28%，而我国在 2002 年人均 GNP 只有 980 多美元，就提前进入了老龄化。说明我国经济发展水平尚处于世界中下水平时，老龄化程度却已进入发达国家的行列，呈现了“未富先老”的特征。老龄化的加速对经济社会将产生巨大的压力。

（二）家庭结构规模缩小

执行计划生育政策加上西方文化的影响使得我国的家庭结构发生了重大变化，家庭的规模正在逐步向着小型化和核心化发展，由于计划生育政策的实施，我国家庭呈现出少子化的现象，“4-2-1”家庭结构使得子女承受严重的压力，再加上随着时代的发展进步，社会流动性增强，年轻人不再奉行“父母在，不远游”的传统文化，而是志在远方，寻求独立发展，早早离巢，四海为家，照顾老人的时间减少。我国传统的家庭养老模式也在新时代面临着巨大的挑战。长期以来形成的以家庭为主的养老方式，对当前迅速增加的老年群体在看护方面的需求，难以进行有效保障。在养老服务方面，传统上家庭承担着大多数任务，随着社会的发展家庭的作用正在不断减弱。当前亟须构建一种与人口结构相适应、与整个经济社会发展相适应的全新养老服务机制。养老的内涵已经发生变化，不再单纯是一种家庭内的事情，已经成为社会性事务。随着我国迈入老龄化社会和社会经济的不断发展，传统的以家庭为核心的养老模式正面临着空前的挑战和巨大的压力。

同时，我国经济整体发展水平还不够高，但是老龄化趋势已非常明显，目前尚未完全具备实行社会化养老的基础和条件，现有养老服务不能有效保障逐步增多的老年群体的实际需求，服务机制及补贴机制不够健全，服务组织及队伍整体发展相对滞后，还面临着一系列突出问题。在新的发展阶段，家庭养老出现了不适应，一些方面成为“真空地带”，而社会养老整体水平较低并且尚未及时得到发展。面对这种新形势、新需求，需要积极探索符合实际需要的养老服务机制，这是关系到我国社会和谐稳定和经济健康发展的大事，需要得到政府和全体社会成员共同重视。在老龄化持续加剧的情况下，围绕老年群体如何开展养老，需要系统全面地研究。目前来看，构建社会化养老多元供给主体融合机制显得尤为突出和紧迫，有着非常重要的理论层面意义和社会层面影响。本书以供给多元化为视角，将养老服务体系的建设作为主题，对养老服务开展深入系统研究，就如何推动其整体水平提升提出针对性举措。

（三）社会化养老发展迅速

在我国大力发展社会化养老服务的背景下，社会化养老服务功能日益凸显，因此应当以养老机构为载体，动员政府部门、市场主体、社会组织、家庭和个人等多方面的力量来提供养老服务，充分发挥社会化养老的功能。同时，社会各界也在呼吁更多的主体参与老龄化事业，这是应对家庭养老不足从而保障老年人晚年正常生活的有效措施，也是缓解政府财政、管理压力的一种手段，从而更能有效激发市场活力、发挥社会组织能动性，这已经得到我国政府部门和学术界的普遍支持。然而，由于参与养老服务主体的增多，不同福利服务供给主体间的权力、职责、利益关系发生着微妙的变化，在一定程度上影响着养老服务提供的格局，直接或间接影响养老服务的水平。例如，政府部门为了减少自身在养老方面的责任与压力，将更多的责任转嫁给其他养老服务提供主体，并为了保证服务质量进行严格的管理与监督，使得非政府组织在缺乏资金和自主性的条件下谋取生存，极有可能导致其他主体的利益受损，有意或无意地降低提供养老服务的质量，使得老年人的权益得不到保障。因此，笔者立足于养老需求的多样化和福利多元主义的背景，思考多个主体参与养老服务供给是否一定能够提高福利供给效能，通过个案调查来探究不同主体是处于一种怎样的合作关系，这种合作关系对于促进老年人享受养老服务是否有效，并进一步揭示基于怎样的多元化养老服务提供前提对老年人的权益更具有保障性。个案调查可对我国社会福利理论和政策法规效果提供一些实践性的补充。

（四）多元供给主体没有深度融合

虽然社会化养老多元供给主体融合是大势所趋，但现在深度融合仍处于探索阶段，主要来看，体现在以下几个方面：一是多元供给主体融合不够。由政府、家庭、市场和社会组织共同供给的社会化养老多元供给主体架构初具雏形，但仍处在主体分离的状态，还没有构成多元供给主体共同参与、有序融合的机制，需要从理论上探讨多元主体供给相互融合的机制。对于多元供给主体之间如何深度融合以实现适度满足失能老人养老服务需求目标，现有成果还缺乏深度融合机制性研究和政策路径探寻[1]，需要通过供给主体融合机制的设计加以优化。不同主体之间由于利益差异导致的目标偏离，使多元主体没有开展合作的持续动力[2]。养老实践中的困境核心在于多元服务供给主体之间的冲突和协调，以及不同服务主体所供给的服务资源差异[3]。二是多元供给主体责任不明。我国城市社区养老服务的供给已开始呈现多元化的态势，其供给主体包括政府、市场、社区、社会组织、家庭等，但政府仍然是最主要的推动者与供给者，供给主体单一、职责不明，多元主体之间并没有形成有效的合作供给机制[4]。

二、理论背景

西方发达国家的工业化和城市化水平更高，也更早地迎来了人口老龄化的潮流，对于养老服务多元化和养老服务体系建设的研究开始得也比较早。国外由于工业化进程较早，对于社会化养老的研究已经有100多年的历史，取得了较为丰富的经验，形成了比较系统的理论。20世纪70年代爆发的石油危机，对西方福利国家模式造成了巨大冲击，也由此诞生了新的理论学派。以弗里德曼为代表的新自由主义学派认为，应该在养老服务方面引入市场机制，减少政府的直接参与。他认为应该充分发挥非营利组织的作用，结合政府与市场，通过政府购买服务等途径来实现养老服务的市场化运作，使老年人可以在养老市场上自由选购符合自身需求的养老服务及产品，以提高资源的配置效率。在这个过程中，多个服务供应者同时提供相关服务，改变了过去主要由政府提供服务的局面。

20世纪70年代以来，为了应对西方福利国家危机，西方学者提出了福利多元主义的理论范式，这一范式也被称为福利多元组合、福利混合。福利多元主义主张政府不是社会服务唯一的供给者，营利机构、非政府组织、家庭与社区等各类主体合作供给社会服务，各类服务主体之间相互配合、功能互补，普遍采取的是社会服务多元供给模式。然而，福利多元主义有可能在多元供给主体之间产生各自为政、协调性不足的问题。在此背景下著名物理学家赫尔曼·哈肯（Hermann Haken）于1971年提出了协同的概念，1976年系统地论述了协同理论。协同理论认为，千差万别的系统，尽管属性不同，但在整个环境中，各个系统间存在着既相互影响又相互合作的关系。而协同治理理论倡导主体多元化、合作方式协同化等理念，强调多种资源的协同整合，追求资源利用价值和服务质量的最大化，协同治理理论主张各类主体加强协同，实现互补和多方共赢。除福利多元主义和协同治理理论外，涉及社会化养老多元供给主体融合治理的还有公共产品理论、多中心治理理论和利益相关者理论等。

以家庭为主的养老模式符合我国实际情况，长期以来这种养老模式较为普遍，然而，随着我国计划生育工作不断加强，家庭这个单元总体上规模变小，对老年人进行看护的功能在持续下降。

一些西方学者分析了传统的家庭养老模式所面临的困境，认为社会应当给予家庭一定的外部帮助，如生活照料、出行服务等。基于此，一些西方国家在人口出生率相对较高、老龄化压力还相对较小的时候，开始兴建养老机构，引导老年人入住机构养老，可以说这正式拉开了养老社会化的帷幕。他们还认为，老年人自身的情况决定了对于养老机构的需求度，如家庭成员的情况、身体健康状态、经济支付能力等因素的变化都与老年人对养老机构的需求有很大的相关性。但大部分养老机构所提供的服务基本都属于生活照料的范畴，并且很大一部分养老机构的价格高昂。James Midgley 认为，民间性质组织带有其独特性，对家庭方面、个人方面、社会方面、邻居之间进行了有效关联，传承了互帮互助的道德观念，能够对养老服务给予有力支撑[5]。民间组织开展养老服务，主要通过两种方式：一是积极参与以国家为主的社会性福利，这些机构能够和政府部门开展合作，共同提供服务；二是积极开展以社区照看为主的服务[6]。长期以来形成的以家庭为主的传统养老方式存在不少弊端，已经不能有效适应实际需求，必须构建社会化养老多元供给主体养老服务体系，实行正规形式照看和其他形式服务紧密结合，通过多种形式服务的有效组合，有效解决面临的各类问题。我国学者提出应该结合国内现状，构建具有自身特色、多元的养老体系。同春芬等指出，应结合国内老年人群在养老服务方面的多种需要，不断完善国家层面、社会层面、社区层面、市场层面紧密融合的养老保障机制[7]。赵向红指出，我国经济领域、社会领域不断发展，长期以来形成的家庭养老方式逐渐不能适应发展需要，社会更多地承担养老功能，应进一步明确家庭层面、社会层面及自身层面在养老方面应该承担的职责，同时积极引导市场力量参与进来，主动担负养老相关服务，形成有力补充[8]。刘益梅认为，应构建带有鲜明社会化属性的养老服务机制，突出以居家方式养老为主，以机构养老作为有益支撑，构建多种主体共同参与、多个层次的服务体系[9]。金双秋等指出，应完善养老服务组织架构，健全服务机制，完善养老方面的劳动力开发体系，结合老年人实际需要，针对供养、医疗保健、就业、继续教育等方面完善机制[10]。董红亚指出，结合我国实际情况，应突出老年人看护这个主题，突出居家方式养老这个主体，依托相关机构，以社区作为基本单元开展多样化服务。同时，不断完善相关机制，建设养老设施，明确标准并建立补贴机制，加强队伍建设，构建政府、社会参与的养老服务机制，提升老年群体的生活水平[11]。

综观以上研究，目前学界对养老服务供给多元化和养老服务体系建设的研究非常广泛，理论成果也比较丰富。目前，学术界普遍认为传统的以家庭为主的养老方式在新时期下正越来越难以为继，由家庭、政府、市场、社会组织等多元主体作为养老服务供给方的新型养老模式正越来越成为未来养老事业发展的趋势。但是没有给出一个完整的社会化养老多元供给的制度架构，也没有一个专门针对社会化养老多元供给体系建设的对策建议。

本书在对社会化养老多元供给主体进行分析的基础之上，以福利多元主义理论为政策背景，研究中国建立社会化养老多元供给主体融合机制的必要性和可行性，并就此提出切实可行的社会化养老多元供给主体融合的制度架构。

三、问题界定

传统的养老模式是家庭养老，家庭一直是赡养老人的重要力量，然而，随着传统社会向现代社会的过渡，医疗水平和人们生活质量呈现飞跃性的改善，人口在急剧膨胀的同时，寿命也不断延长，分工与交换日益频繁，小农经济逐步被商品经济所替代，社会分工使得各专业部门之间联系越来越紧密，家庭作为社会的基本单位也出现了功能的分化，导致家庭规模缩小、空巢家庭增加，使传统的家庭养老功能削弱，并引起代际关系在供养方式、居住方式、照料方式、交往和沟通方式等方面的变化。

生育率持续快速下降，使得家庭结构已发生巨大变化，家庭子女数减少，核心家庭成为家庭结构的主要类型，少子女与独生子女家庭的赡养负担将可能明显超过子女的承受能力。已有研究表明，中国老年人得到各方赡养的机会和数量与家庭子女数之间呈正相关关系。同时，随着人口老龄化的发展，独生子女父母相继进入老年期，加上人口流动及社会竞争日益加剧，养老的家庭基础随之发生巨大改变，成年子女照料老年人的能力下降，子女无法为老年人提供照顾，传统家庭养老支持功能日趋弱化，最终使家庭养老成为“无源之水”而走向尽头。老龄化和高龄化趋势的迅速发展，对老年护理照料需求急剧增加，养老照顾成为摆在家庭、社会及政府面前的一道难题。解决养老照顾问题，既要结合中国悠久的家庭养老传统，也要推动社会化养老服务方式发展，不断挖掘社会资源，提供多元化的养老照顾方式。

（一）现有的家庭养老模式难以为继

社会化养老潜在需求大，而现有的家庭养老模式已无法满足老年人日益增长的养老需求。人口老龄化是当今世界各国普遍面临的重大社会问题，且与其他国家状况不同，中国人口老龄化呈现基数大、速度快、未富先老、高龄化的特点。在经济发展水平偏低的情况下，人口老龄化带来的养老负担十分沉重。《国家应对人口老龄化战略研究》指出，如前所述，根据《2021年民政事业发展统计公报》数据，老年人口数量大、比例高及高龄化现象非常突出。市场经济发展、社会生活和工作节奏加快、子女竞争压力加大，加上人口流动及少子化现象等因素的叠加效应，导致家庭照料资源短缺及养老需求增加的严重矛盾，单纯依靠国家或家庭提供各种养老服务，已远不能满足老年人日益增长的需求，养老服务社会化成为缓解人口老龄化问题的必经之路。

（二）社会化养老单个主体供给能力不足

社会化养老服务单个主体供给能力不足，迫切需要社会化养老多元供给主体的融合，共同承担养老面临的困境。面对失能、半失能及患有慢性病老年人照护的巨额成本，传统的家庭养老模式已经无法独自承担照顾庞大养老群体的责任。党的十九届五中全会提出，坚持和完善社会主义基本经济制度，充分发挥市场在资源配置中的决定性作用，更好发挥政府作用，推动有效市场和有为政府更好结合。尽管目前我国的财政收入连年呈增长趋势，但国家财政对社会化养老方面的支持有限，还不足以应对当下及未来老年人面临的养老困境。在社会化转型的过程中传统的家庭养老功能削弱，家庭已无法成为一个独立的社会化养老服务的供给主体。市场作为一个利益导向型主体，它的财务供给能力必定是有限且分配不均的，也无法独立承担未来面临的养老风险，社会组织一般是指非营利组织及一些志愿活动组织，具有慈善性质，财务供给能力有限且具有不稳定性，只能成为老年人养老财务供给的辅助手段。由此可见，政府、家庭、市场、社会组织都无法独立应对老年人的养老问题，而老年人的养老问题目前已经成为一个社会普遍关注的问题，迫切需要这些多元主体进行融合，协同应对日益增加的老年人养老中的风险。

（三）社会化养老多元供给主体融合势在必行

建立中国社会化养老多元供给主体融合机制，用制度化的方式化解失能老人面临的未来养老风险。社会保障作为一种准公共产品，最有效的方式是由政府和市场共同提供，老年服务体系也不例外。毫无疑问，作为社会公共服务的主要提供者，政府部门在养老保障方面有不可推卸的责任，是养老服务体系发展的基本保证，尤其是面对我国老年人口基数大、增长速度快的特殊情况，还有老年群体多样化、个性化的养老服务需求，光靠政府承担是远远不够的，还需要引进社会力量，通过政府主导、社会共办来达到养老服务体系的发展与完善。依据福利多元主义理论，社会福利的提供需要多个主体的参与，其来源应当多元化，不一定完全由国家提供，市场主体和社会组织都可参与进来，将政府、市场、企业、社会组织或公益组织、家庭等有机结合起来，合理整合和利用各方主体提供的养老服务和资源，不断满足和提高老年人享受的养老服务水平。在此基础上需要明确建立社会化养老多元供给主体融合机制的必要性、紧迫性和可行性；研究老年人未来社会化养老的需求规模及发展趋势。多元主体融合下社会化养老发展的可持续性主要包括以下几个方面。

一是需要研究和明确目前社会所面临养老风险的性质，是否为一种社会成员所面临的共同风险。社会化养老多元主体融合主要探讨在深度或重度老龄化背景下，加强多元养老保障体系建设问题。在我国人口结构快速变迁、传统家庭养老保障功能萎缩、政府财政支付压力加大的情况下，推进社会化养老共建保障模式应是符合国情的首选模式。国内的养老模式相对比较单一，主要有福利院、养老院、敬老院、老年公寓等，社区养老服务大多是老年服务中心、老年大学、老年俱乐部等，新型养老模式如智慧养老、医养结合仍处于探索阶段。从西方发达国家的经验来看，养老产业的发展必将在服务功能与类型上进一步细化、专业化、规范化、标准化和体系化，形成一个多层次、多形式、广覆盖的养老服务网络，为老年人提供多种服务形式，从基本的生活照料延伸到医疗康复、精神慰藉、法律服务、爱心护理、紧急援助等各个方面。二是需要研究总体社会化养老多元化供给现状与困境，总结社会化养老多元化供给主体发展机遇与对策。主要是探讨在家庭养老和社会养老及多元化养老的基础之上，为多元化养老服务提供一些物质需求、人力资源等。例如家庭养老，其家人作为养老的供给主体，多关心老人的心理健康和物质需求，满足其基本的日常生活要求，在这个过程中政府起辅助作用，为家庭养老提供一系列的养老保障服务，通过非营利机构或营利机构发放养老补助金，降低家庭养老服务费用，促进养老质量的提升。例如社会养老，其养老服务可以由政府提供，通过社会公益组织、慈善机构的志愿者，提供免费的养老服务，以组织服务的形式，为社区老人提供高质量的服务，并对这些志愿者进行培训，规范社会养老服务工作。又例如机构养老，与非营利机构签订养老协议，将养老服务的权利交给非营利机构，由机构提供养老服务，满足老人的基本日常生活需求。

三是研究具体社会化养老供给主体，政府、家庭、市场、社会组织单个主体供给能力的现状和面临的困境，深入挖掘每个主体的供给能力。主要是在传统的养老服务基础之上集合多元化的一种养老服务模式，以社区为依托，以政府为指导，以家庭为中心，集中社会多方面的力量，实现多元化的养老服务。将多种养老服务模式集中在一起，弥补各自的缺陷，其中以政府为指导，对多元化的养老服务进行管理和监督，进而良好运营、发展多元化的养老服务模式，利用社会多方面的参与力量，通过市场化的运作，为老人提供多元化的公益性、福利性的养老服务，如为社区老人提供基本的日常生活需求和物质需求、为家庭养老提供心理疏导、为社会养老提供关怀等。这有利于降低政府财政压力，弥补各方面的缺陷。

第二节　相关概念界定

一、社会化养老

所谓社会化养老，是指对老年人的赡养方式由家庭向社会转化的过程及所产生的结果，是社会发展到一定阶段的历史产物。以社会生产力的高度发展和雇佣劳动制的出现为其经济基础。在以小生产为主的传统农业社会，老年人的赡养主要靠家庭承担。尽管当时也有一些救济孤寡老人的机构和措施，但远未形成制度化。随着工业化、都市化和雇佣劳动制度的出现，生产的职能逐渐集中于现代化企业，家庭已不再是独立的生产单位，因而老年人在家庭中也就不再具有生产的领导者或指导者地位。同时，原有家庭教育的部分功能也被大规模、普及化的文化教育机构取代，加之其他社会性服务机构（如托幼机构）的出现，使老年人在家庭中照管和教育晚辈的作用减弱。随着老年人在家庭中的地位和作用的下降，家庭结构必然随之发生相应的变化，家庭的养老功能也随之降低。雇佣劳动制度的出现，生产者的劳动首先直接体现为社会劳动，所创造的价值也成为社会价值，赡养老年人的责任自然就由家庭逐渐转移到社会。生产力的高速发展，促使经济日益繁荣，物产日趋丰富，服务性行业和部门日渐增多，这些变化为老年人的赡养由家庭转向社会创造了条件。

社会化养老通过社会途径实现养老目的，包括社会保障、社会福利、社会化服务和市场化服务。社会化养老既不是社会养老也不是政府养老，只是养老资源由传统的家庭或政府的一元或二元主体转化为包括市场和义工服务等在内的多元服务主体。社会化养老强调的是养老具体职能从家庭转向社会，但家庭并没有因此而放弃应该承担的养老责任。社会承担的部分养老职能一般是由子女或家庭通过购买服务来实现的，是家庭养老的延伸，即社会化的家庭养老。当然，社会化养老也强调个人对养老应承担的责任。如由老年人自我购买社会养老服务，是自我养老的延伸，即社会化的自我养老，而由政府或义工提供的服务是社会福利养老。这种适应现代化社会结构的以全社会为责任主体的社会化养老方式，正在替代传统的家庭养老方式，并不断强化而成为现今的主流。

“社会化”（socialization）一词来源于社会学，是社会科学研究的重要领域之一。社会化理论是由德国社会学家齐美尔首先提出的[12]。社会化理论广泛应用于社会学、心理学、人类学、政治学和教育学，在社会学视野下，社会化需要政府、市场和社会协同合作发展。在社会化养老服务供给过程中，社会化的实质是破除主体单一的一元化格局，明确政府、市场、社会组织、公益组织、家庭或个人各自在社会化进程中所起的作用及合作模式。

二、供给主体多元化

福利多元主义主张福利来源的多元化，国外养老服务供给也相应经历了从政府到非政府、市场与非市场的供给发展阶段，依靠家庭的力量形成有效的福利体系，保证了养老服务事业的健康发展。从上述理论分析来看，国外福利多元主义的发展是一种互为补充与替代效应共存的局面，福利是全社会的产物，既不能完全依赖市场，也不能完全依赖国家。政府要参与，民间社会也要参与；市场要参与，公民个人要参与。Baruah 认为当政府角色缺失时，社会公益事业势必将依赖于社会部门（或称“第三部门”）、企业化社会组织和家庭（个人），当志愿组织或者市场失灵时，将通过多元主体的协商合作弥补政府失灵、市场失灵及志愿失灵，突出福利多元主体的“分权”（decentralization）和“参与”（participation）。在我国老年服务实践中，政府、家庭、社区是我国养老服务供给的主体，另外，非政府组织、市场（社会企业）也应当参与到我国养老服务中来，逐渐成为我国养老服务供给的主要供给主体，从而形成一种各供给主体合作、互补的关系模式。

（一）政府

政府是“掌舵者”，而不是“划桨者”[13]。政府部门作为公共产品的提供者、安排者，主要为养老服务提供发展的社会政策（包括优惠财政政策、政治政策等）、规章制度、发展机制、发展资金等，充当“掌舵者”角色。当前，政府在我国养老服务社会化的过程中承担着主导性的角色，引领我国养老服务社会化的发展。政府的主导性地位表明其在养老服务中的职能以指引性、规范性、支持性为主，具体表现为以下几点。第一，提供基本养老服务，追求社会公平。虽然政府的权力收缩，但仍承担着供给基本养老服务，满足老年人基本养老服务需求的责任。当然，政府并不一定直接提供基本养老服务，可以通过向市场、非营利组织购买等形式，作为提供者支付给老年群体。第二，提供制度支持。政府应制定相关的养老服务社会化的发展规划，推出养老服务社会化的法律法规，全面掌控其方向，创造良好的发展环境，科学引导养老服务社会化的发展。第三，提供政策支持。政府的政策支持是养老服务社会化发展的工具，既要明确养老服务社会化发展的战略目标与根本任务，同时也要有养老服务特定领域的目标与任务，具体到某一问题的目标与实现措施等，积极、具体地指明养老服务社会化发展的方向，引导发展。第四，提供资金支持。政府强有力的财政支持是养老服务社会化可持续发展的有力保障，政府应积极发挥其财政支持作用，将养老服务发展纳入财政预算，运营基础性的养老服务机构，同时资助、扶持民办养老服务机构的发展，补贴居家养老服务相关项目的发展。第五，提供监督管理机制。政府的监督管理机制是养老服务社会化良性运行的重要条件，一方面要加强对养老服务社会化的制度、政策等执行力度、执行情况的监督，确保制度、政策的有效执行。另一方面，需要加强对养老服务机构的监督管理，包括其服务准入条件、服务标准、服务质量等。

（二）家庭

家庭养老具有不可替代的独特价值，尤其是亲情交流、精神抚慰和代际关怀等功能是其他养老方式不大可能具备的[14]。作为养老服务的传统供给主体，受本国文化及血缘、地缘关系影响较为突出，家庭承担了具体的养老服务。我国养老的主要具体服务由家庭承担，如基本护理、日间照料，家庭是促进我国养老服务发展的主力军。伴随家庭养老功能的弱化，有人对家庭参与养老服务社会化提出了质疑，事实上，家庭拥有不可替代的养老功能：第一，家庭能够提供亲情支持等精神层面的养老服务，这是任何其他主体所不能提供的；第二，家庭服务具有及时性与互动性，成员间的信任度较强，能够塑造良好的服务氛围；第三，我国传统的思想意识强调家庭及子女的赡养义务与责任，拥有较为坚固的伦理基础；第四，养老服务社会化的发展程度低，其他主体的养老功能尚不完善，故家庭的基础性作用不容忽视。家庭在养老服务社会化过程中主要承担着提供服务的功能，满足老年人的物质需求与精神需求。这种服务区别于其他主体供给的服务，服务中蕴藏的责任性更强，它是一种无偿的、潜在的、融于日常生活中的服务，具有不可测量性，很难实现服务的量化。

（三）非政府组织

在尊重市场机制增进公共利益基础作用的同时发挥非政府组织的补充作用[15]。非政府组织为承担我国养老服务的“递送员”，以分担由于家庭功能弱化而仍需继续承担养老负担的家庭的服务供给角色，但受本土非政府组织自身限制及社会环境影响，发展缓慢，但潜力无限；另外，社会企业角色介入养老服务。非营利组织具有公益性的特征，能够有效地避免政府失灵及市场失灵，是养老服务社会化的主要依托，也是未来养老服务的主力军。非营利组织参与养老服务社会化主要依据其参与优势，具体如下。

第一，弥补政府及市场参与的空白。在我国经济社会体制转轨的关键时期，政府将从一些经济事务、社会事务的管理中退出。政府注重宏观管理，企业主要搞好微观管理，而非营利组织则主要接替政府以往中观层次的管理职能，填补政府和市场工作的空白和薄弱环节。在我国政府职能转变的过程中，非营利组织承担了政府机构改革后的部分职能，由于非营利组织所关注的通常是政府难以顾及或政府工作的薄弱点或空白点，对政府的工作正好可以起到拾遗补阙的作用。非政府组织自身所具有的特点和优势能够有效弥补市场失灵和政府失灵[16]。

第二，节约成本，减轻政府负担。非营利组织可以提高公共产品的供给效率。政府的目标之一是提高公共产品的供给效率，但公共产品的供给并不可能完全由政府来承担。在政府提供公共产品和市场提供私人产品的中间地带，还有相当广大的“空白”区域，这就是非营利组织提供公共产品的领域。与政府相比，非营利组织凭借着自身的优势通常有更高的效率，可以发挥出色的社会作用。与政府提供公共产品不同的是，非营利组织提供的公共产品能够满足不同层次的需要，尤其是特殊利益群体的利益要求。非营利组织由于追求的是独立性和非利润分配性，可以摆脱官僚主义、效率低下等积弊，甚至可以杜绝各种腐败因素的滋生，从而最大限度地降低提供公共产品的成本。非营利组织的介入，也使得政府能够将“掌舵”与“划桨”的职能分离，并使市场机制延伸到公共服务领域，从而更好地为公众服务。从这个角度上讲，非营利组织的参与使政府提供公共产品的效率也提高了。有鉴于此，许多人主张只要是社会能做的事，政府就不应当插手，最好是“靠边站”。

第三，专业化服务，提高服务质量。现代社会是多元化的，人们的兴趣、价值观念、经济利益高度地多样化，社会阶层也同样分化出不同的利益群体。政府的公共服务虽然具有“普遍性”的特点，但面对社会的多元需求，不可能做出及时、恰当的反应。于是，各种各样的非营利组织在支持和体现社会“自由”与“多元化”的过程中，能够发挥有效的作用。政府是垄断性的、纯公共产品的提供者，非营利组织是非垄断性的、准公共产品的提供者。社会需求和利益格局的多元化趋势，使政府越来越不能满足公众的不同需求，这是政府方面的弱点，恰好又是非营利组织的优势。从某种意义上讲，非营利组织产生和发展是社会需求和利益格局多元化的结果。

非营利组织在养老服务社会化过程中主要承担着以下职责：第一，作为生产者，直接提供养老服务。非营利组织既可以作用于基本养老服务，也可以作用于发展性养老服务，只是供给形式会有所区别。对于基本养老服务来说，主要是政府向非营利性组织购买服务，提供免费性的服务。对于发展性养老服务来说，既可以政府购买，也可以自己经营，提供低偿养老服务。第二，承担养老服务的监督管理工作、服务评估工作等。当前，这一职责主要是由作为政府的合作者来完成的，它们发挥中介作用，提供发展建议。当前，上海等地的居家养老服务中的“第三方评估”便是该职能的具体化。

（四）市场

发挥市场主体作用，充分调动社会投资积极性[17]。坚持市场参与原则，吸引市场企业加入，利用企业资金参与养老服务。但现实中，企业在投资或者盈利中更多地选择忽视养老服务，虽然老龄人口的数量如此庞大，存在巨大企业商机，但出于对盈利的追求，很少有企业主动参与到养老服务供给中。

市场是养老服务社会化的重要参与主体之一，其参与养老服务的合理性主要体现如下。第一，养老服务的属性。养老服务是准公共产品，具有一定的竞争性，同时也是公益性与营利性的统一，市场参与满足其竞争性与营利性的特征。第二，市场参与养老服务具有一定的优势，弥补政府供应的空白，最大限度地满足老年人的个性化、特殊化的需求，同时能够相应地提升养老服务效率，减少政府财政负担与压力。

市场在养老服务社会化过程中的主要职责：第一，承担服务生产者角色，直接提供养老服务。市场发挥作用的领域主要是发展性的养老服务领域，提供多样化、高层次、发展性的养老服务，满足老年人多样化的发展性养老服务需求。市场主要有两种供给方式：①市场单独供给养老服务，探求市场需求方，扩展养老服务产业，提供有偿养老服务；②市场与政府或社区合作供给养老服务，体现为政府购买市场服务或对社区环境条件的利用，提供低偿的养老服务。第二，研究养老服务市场，增强创新性，开发养老服务产业。市场具有很大的灵活性、创新性，蕴藏着诸多养老服务发展机遇，市场应充分发挥其积极性，开发多样化的养老服务，创新养老服务供给方式，促进养老服务市场的发展，为养老服务的市场化运行提供良好的条件。

三、融合机制

目前，随着中国人口老龄化程度加剧，家庭人口结构小型化，社会化养老的老年人数量多，照护成本高，照顾老年人的供给中单一的政府垄断型、家庭互助型、市场自律型、社会组织自治型供给模式已经难以满足老年人日益增长的多样化的养老需求，因而政府、家庭、市场、社会组织多元主体融合共担风险成为一种趋势，社会化养老供给中政府、家庭、市场、社会组织主体之间的融合机制可以概括为两种类型，一是政府主导型融合模式，二是多元主体协同型模式。

（一）政府主导型融合模式

政府在社会化养老多元供给主体融合的角色是居于核心地位的主体，家庭是居于基础性地位的主体，市场是互利双赢的主体，社会组织是居于补充性地位的主体。而多元主体能够在社会化养老多元供给主体中实现融合状态，基础条件是各主体能够形成政治共识，融合过程中能够形成互利双赢的预期，各责任主体的责任边界清晰，各责任主体功能互补。笔者认为中国多元主体融合的基础条件不充分，因此，社会化养老多元供给主体融合模式应该充分发挥政府主导作用，采用“政府主导，其他责任主体互为补充”的多元主体融合模式，以保障多元主体深度融合机制的实现。核心主体确定、责任分担、相互渗透和法律保障构成的四维机制共同作用，有助于促进社会化养老多元供给主体的融合。

（二）多元主体协同型模式

多元主体协同模式已成为党和政府管理公共事务的必然趋势[18]。善治的参与要素提倡多元主体协同共治[19]。多元主体协同型模式是政府主导社会化养老，协调家庭、市场、社会组织等其他供给者共同参与，形成政府、家庭、市场、社会组织多元主体共同供给的协同机制。政府主导不等于政府包揽全部责任，需要充分运用市场和社会资源，政府、市场、社会、社区、家庭、个人等多主体协同参与。在多元主体协同型模式中，主体间相互认同、相互协调，其中政府是协同者，起主导性作用，而其他主体主动或被动依附，多元主体协同型模式更加关注主体之间的协同，来满足老年人社会化养老的这个共同愿景，充分运用市场和社会资源，培育和壮大市场主体，增加养老服务有效供给，建立多层次的养老服务体系，保障各类人群的基本养老服务和多样化、差异化的养老服务需求，在确保政府职责不缺位、不越位的前提下，其他各类养老服务充分交给市场和社会主体。但是政府如何主导才能使多元主体协同供给，各主体如何才能主动协同、深度协同、全方位协同，需要建立一种主体间相互融合的供给机制。

第三节　研究的理论意义与现实价值

一、理论意义

随着人口老龄化的加剧，诸多学者纷纷提出不同的方式解决养老问题，普遍主张应当发动社会化力量进行养老服务提供，积极整合和利用内外部人力和资源，形成一种多主体背景下的运行机制。一方面，养老服务作为一个整体系统，政府、市场、社会、家庭和个人等共同参与，任何一方主体都不能独立地解决老年人的养老问题，因此就需要对不同的主体进行权力、责任和利益的明确定位，对他们之间的关系进行划分，达到主体间责任共担、职能互补的目的。另一方面，养老服务作为一种公共服务，对服务主体权力、责任和利益等关系的明晰，可在一定限度上对公共服务的供给模式、福利多元主义的理论进行补充，进一步完善我国的养老服务保障政策与理论，为解决我国的养老问题提供战略上的支持。

（一）为社会化养老单个主体供给能力不足问题提供了解决路径

随着社会经济的发展，养老风险已经变为社会共同风险，单靠一个供给主体难以独自承担养老负担，尤其是对一些空巢、隔代留守、失独、失能的老人，仅依靠家庭养老是远远不够的，况且在现代社会中，伴随着社会经济发展，人们生活水平的不断提高，老年群体对居家养老偏爱不变的同时又渴望获取多样化、专业性的养老服务项目，因此为迎合老年群体需要，需要认清居家养老服务不可能仅靠单一供给主体就能充分满足社会化养老，多元供给主体融合成为一种不可逆的社会福利发展趋势。

（二）为社会化养老的供给提供了制度化的路径

针对中国社会化养老多元供给主体互相分离的现象，建立老年人社会化养老的多元供给主体融合机制，以福利多元主义和协同治理为理论支撑，对社会化养老多元主体参与供给的必要性进行分析，在厘清养老服务“提供者”与“供给者”区别的同时对各个主体的职责权限进行明确划分。在此基础上以协同治理理论为分析框架，对社会化养老多元主体协同供给架构中的构成要素与协同网络进行设计。另外，通过加大多元主体资源整合的力度、明确多元主体的责任定位、搭建多元主体融合的信息共享平台，使养老服务从“单一碎片”向“多元协同”供给模式转变。形成长期的老年人照护负担社会共担机制，并随之适用于中国社会养老保障制度体系，满足老年人多样化的养老需求，为其提供一个适合未来我国老龄化需要的养老保障体系。

（三）为养老供给体系的有效运行提供了理论依据和现实路径

依据我国现实的国情，借鉴国际上的成功经验，结合相关理论知识，进而构建适用于我国社会化养老所需要的供给制度，在对我国社会化养老多元化供给现状与困境分析、社会化养老供给主体的多元化及主体的供给能力研究的基础上，综合分析多元主体融合视角下供给主体的资源投入、融合机制及未来的前景和困难，经过系统的分析研究为构建系统的社会化养老供给主体多元化融合的制度架构提供现实路径，进而为政府决策提供相应的参考。

二、现实价值

在我国人口老龄化不断加剧的情况下，我国政府积极推进社会化养老，为老年人提供生活照料、娱乐设施、医疗保健等，满足老年人生理和精神需要，对于老年人多样化、高层次养老需求的满足不失为一种良好的方式。对社会化养老服务进行探索，倡导多元化养老服务供给，并对服务提供主体间权力、责任和利益等关系进行明确划分，不仅能够整合资源达到最优化的配置，而且能够提高老年人享受养老服务的质量和水平，体现我国“老有所终，老有所养”的传统美德。对养老服务供给主体的职责进行明确定位与划分，可使政府、市场、社会、家庭和个人等在一定程度上有所为、有所不为，有效发挥和增强社会发展动力，起模范带头作用，促进养老服务事业的发展，进一步完善我国社会保障体系。

（一）明确社会化养老服务供给主体的角色关系

政府、家庭、社会组织和市场都是居家养老服务的供给主体。四者在社会化养老服务供给中扮演着不同的角色，承担着不同的供给责任。政府是社会化养老服务政策制度的设计者，养老资源的供给者，社会化养老服务质量的监管者，弱势老人养老服务的兜底者，社会化养老服务的“提供者”。这种角色定位并不要求政府要事必躬亲地成为具体服务的生产者，社会化养老服务的生产与递送职能可以交给家庭、社会和市场来完成。政府可以通过购买服务等方式委托其他生产主体提供服务，自身仅对服务供给的内容、标准和质量进行监管，这样才能提高供给效率。而家庭、民间组织是养老服务的主要生产者，前者带有更加强烈的自愿性与责任感，其情感慰藉作用是其他主体不可替代的；而后者服务供给更具专业性、针对性与层次性，在代际支持失衡趋势下应成为今后服务的主要生产力量。

（二）提升多元主体社会化养老服务的供给能力

随着经济社会的发展与进步，人们生活水平不断提升，老年群体对养老服务的需求呈现出全方位、多样化、专业化、多层次、高质量的趋势。与此同时，由于少子老龄化趋势的日益严重，工业化城市化进程不断加快引发代际支持失衡，老年人最基本的服务供给主体——家庭因此面临养老功能不断弱化的困境，在这样的背景下仍对家庭赋予过多期许显然不够现实。因此，提升多元主体社会化养老服务的供给能力，缓解代际支持失衡背景下社会化养老服务的供需矛盾就成为当务之急。虽然其他的养老服务主体也已意识到上述问题，但是各自为政、零星化、单一化的服务供给内容远不能满足居家老人的养老需要。通过福利多元主义与协同治理的视角研究现有社会化养老服务的供给，变革服务生产与递送方式，重塑服务“提供者”与“生产者”之间的关系，促使多元主体通过协同信任机制形成协作伙伴关系，以满足老年人需求为导向，以协同合作规则为依托，通过各个主体在各自的优势领域发挥作用达到协同增效，提高服务质量与效率，满足老年人社会化养老服务需求的目的。

（三）实现多元供给主体之间的融合

社会化养老是我国目前急需解决的重大现实问题和民生问题，也是推动我国经济长期快速发展的重要内容之一。目前关于社会化养老的研究，大多侧重于社会化养老模式、途径、方式、服务体系的探讨，很少系统地对社会化养老供给主体进行深入研究。供给是农村社会化养老服务的核心问题，但是长期以来，中国养老服务供给主要依赖家庭互助和政府、社会救助制度，还没有形成系统的、稳定的、制度化的应对措施。目前政府、家庭、市场、社会组织等多元主体的供给处于分离状态，还没有实现融合，资源使用效率低，养老需求没有得到适度满足。因而研究中国养老多元供给主体融合机制、模式与制度架构，有助于防范老人养老需求缺失风险的发生，有助于保障失能老人的生活品质。

（四）丰富乡村振兴的重要内容

在人口老龄化的背景下，开展社会化养老多元供给主体融合问题研究是关系到国计民生和国家长治久安的重大战略问题，对创新养老制度改革具有探索作用，对构建社会主义和谐社会具有重要意义。推进农村养老产业和事业发展，是实施乡村振兴战略的基础环节，是补齐民生短板，实现高质量发展美好目标的必然选择。完善社会化养老服务市场是发展经济、扩大内需的有效举措。养老市场具有很大的消费潜力，在经济新常态下，养老消费又是推动地方经济发展的重要内容和有效途径。

参考文献

[1]曹信邦. 中国长期照护财务供给多元主体的融合机制研究[J]. 中国行政管理，2019，411(9)：107-112.

[2] 顾嘉伟，张兰. 青年参与全球治理的国际经验比较研究——基于协同优势理论的分析［J］. 青年探索，2021，5：79-90.

[3] 姜玉贞. 社区居家养老服务多元供给主体治理困境及其应对［J］. 东岳论丛，2017，38（10）：45-53.

[4] 彭金玉. 推进我国城市社区养老服务发展的机制研究［J］. 桂海论丛，2015，31（5）：103-107.

[5] Midgley J. 社会发展：社会福利视角下的发展观［M］. //苗正民译注. 上海：格致出版社，2009.

[6] 李志明，陈颖姣. 第三部门介入社会福利服务提供领域的理论解释及其路径选择［J］. 湖北社会科学，2006，5：39-41.

[7] 同春芬，汪连杰，耿爱生. 中国养老保障体系的四维供给主体与职责定位——基于福利多元主义范式的分析框架［J］. 湘潭大学学报（哲学社会科学版），2015，39（3）：28-32.

[8] 赵向红. 社会化养老服务发展思路与路径探索——以无锡市为例［J］. 社会科学家，2015，3：44-47.

[9] 刘益梅. 人口老龄化背景下社会化养老服务体系的探讨［J］. 广西社会科学，2011，7：100-104.

[10] 金双秋，曹述蓉. 完善养老服务体系的构想［J］. 社会工作（学术版），2011，1：57-58.

[11] 董红亚. 养老机构的职能再造：基于社会养老服务体系协调发展的思考［J］. 南京人口管理干部学院学报，2012，28（1）：14-18.

[12] 项亚光. 论当前国内外教师专业社会化发展［J］. 外国中小学教育，2004，6：13-19.

[13] 王国平. 城市学总论（下册）［M］. 北京：人民出版社，2014.

[14] 谢勇才，潘锦棠. 从缺位到归位：失独群体养老保障政府责任的厘定［J］. 甘肃社会科学，2015，2：95-99.

[15] 高志宏. 公共利益：基于概念厘定的立法导向与制度优化［J］. 江西社会科学，2021，41（10）：183-193.

[16] 李书巧. 我国非政府组织参与公共危机管理研究［J］. 理论月刊，2012，6：97-101.

[17] 国家发展改革委积极扩大有效投资 促进经济平稳健康发展［J］. 宏观经济管理，2022，5：5，23.

[18] 周丽娟. 无缝化与边界化：数字政府建设的安全悖论与超越［J］. 求索，2022，3：189-196.

[19] 张海鹏，张新民. “双减”背景下的校外培训机构监管：理念转型与制度优化［J］. 河南师范大学学报（哲学社会科学版），2022，49（3）：150-156.

理服务的使用需求，减轻家庭和社会的负担[13]。谷应雯等认为中国失能老人选择非正式照护的人数较多，养老院照护和家政服务利用率较低[14]。低龄、夫妻分离、城镇居住、重度失能、少子、子女距离较远、社区照护体系完善的失能老人对正式照护的利用率更高；非正式照护对家政服务有较强的替代作用。建议建立“家庭养老院”，实现非正式照护与正式照护的整合，推进健康老龄化。

二、市场供给主体论

亚当·斯密（Adam Smith）认为，应该在市场经济活动的自动化调节中强调“自由”原则，国家不应该为国民提供一般化的社会福利，福利供给应主要来自市场，市场竞争是最好的经济制度安排，依靠价格机制可以实现市场的均衡状态。重视市场在养老资源配置中的决定性作用，引导社会资本通过独资或合资的形式参与到当地养老服务设施的建设中，为老人提供良好的养老服务，可根据各地条件优势，因地制宜，与养老服务融合发展，发展休闲养老产业和养生健康产业等。在社会化养老的供给主体中，市场通过良性竞争实现社会化的养老服务、资金的筹资与融资，由于市场具有高效率的特征，它们可以向有经济能力且要求高质量生活的老人额外收取费用，从而有针对性地为他们提供对应的照护需求的服务。

在政府部门和外部组织合力提供养老服务的过程中，不同的主体出于不同的位置和角色考虑，必定会结合自身的条件和目的采取与其相符合的行为路径。古典管理理论将个人假定为“经济人”，是为了追求个人利益的最大化，而这对于社会上的任何一个组织或集体都具有一定的适用性，市场主体介入到养老服务行业中，有着自身的利益追求，并不纯粹是为老年人提供生活和照料服务。一个处于市场竞争中的市场会努力提高自身声誉和形象，进而提升竞争力，期望获得一些隐性回报。通常的做法是，企业关注社会公益事业、具备为他人服务的意识，对外坚持公众利益第一，以负责的态度来维护社会公共利益。在这种精神号召下，多数企业会走近弱势群体，为他们提供物资和帮助，并借此来宣传企业精神和形象。

三、政府供给主体论

英国经济学家贝弗里奇（Beveridge）在凯恩斯福利思想的影响下，于 20 世纪 40 年代发表了《贝弗里奇报告》，这标志着西方福利国家发展到一个新的阶段，该报告强调国家通过干预经济生活来解决“市场失灵”引发的各种社会问题。

贝弗里奇提出个人的福利责任不能被国家的福利责任所替代，国民福利责任应该由国家和公民共同承担。《贝弗里奇报告》中对福利国家目标和原则的界定奠定了福利国家建立和发展的制度基础，国家是社会福利的主要供给者，福利国家理论日趋成熟。所以国家应该积极做好顶层政策的设计，为社会化养老提供相应的监管机制。社会保险责任理论是通过强制参保机制建立风险分摊集合体，参保人因失能而产生的长期护理费用成本由社会保险支付。保险机制符合互助互济、风险分摊的财务机制安排，以筹集足够的资金，提供适当的保障，化解社会化养老的风险，使个人或家庭与国家、政府连带责任。

政府供给主体坚持政府在市场运作中的规范引导作用，强化政府职责，有序推进全区养老服务业健康可持续发展；发挥市场在资源配置中的决定性作用，并充分调动社会各方面力量积极参与养老服务供给。在职能定位方面，政府主要提供基本的养老服务，保障经济困难和无子女赡养的老人的基本生活，在供给中起着主导性地位，并且通过制定科学的养老服务政策和规划，有效推进和监督养老服务工作的落实情况。在供给方式方面，政府供给的养老服务内容对于满足老人需求具有普遍性和基础性，一种是政府委托企业的模式，相关养老机构被政府授权，面向老年人生产产品和提供专业化的养老服务；另一种是直接提供的模式，政府通过自建养老院或者采取政府补贴的方式，向老年人提供养老保障，主要解决部分特困老人的基本生活问题。

四、非营利组织供给主体论

非营利组织是指不以营利为目的的组织，目标通常是支持或处理个人关心、公众关注的议题或事件。非营利组织是指在政府部门和以营利为目的的企业之外的一切志愿团体、社会组织或民间协会，是介于政府与营利性企业之间的“第三部门”。非营利组织供给主体是社会养老服务供给的有效补充主体，社会团体、民办非企业单位和基金会等社会组织有利于养老服务供给的实现。

（一）合作主义模式

合作主义模式（the corpora list model）又称“组合主义”或“混合模式”，是由埃斯平·安德森提出的。在这种模式中，政府对有关公民福利生活的各领域制定了比较系统、清楚和明确的政策，在某些方面如社会安全等方面承担着较大的具体责任，但是大部分社会福利服务交由各种社会组织主要是非营利组织负责提供的。因此公民整体的福利保障与服务充分依托社会部门，使公民对社会福利的需求能够达到较为普遍和全面的满足，福利照顾的水平很高，国家的负担却又不是特别重。

合作主义模式的显著特征可以归纳为团结原则和补助方式两大点。所谓“团结”（solidarity），是指这种福利体制建立在社会各阶层、各种群体自觉地相互关切、相互帮助的共同道义基础，以及实际的通过收入转移安排（借助高税收机制）为低收入阶层或弱势群体及整体社会利益做贡献的普遍接受的制度和做法上。所谓“补助”（subsidiary），是指国家不直接负责具体的福利服务发展与提供，而是鼓励支持社会力量自行开发、推广和提供，对质量较高、形式较好、使用者满意的服务予以政府补贴资助，所以其作用是辅助性的。

（二）第三方管理理论

1994 年，美国非营利组织专家、公共政策学者 Salomon 提出第三方管理理论（the third-party government），该理论又称志愿失灵理论。他认为第三方管理模式源于政府和非营利组织在各自组织特征上的互补性（compensatory complementarily）。该理论较为系统地论述了非营利部门的特性，以及政府与非营利部门在福利提供中建立伙伴关系（partnership）的内在机制，政府正是出于对服务提供的成本考虑，与非营利组织建立起合作关系，从而既可以保持较小的政府规模，又能够较好地完成福利提供的责任。

萨拉蒙认为政府失灵、市场失灵和合约失灵理论在解释非营利组织的产生上都存在着某种程度的局限性，非营利组织并不是政府和市场失灵后的辅助性衍生物，而是应先于政府失灵出现。他认为美国联邦政府应作为指导者和资金提供者，而不是服务的传递者。在提供具体的社会服务（如社会保障服务）时，美国联邦政府应更多地依靠大量的第三方机构，主要是非营利组织来实施其服务职能。这样，政府与非营利组织之间建立了合作与互补关系，目前，我国非营利组织和政府的关系，与美国的服务购买和委托-代理的契约关系明显不同，但是上述理论认同的非营利组织和政府一起共同承担供给的责任，以及非营利组织和政府之间结成合作关系，为我国大量非营利组织的产生、发展，同政府共担社会化养老的供给责任提供了理论依据。

（三）政府-非营利组织关系的类型学

政府-非营利组织关系的类型学是吉德伦（B. Gidron）、克莱默（R. Kramer）等在对政府和非营利组织之间的关系进行跨国比较后提出的。他们认为所有的福利服务中有两个关键要素：一是服务资金的筹集和授权；二是服务的实际配送。这两个要素可以由不同的制度来实施。他们以这两个要素为核心变量，提出了政府和非营利组织关系的四种基本模式，分别为政府支配模式、非营利组织支配模式、双重模式、合作模式。

在中华人民共和国成立初期实行的就是一种政府支配模式，而在美国实行的就是典型的合作模式。目前，我国可以借鉴合作模式处理政府和非营利组织两者之间的关系，力争使非营利组织在我国社会化养老领域发挥更大的作用。政府支配模式中，政府在资金筹措和服务配送中占据支配性地位。政府既是资金的主要提供者，又是福利服务的主要提供者。政府通过税收制度来筹措资金，由政府雇员来传送需要的服务。合作模式是政府和非营利组织共同开展公共服务，但它们不是分离的工作。非常典型的情况是由政府提供资金，由非营利组织配送服务。合作模式包括两种方式：一是“合作的卖者”模式。在这个模式中，非营利组织仅仅是作为政府项目管理的代理人出现，拥有较少的处理权或讨价还价的权力。二是“合作伙伴关系”模式。在这个模式中，非营利组织拥有大量的自治和决策的权力，在项目管理上也更有发言权。吉德伦等认为，长期以来，人们常误以为政府提供资金就能够控制非营利组织的卖者模式，但实际上，合作的伙伴关系模式在福利国家中更加普遍。

五、多元供给主体论

福利多元主义理论是在福利国家危机的背景下产生的，是为解决福利国家的危机而积极寻求的一种替代方案。福利多元主义理论经历了二分法、三分法和四分法之说[15]。无论是三分法还是四分法，都超越了传统国家与市场二元思维，强调其他社会部门福利供给的重要作用。多中心治理理论强调借助多个而非单一权力中心和组织体制治理公共事务和提供公共服务。美国学者埃莉诺·奥斯特罗姆（Elinor Ostrom）认为鼓励社会组织、市场和公民个人作为“多中心”，发挥各自的优势来共同管理公共事务[16]。福利多元主义又称混合福利经济，这个概念最早来源于1978年英国的《沃尔芬德的志愿组织的未来报告》。之后罗斯在《相同的目标、不同的角色——国家对福利多元组合的贡献》中，对福利多元主义理论的概念进行了详细的阐述和论证。他主张福利是全社会的产物，应该由市场、雇员、家庭、国家等不同主体共同分担。福利供给多元主义理论强调，任何单一主体的供给都会带来一定的灾难，积极谋求多元主义供给来实现合作、互补的主体供给结构，既是福利供给多元主义理论的内在要求，也是社会化养老的本质要求。

（一）私人与公共混合责任理论

自 20 世纪 50 年代福利国家产生以来，福利国家的理论就一直受到学者的批评，20 世纪 70 年代西方经济危机使得福利国家危机重重，出现了以哈耶克、弗里德曼和熊彼特为代表的新右派，对福利国家提出了彻底的批评，形成了自由主义福利观，认为市场是满足人们需要的最佳方式，国家应该成为规则的制定者和监督者。与新右派相同，以高夫、欧菲为代表的左派也反对福利国家制度，认为福利国家仅是资本主义合法化的工具，福利国家内部的资本主义矛盾是福利国家无法解决的。正是在这种左派和新右派的争论中，有关社会福利构建主体开始出现多元化，开始思考国家和市场在福利供给中如何合作。20 世纪 80 年代中期，罗斯、伊瓦斯等学者开始进行福利组合的研究，提出应该依靠国家、市场和家庭三方组合来提供社会福利。1988 年伊瓦斯提出著名的“福利三角”（welfare triangle）理论，即充分调动国家、市场和家庭等各个福利主体的力量，形成福利的合力。1999 年，约翰逊继承了罗斯和伊瓦斯的思想，认为直接或间接的国家福利、职工或营利性的市场福利、家庭和邻里提供的非正规福利、自助或互助组织提供的志愿组织福利共同构成了福利四维度。因而各国在选择社会化养老模式时，除了考虑各国政治、经济、社会文化及社会保障制度因素以外，也会对养老模式理念、权利义务安排与制度的利用行为加以考虑。

（二）多元主体理论

多元主体理论认为社会化养老多元供给主体服务应该由政府、市场、家庭和社会组织共同供给。陈慧等指出面对老年人长期照护保障领域复杂、多层次、多样性且动态性的特征，想要解决老年人照护保障问题从而化解供需不均衡现象，需要进行治理主体的多元化建设[17]。王争亚等主张从福利多元主义角度研究我国多元供给主体关系，但仅仅是对供给主体的定位和引入，忽视了对其具体关系的实证研究[18]。丁煜等认为虽然现阶段多元供给主体已经形成，但有效供给机制尚未建立，政府承担责任有限，营利部门参与较随意，非政府组织参与供给更加具有象征性[19]。这种对于当下福利多元主体参与社会管理的分析是有必要的。吉鹏等认为，我国养老服务中的多元主体是委托-代理关系[20]。秦智颖等认为我国农村养老服务关系是基于协同治理理论建设起来的[21]。从研究成果看，上述作者对我国养老服务供给主体间关系处于不断探索中，虽取得不断进步，但总体上忽视对有效关系的实证评估研究。现代治理理论与实践表明，多元主体的有效协作配合是推进治理现代化的有效路径。因此，从这个意义上来讲，多元主体有效参与、平等协商、良性互动、共管共治的协同治理模式可推动社会化养老可持续发展。

第二节　多元主体融合的理论溯源

一、福利多元主义理论

在 20 世纪 80 年代，部分西方福利国家开始出现政府负担过于沉重和服务工作效率低等问题。在福利危机的背景下，西方福利国家开始对自己的福利制度进行反思，提出各种新的社会福利模式，不断进行社会福利制度的改革。最早提出福利提供者多元化观念的是蒂特姆斯，其在“福利的社会分工”中提出，社会福利由三种提供体系相互配合、维持运作，即社会福利（social welfare）、财税福利（fiscal welfare）和职业福利（occupational welfare）。1978年英国的《志愿组织的未来：沃尔芬登委员会的报告》首先使用福利多元主义这一概念，该报告主张把志愿组织纳入社会福利提供者行列，将福利多元主义运用于英国社会政策的实践。随后在罗斯和伊瓦斯的研究中不断地明确和发展。福利多元主义主张福利是全社会的产物，国家、市场、家庭、雇员、志愿机构等都是福利的供给者，认为国家是主要的福利的生产者，但并不是福利的唯一来源，让国家去承担福利生产的完全责任是不正确的。它主张社会福利来源的多元化，既不能完全依赖市场，也不能完全依赖国家，福利是全社会的产物。

福利多元主义理论的代表人物之一罗斯认为国家虽然是最主要的福利生产者，但国家不应成为福利的唯一来源，市场、家庭和国家都要提供福利[22]。此后，学者伊瓦斯又在罗斯的福利主体三分法的基础上提出了四分法，认为国家、市场、民间社会和社区都应提供福利[23]。总体来说，福利多元理论就是主张社会福利的来源多元化，而不是政府公共部门成为社会福利的唯一供给主体，营利部门、民间组织和社区等都应该加入到社会福利的供给当中，共同承担起社会福利的重任。同时，福利多元主义理论强调对这些营利部门和民间组织等的规范与管理，积极引导他们加入福利服务领域。

具体来说，福利多元主义理论包含两个重要的概念：分权和参与。分权主要是指政府不再是唯一的责任主体，将福利服务提供的部分责任转移到私有市场，分权同时也包含中央政府把权力下放至地方政府和把资源分散至邻里、社会服务团体。而参与主要是指福利的提供者与福利的消费者可以共同参与到福利服务的制度决策及服务输送过程，从而强化民主参与功能，提高福利供给的效率和迅速满足福利需求的变化等。一方面，强调“福利服务”可通过福利多元组合安排，由政府、市场、家庭、社会组织和非营利组织共同提供。福利多元主义主张福利的供给主体应该呈现出多元化的趋势，这对社会化养老服务发展具有非常重要的借鉴意义。

从养老服务的供给来说，家庭一直是养老服务的基本提供者，但随着家庭结构的变化，家庭提供养老服务的主体地位在逐步减弱，政府在老龄化进程加快的过程中对养老服务的支持力度不断加大，但也存在缺漏和质量不高等问题，距离满足老年人的养老需求还有较大距离，同时，随着市场准入的不断放开，老年市场日渐活跃，但在市场运行过程中也存在失灵问题，影响老年人的需求。尽管存在一系列不完善的问题，但各种各样的养老服务供给主体依然呈现出多元发展的局面，这也为养老方式的多元化发展提供了可能。总之，服务供给是任何养老方式得以存在和发展的基础，养老方式的多元化发展离不开多样化的服务供给，在不断满足老年人多样化需求的基础上，构建多元化的养老方式离不开多元服务的供给主体支持。福利多元主义的宗旨是福利的分散化和参与，其最终目标是希望借由政府、非正式部门、志愿组织和市场组织的合作关系来分散和缓解财政与经济压力。总的来看，福利多元主义理论强调的是一种福利供给的多元体系，即通过福利多元结构的安排，将由国家全面提供福利的模式转变为由社会多部门综合提供福利的模式。

福利多元主义对中国的社会福利制度改革无疑具有重要的借鉴意义。中国社会福利制度经历了由家庭保障的传统保障制度到计划经济时代的国家一单位统包的保障体制，后来在由计划经济体制向市场经济体制转型的过程中，新型的社会保障制度随之出现。市场经济的发展必然强调市场与社会保障制度的关系，但传统的家庭、社区在社会福利制度中应扮演怎样的角色，新兴的志愿组织、民间团体在社会保障中又应该怎样发挥作用？中国历来强调家庭作用的传统文化和价值，组织结构严密的社区和密切互动的邻里关系在福利提供中有不可替代的作用。而中国尚未具备西方福利国家那样丰厚的经济基础，国家提供福利的模式不能照搬西方的经验。现在，福利多元主义理论给我们提供了一个可以借鉴的理论模式：平衡不同福利提供者的作用，避免国家在福利提供中过分保障，避免福利依赖问题的出现。我们必须注意到中国文化与社会的结构，注意到西方福利国家的危机，以及福利多元主义理论对福利国家发展的意义，将福利多元主义理论嵌入我国社会福利结构，在福利多元主义理论的指导下发展适合我国国情的社会政策，构建一个有稳定的福利保障、和谐发展的社会。

总之，福利多元主义理论认为社会福利的提供不仅仅由国家或市场来承担，非营利组织和志愿者组织等社会主体都应承担相应的责任。随着我国单位统包统分保障体制的解体，社会化养老服务的兴起，传统的家庭及相关供给主体在养老服务体系中应如何进行角色定位，新兴民间非营利组织在社会化养老服务中发挥扮演何种角色，通过借鉴福利多元主义理论的主张与观点，无疑为我们发展多元供给的社会化服务提供可借鉴的理论模式。

在福利多元主义的理论方案中，政府以外的部门，如市场、家庭、志愿组织、社区及各种互助团体，它们在社会福利体系中具有非常重要的作用。然而，通过分析和实践可以发现，这些部门在社会福利的提供方面，存在着诸多问题。

首先，现代社会中家庭因种种因素有时并不能提供福利，反而成为福利需求的来源之一。家庭是社会的基本构成单位，在现代社会中家庭具有多种功能，它除了为个人提供社会化的途径、社会和经济上的保障、心理需求上的满足和情感上的依归以外，也为社会提供再生产和加强社会团结的功能。福利多元主义理论充分认识到现代社会中家庭在福利生产和提供中的独特地位和作用，试图重建家庭在福利体系中的地位。在福利多元主义理论看来，家庭可以通过建立在亲情和血缘纽带上的互助，为其成员提供生活来源及具体的社会服务，如养老和看护等。然而，家庭的上述功能能否实现取决于家庭自身的变迁、家庭收入来源及人口老龄化等因素的影响。

现代社会所导致的家庭变化，使其无法提供充分的、稳定的社会福利。家庭规模的不断缩小、单亲家庭的不断增多、家庭结构的不稳定，使其本身面临着很大的风险，更遑论稳定而充分的福利提供。劳动力就业市场的变化、失业率的剧增，使得部分家庭的收入来源成为问题。由于没有固定和稳定的收入，家庭所能提供的生活来源也变得极不稳定和有限。人口的不断老龄化也使得家庭本身正日益成为福利需求的来源，而不是社会福利的提供者。另外，社会服务由公共部门转移到家庭，可能意味着性别上的不平等（大多数家务活是由女性来承担的），从而容易引起文化上的冲突和管理上的困难。由于上述因素的综合作用，使得家庭在社会福利的提供中，有许多意想不到的危机和困难，家庭有时很难成为稳定的福利提供者。

其次，志愿组织存在着“志愿失灵”的可能性，无法提供充分稳定的社会福利。在福利多元主义理论看来，志愿组织提供社会福利和服务的优势在于它的民间性和“草根性”。这种特性使得志愿组织贴近服务对象，了解服务对象的需求，能够灵活地对服务对象的需求做出及时反应，能够与公民建立长期性的服务关系并满足公民多样化的需求。另外，它的非营利性和它所倡导的慈善精神，使其能够更多地关注弱势人群的生活与生存状况，有利于减少和改善贫困与不平等现象，有利于缓解和解决社会不公等问题。志愿组织的公益性和志愿精神，能够使更多的人参与和关注公共生活，能够整合与动员各种社会资源，形成强大的社会资本，以推进社会问题的有效解决。

然而，志愿组织本身正面临诸多危机：慈善不足，如巨大的资金缺口；慈善的特殊主义，志愿组织及其捐赠人集中关注人口中的特殊亚群体；慈善的家长式作风，志愿组织对捐赠行为的依赖，往往使得这个部门的特征不是由整个社区的偏好而是由社区中的捐赠人来塑造；慈善的业余主义，志愿组织的志愿性质和低工资政策通常不能吸引专业人才，只能以一种业余的方式来提供福利。有人认为，提倡志愿组织在福利提供中发挥作用，可以加强社会团结。但是，志愿组织本身要发挥作用，首先需要社会具有团结精神，而这却是志愿组织自身无法解决的。

二、协同治理理论

协同理论（synergetics）又称协同学或协和学，是由联邦德国理论物理学家赫尔曼·哈肯（Hermann Haken）于 1971 年提出的。所谓"协同"，即相互协调、联合作用。在协同理论中，协同是指在系统中各个组成部分或子系统之间共同围绕集体目标相互协调产生新的有序结构及功能。哈肯认为协同是指系统内诸多子元素之间的和谐状态，研究这些子系统如何自发地由无序状态走向有序状态或由有序状态走向更为有序状态的途径问题。可理解为在同一治理网络中的多元主体间的协调合作，由此形成主体间的耦合、依存，达到行动的一致及风险的共担，并基于有序的治理结构，最终促进公共利益的实现。在治理中融入协同概念，并不是简单地将两者进行拼凑，更不能等同于平等、合作、多元和网络化的治理理论。协同治理强调合作主体间资源与能力等要素的协调互补，并将此作为形成协同治理关系的前提基础。此外，还强调合作主体间共同利益、共同目标及集体行动的一致性。政府是传统公共管理的"统治""管理"中心，市场与社会则被边缘化。在对公权力垄断的基础上，政府对社会是一元控制主体。协同治理则强调包括政府、市场、社会组织等在内的多元的公共治理主体，能够更好地适应现代社会的发展，满足民众的多元需要。

对于社会化养老的理论基础，西方学者库伊曼和弗利埃特从治理理论视角进行了一定的解释，即治理创造的秩序不可以从外部强加，而是由多元主体相互影响和互动来发挥作用。从该理论可以看出，治理是一种多元主体的参与和互动。罗德斯认为治理意味着是一种新的管理过程，这意味着管理的条件已经不同于以前，或是以新的方式来管理社会[24]。治理理论认为政府不是国家的唯一管理者；国家和社会是一种相互合作的关系；在管理的系统内存在组织的网络。治理理论强调多方参与国家与社会公共事务建设，政府、社会和公众共同合作、协商的伙伴关系，确立共同目标来实现社会的协同管理。它的重要意义是确立了公共事务管理的多元主体参与，这恰恰说明了政府和社会的协同。在治理理论的基础上，发展了协同治理理论。协同治理理论把政府和其他供给主体的力量结合起来，共同参与到公共事务的服务与供给之中。协同治理是一种治理安排，是指一个或多个公共机构直接与非政府利益攸关方参与正式、以共识为导向和协商的集体决策过程，旨在制定或执行公共政策，或管理公共项目或资产。爱德华·弗里曼（Edward Freeman）认为协同治理以解决问题为导向，是由利益相关者参与并共同承担责任的实践。联合国全球治理委员会认为，协同治理是个人、各种公共或私人机构管理其共同事务的诸多方式的总和。萨拉蒙是美国非政府组织专家，认为政府不能是公共服务的唯一提供者，而是要使用创新的管理方法和工具，那就是要和第三部门形成协作关系。萨瓦斯认为政府应该要更少地依赖政府，更多地让民间机构来满足公众需求。

我国学者对协同治理理论的理解主要有两种：一是，所谓协同治理是协同理论加上治理理论，在公共活动中以维护公共利益的目的。二是，借用联合国全球治理委员会对协同治理的定义：协同治理是一种持续的过程，这其中不仅包括拥有法律效力的正式制度和规则，还包括协商等非正式的规则。国外学者对协同治理主要从三个角度进行研究：一是就协同治理的一个过程环节进行研究；二是对协同治理的案例进行分析，并分析协同治理的效果；三是对协同治理的理论框架进行分析。国外学者对协同治理的共识主要有两点：一是政府以外的一些主体参与社会治理；二是这些主体为了共同目的而积极协作。Ansell 等从狭义的角度定义协同治理，认为共机构与非政府利益相关者展开集体决策包括正式和非正式制度的治理安排[25]，即一个或以上的公共机构和非国家部门的利益关系人为达成共同的目的，通过正式的共同协商来进行决策和行动，从而制定和执行公共政策。美国学者 Donahue 从广义的角度理解协同治理，认为协同治理是政府和政府以外的一些生产者一起努力，并且共同享有自由裁量权，以追求一些公共目标[26]。结合以上分析，国外对协同治理的定义可以阐释为政府、企业、社会组织用比较正式的方式，为解决共同的问题，而采取的决策和行动，并且对结果共同承担责任。通过对国外的协同治理理论的特点进行总结，发现主要有六个特点：公共性、多元性、互动性、主导性、正式性和动态性。

在此理论指导下，针对我国社会化养老服务供给现状，在以政府为核心主导的同时，可以不断加强社会组织与政府间的协同合作，以充分发挥各个供给主体的整合力量来提升我国社会化养老服务供给的质量和效率。构建社会化养老供给多元主体融合机制，要建立和完善跨主体协同机制，实现各个供给主体的协同。协同是供给的手段，供给是协同的最终目标。各主体是独立的个体，具有各自的利益和追求，多个主体在一起会发生矛盾和冲突，最终会导致无法提供有效的供给。因此，协同理论要求应该建立政府、家庭、市场、社会组织等各个财务供给主体的协同机制，化解和协调各主体之间的利益冲突，实现各主体之间组织协调和供给手段的整合与革新，各个主体之间能够在“强关系”的结盟中形成“部分之和大于总体”的“协同增效”，这样才能保障财务供给活动长期、有效地进行。

三、公共产品理论

目前公认的明确界定公共产品并使其与私人产品相区分的是萨缪尔森。他指出纯粹的公共产品指的是每个人对这样一种产品的消费都不会导致其他人对该产品消费的减少[27]。相对于公共产品，还有一类产品为准公共产品，这类产品也具有公共性，但供给方式却具有部分的商业性，它处在公共产品和私人产品之间。一般认为非排他性和非竞争性是公共产品的两大特征，根据这两大特征，公共产品可以分为纯公共产品、准公共产品和私人产品。同时满足非排他性和非竞争性条件的产品是纯公共产品，国防便是最典型的纯公共产品。

综合学界研究成果来看，目前认为公共产品的供给方式主要有政府供给、市场供给、自愿供给和社区供给四种模式。传统的经济学家认为，由于公共产品具有的非竞争性和非排他性，通过市场供给模式实现非排他性是不可能的或者会导致高昂的成本，同时也会缺乏效率，最终会导致市场失灵，所以大部分公共产品应该由政府提供。我国在计划经济条件下，政府公共产品和服务几乎全部是由政府提供的，政府担当着生产者和提供者的双重角色；德姆塞茨在《公共产品的私人生产》中指出，在能够排除不付费者的情况下，公共产品是可以由私人企业有效提供的[28]。因此，公共产品的市场供给是指企业根据市场的需求，以营利为目的，以收费的方式补偿支出。通过证明人在一定条件下会趋向合作而非"搭便车"，从而证明了公共产品自愿供给的存在。公共产品的自愿供给机制是在市场、政府机制发生作用的基础之上进行资源配置的，以利他为目的，以捐赠为主要方式，属于"第三层次"的机制，自愿供给包括民间组织或以社区为基础的供给，以及个人和家庭之间的合作供给。奥斯特罗姆的研究表明，自愿的、以社区为基础的契约安排同样是能够解决公共资源管理的办法[29]。然而，固然市场、志愿者组织和社区等为公共产品的多样化供给提供了可能性，但这并非政府责任的减轻和放弃，政府有责任在确保某些公共产品直接生产和提供的同时，还应积极鼓励和引导非营利组织和市场进入公共产品供给领域。

自20世纪60年代起，一些学者提出了公共产品的"供给"与"生产"相分离的思想，并从分解活动过程的角度论证了公共产品供给主体结构的多元化，他们认为公共产品的"供给"和具体的"生产"是一个过程的不同环节，可以分开并由不同的主体来进行。所谓的公共产品的"供应"主要是就资金的提供而言，而"生产"则是强调怎样进行具体的产出活动。在当代，较早地把公共产品的"供给"和"生产"作为两个环节来看的是马斯格雷夫和制度学派。他们认为，所谓"供给"就是政府通过预算进行公共资金的投入，但这并不意味着公共产品的生产必须由政府进行。因此公共产品的供给主体既可以是公共部门，也可以是私人部门，政府供给的核心是资金的支出，政府供给既可以无偿地直接拨付资金，也可以采取优惠政策的方式鼓励非政府力量参与到公共产品的供给中来。

依据对准公共产品的定义和特征的理解，社会化养老服务属于准公共产品。因此，社会化养老的公共产品属性也意味着政府首先是社会化养老服务的供给主体之一，一方面，政府可以通过资金投入的方式直接供给社会化养老服务，特别是对社会弱势群体的保护；另一方面，政府也可以鼓励、支持和引导民间力量参与到社区养老服务领域，社会力量将对社会养老服务体系建设创新和有效补充发挥作用。

除此以外，由于老年人口不断增加，福利机构在服务供给上的发展相对滞后，不同层次、不同需求的养老服务供不应求，这就在一定程度上造成老年人对养老服务的需求量与养老福利服务的供给量的不平衡化存在边际成本不为零的情况，这也就造成了养老服务的竞争性和拥挤性，使得政府在供给该类公共产品、服务时，出现资源浪费，降低消费利益，出现"政府失灵"。于是，市场机制作为补给将会弥补政府在效率不足的情况，起到调节供需的作用，社会化养老服务根据老年人的不同需求和不同类型，引入市场资源，是合理解决不同需求层次的方法。

最后，老年人的养老问题，需要家庭成员共同解决，并由家庭成员承担起照顾老人的责任，那么志愿性就在社会化养老服务供给中体现出了价值。除此以外，非政府组织在照顾生活困难、失能老人又弥补了政府与市场的失灵问题。经济的发展、技术的进步、社会的分工和专业化的发展需要新的公共产品满足公众新的需求，这就使得社会化养老服务供给从公共产品转化为准公共产品。那么，养老服务的供给就可由政府、私人部门、非政府组织包括家庭来提供。

从社会效益上来看，社会化养老服务不仅可以让老年人在晚年享有较高的生活质量，还可以在积极的家庭观念不断深入的情况下，促进家庭和睦，构建和谐社会，同时发展社会化养老服务能够促进不同养老供给主体良性竞争发展。

四、多中心治理理论

多中心治理理论是20世纪50年代初在西方国家兴起的，由奥斯特罗姆夫妇共同创立[30]。“多中心”意味着存在多个相互独立的决策中心，它们通过相互签订各种契约，从事合作性的活动。在我国以俞可平为代表的中国学者从20世纪90年代开始也对其进行了较多的研究，在《治理与善治》一书中收录了治理理论的代表人物斯托克、库依曼、杰索普、罗茨等的著作。俞可平认为“西方的政治学家和管理学家之所以提出治理的概念，主张用治理代替统治，是他们在社会资源的配置中既看到了市场的失效，又看到了国家的失效”。与传统的政府单一的“管理”和“统治”角色相比，多中心治理理论具有以下优势和特征。

首先，治理理论中政府的角色定位应该为服务，而非传统的“掌舵者”甚至“划桨者”。通过引入社会竞争机制，政府可以从传统公共服务的“生产者”和“提供者”的角色中脱离出来，变为公共服务的“授权者”。通过政府购买、特许经营等方式按照契约合同进行管理，如此，政府服务供给的效益和效率将明显提高。其次，多中心治理理论有利于更好地回应多元化的公共需求。在老龄化的背景下，不同年龄段的老年人对养老服务的需求是不同的，呈现多样化和层次性，任何一个养老服务供给主体均无法在资源既定的条件下满足多元化的养老需求。因此，相比于传统的公共服务单一的供给模式，非营利性组织或社会组织在养老服务提供方面更具自身优势，他们以需求为导向，面向不同老年群体供给种类繁多、功能各异的养老服务项目，更具专业化和人性化。最后，多中心治理理论有利于形成多元合作的社区养老服务供给模式。政府向社会组织购买养老服务，实际上是建立起政府与社区、私人部门、非营利组织之间的合作伙伴关系。社会组织作为养老服务供给的纽带，在承接政府职能转移的过程中，以实现公共利益为宗旨，充分利用自身的专业优势，整合社会各方资源，从而灵活高效地实现养老服务供给。

作为一种自主治理的理论，多中心治理理论强调公共产品及服务提供主体的多样化，认为公共产品的提供主体既可以是政府部门，也可以是非营利组织、社会组织及私营部门等社会力量。可以发现，“治理”是比“统治”更宽泛、更丰富的概念，多中心“治理”与传统的政府“统治”在基本目标、管理方式、权力向度和权力结构等方面也存在很大的区别，多中心治理理论的提出在很大程度上丰富了公共管理的内涵。

在多中心治理的社会化养老服务中，更加注重政府、市场和公民社会的关系，强调养老事务的治理主体不仅是地方政府，还应包括其他私人部门、第三部门和公民自身，在此基础上寻求更广泛的合作。随着公民社会的初步发育，政府不再是公共服务的唯一主导者，新的社会组织、社区与企业等也逐渐参与进来。以非营利性组织为代表的社会力量将承担越来越多的养老职能。在社会化养老服务中，以非营利组织为代表的公民社会承担着制约政府权力、提供利益表达渠道、培育公民社会等功能。因此，多中心治理理论体现了实现国家权力向社会回归的过程，也是一个还权于民的过程，其实质是在政府之外建立起多个职责中心，将原先由政府独立承担的养老服务职责交由社会，使私营部门和非政府组织在养老服务中与政府合作，共同实现对社会化养老服务的有效治理。

五、利益相关者理论

利益相关者理论是 20 世纪 60 年代左右在西方国家逐步发展起来的，20 世纪 80 年代以后其影响迅速扩大，并开始影响美英等国的公司治理模式的选择，并促进了企业管理方式的转变。之所以会出现利益相关者理论，是有其深刻的理论背景和实践背景的。利益相关者理论立足的关键在于：随着时代的发展，物质资本所有者在公司中的地位呈逐渐弱化的趋势。斯坦福大学研究所对利益相关者进行了定义：利益相关者是这样一些团体，没有其支持，组织就不可能生存。Freeman 所著的《战略管理：利益相关者管理的分析方法》一书提出利益相关者理论（stakeholder corporate governance theory），认为利益相关者是能够影响一个组织目标的实现，或者受到一个组织实现其目标过程所有个体与群体的影响。利益相关者之间并非均质，不同的利益相关者对一个项目的作用和地位有所差异[31]。该理论旨在探讨如何在股东利益和社会责任之间取得平衡，形成相关利益者之间的多边契约[32]，其核心思想认为只有较好地满足不同需求层次的利益相关者，企业才能更好地获得利益相关者的持续支持，进而获得资源最优配置[33]。Mitchell 和 Wood 根据紧迫性、合法性和权力性把组织涉及的各利益主体分为确定型利益相关者、预期型利益相关者和蛰伏型利益相关者，此分类方法能够用于判断和界定企业的利益相关者，操作起来比较简单，是利益相关者理论的一大进步。李芬等在此基础上从主动性、重要性和利益需求性三个方面，将利益相关者分为核心利益相关者、次核心利益相关者和边缘利益相关者三种类型[34]。

利益相关者管理理论是指企业的经营管理者为综合平衡各个利益相关者的利益要求而进行的管理活动。与传统的股东至上主义相比较，该理论认为任何一个公司的发展都离不开各利益相关者的投入或参与，企业追求的是利益相关者的整体利益，而不仅仅是某些主体的利益。在养老行业运用利益相关者管理理论主要体现在以下几个方面。

一是对养老利益相关者的划分。20 世纪 80 年代以来，国内外很多专家和学者采用多维细分法对利益相关者从不同角度进行了划分。Freeman 根据利益相关者所拥有的资源及对企业产生的影响，将利益相关者分为持有公司股票的一类人、与公司有经济往来的相关群体，以及与公司在社会利益上有关系的利益相关者三类群体。Frederick 以利益相关者对企业产生影响的方式来划分，将其分为直接利益相关者和间接利益相关者。直接利益相关者就是直接与企业发生市场交易关系的利益相关者，间接利益相关者是与企业发生非市场关系的利益相关者。Charkham 按照相关群体是否与企业存在合同关系，将利益相关者分为契约型和公众型利益相关者。Wheeler 从相关群体是否具备社会性及与企业的关系是否直接由真实的人来建立两个角度，比较全面地将利益相关者分为主要的社会利益相关者、次要的社会利益相关者、主要的非社会利益相关者、次要的非社会利益相关者。Mitchell 和 Wood 将利益相关者的界定与分类结合起来，从合法性、权力性和紧急性三个方面将利益相关者划分为确定型利益相关者、预期型利益相关者和潜在型利益相关者。养老机构的利益相关者包括政府部门、投资者、养老机构管理者、养老护理员、入住老人及其亲属、商业伙伴、社会公众等，他们各不相同的利益诉求会影响养老机构的经营管理[35]。文献指出智慧养老服务的利益相关者包括智能设备提供商、智慧养老服务提供商、政府、老年人[36]。明确政府、家庭、社区、非营利组织及老年群体自身等影响老年人福利的各个利益相关者，并对其进行科学分类，明确不同主体应承担的责任和义务，对不同主体的利益诉求进行积极回应[37]。二是对养老机构进行博弈分析。各个利益相关者之间的矛盾与冲突是不可避免的，各企业利益相关者通过不断的“轮流出价”和“讨价还价”逐渐实现利益均衡博弈，实现利益协调与合作[38]。三是对养老行业提出针对性的对策。国家不是社会福利的唯一提供者，社会福利也应当由家庭、市场、企业、民间组织、志愿者组织等多部门、多单位、多组织来提供，并且积极主动承担相应的责任和义务，这一理论对我国的社会养老和养老服务模式的改革、创新和发展具有重要的启示，具体来说，我国的养老服务不单单是政府的主要职责和任务，其他非政府组织在养老服务中也可以充分发挥其功能和作用，承担社会养老服务的相应职责和义务。例如，我国的民间机构和群众团体、群众自治组织和企业等，都可以在社会养老服务中发挥其应有的作用，如非营利组织可以充分调动社会各界的积极性，从人力、财力、物力上解决政府和家庭保障和老年服务资源不足的问题，为政府的老年福利事业出谋划策，使政府的决策和计划更加科学并且符合实际，能够唤起广大老年人参与社会，为社会发展贡献老年人的人力和智力资源力量。

参 考 文 献

[1] 列宁，恩格斯. 列宁全集. 第6卷［M］. 北京：人民出版社，1987.

[2] 黄匡时，陆杰华，科克·斯考特. 中国高龄老人的老化率及其影响因素研究［J］. 人口研究，2012，36（4）：64-77.

[3] 邓子纲，雷俊. 失能老人长期照护体系建设及产业化的三个维度［J］. 社会保障研究，2014，4：44-49.

[4] 沙毓麟，徐社文. 建立农村社会保险制度的必要性和可行性［J］. 盐城师专学报（哲学社会科学版），1994，2：99，109.

[5] 周海旺，寿莉莉，高慧. 社区养老服务的供需矛盾与化解方略——以上海市为例［J］. 上海城市管理，2015，24（6）：24-29.

[6] Dahlberg L. Interaction between voluntary and statutory social service provision in Sweden：A matter of welfare pluralism，substitution or complementarity?［J］Social Policy & Administration，2005，39（7），740-763.

[7] 刘卫东，李爱. 我国居家养老服务发展面临的现实困境及应对策略［J］. 东岳论丛，2022，43（9）：96-103.

[8] 张孝廷，张旭升. 居家养老服务的结构困境及破解之道［J］. 浙江社会科学，2012，8：81-86，99，157-158.

[9] 汪忠杰，何珊珊. 社区居家养老服务模式探析——以武汉市为例［J］. 武汉大学学报（哲学社会科学版），2014，67（4）：124-128.

[10] 袁小波. 长期照料中的家庭关系及其对成年子女照料者的影响［J］. 兰州学刊，2013，1：138-141.

[11] 许琳，王强. 可行能力视角下智障者及其监护人养老困境与形成机制研究——基于西安市的个案访谈分析［J］. 西北大学学报（哲学社会科学版），2022，52（1）：146-160.

[12] 曹艳春，王建云. 老年长期照护研究综述［J］. 社会保障研究，2013，3：56-65.

[13] 李红，王新军. 非正式护理能否替代正式护理——基于CLHLS（2014）的实证分析［J］. 江西财经大学学报，2019，6：76-86.

[14] 谷应雯，尚越. 中国失能老人照护模式选择及其影响因素分析——基于非正式照护与正式照护的关

系［J］. 卫生经济研究，2021，38（1）：54-57.
［15］林闽钢，王章佩. 福利多元化视野中的非营利组织研究［J］. 社会科学研究，2001，6：103-107.
［16］埃莉诺·奥斯特罗姆. 公共事务的治理之道［M］. 余逊达，陈旭东译. 上海：上海译文出版社，2000.
［17］陈慧，刘晋. 中国老年长期照护多支柱保障模式研究［J］. 经济问题，2014，8：20-23.
［18］王争亚，吕学静. 福利多元主义视角下我国养老服务供给主体问题解析［J］. 中国劳动，2015，4：73-78.
［19］丁煜，杨雅真. 福利多元主义视角的社区居家养老问题研究——以 XM 市 XG 街道为例［J］. 公共管理与政策评论，2015，4（1）：43-53.
［20］吉鹏，李放. 政府购买居家养老服务的绩效评价：实践探索与指标体系建构［J］. 理论与改革，2013，3：104-107.
［21］秦智颖，李振军. 我国农村养老服务供给主体多元化研究——基于协同治理理论视角的分析［J］. 中国集体经济，2016，1：13-14.
［22］Rose R. Common goals but different roles：The state' s contribution to the welfare mix［M］//Rose R，Shiratori R. The welfare state East and West. Oxsford：Oxsford University Press，1986.
［23］彭华民. 福利三角：一个社会政策分析的范式［J］. 社会学研究，2006，4：157-169.
［24］刘娜. 社会组织管理体制创新研究——基于公共治理理论视角［J］. 社科纵横，2014，29（4）：78-81.
［25］Calanni J，Leach WD，Weible C. Explaining coordination networks in collaborative partnerships［C］. Chicago：Western Political Science Association Annual Conference，2010.
［26］Donahue J. On Collaborative Governance［M］. Cambridge：Harvard University，2004.
［27］Samuelson PA. The pure theory of public expenditure［J］. The Review of Economics and Statistics，1954，36（4）：387-389.
［28］Demsetz H. The private production of public goods［J］. Journal of Law and Economics，1970，13（2）：293-306.
［29］Ostrom VA. 美国公共行政的思想危机［M］//毛寿龙，译. 上海：上海三联书店，1999.
［30］Ostrom E. Governing the commons：References［M］. Cambridge：Cambridge University Pressm，1990.
［31］何平均，刘思璐. 农业基础设施 PPP 投资：主体动机、行为响应与利益协调——基于利益相关者理论［J］. 农村经济，2018，1：76-81.
［32］Freeman RE，Evan WM. Corporate governance：Astakeholder interpretation［J］. Journal of Behavioral Economics，1990，19（4）：337-359.
［33］温素彬，李慧，焦然. 企业文化、利益相关者认知与财务绩效——多元资本共生的分析视角［J］. 中国软科学，2018，4：113-122.
［34］李芬，甄霖. 土地利用功能变化和利益相关者受偿意愿及经济补偿研究：以鄱阳湖生态脆弱区为例［J］. 资源科学，2009，4：580-589.
［35］吴春璇，陆锋. 养老机构社会责任风险管理研究［J］. 经济研究参考，2017，59：79-84.
［36］张泉. 智慧养老服务缘何遭遇普及推广难题?——基于青岛市智慧养老服务业的价值网络分析［J］. 理论学刊，2020，5：130-139.
［37］徐延辉，龚紫钰. 城市社区利益相关者：内涵、角色与功能［J］. 湖南师范大学社会科学学报，2014，43（2）：104-111.
［38］施生旭，唐振鹏. 企业利益相关者互动关系及利益均衡博弈［J］. 福州大学学报（哲学社会科学版），2012，26（6）：31-37.

第三章　社会化养老供给主体多元化的历史演变

自古以来，家庭在个人风险的化解中一直起着主导地位。进入工业革命时代后，出现了大量的产业工人，除了养老和疾病，他们还要面临工伤和失业的风险，这可以说也是工业化的结果之一。此时的国家仅仅承担救助责任，也就是对极少数人的个别风险负责，家庭责任仍居主导地位。随着农业的进一步衰退及工业化的蓬勃兴起，以及失业和贫困等问题，以家庭主导的养老服务难以为继。同时，随着部分工业化国家经济的发展，国家逐渐在福利的提供中承担越来越多的责任，家庭、社会则退居其次。随着国家在社会福利供给中的角色进一步扩张，到20世纪70年代后期，政府主导的高福利政策使得福利国家陷入财务危机，各国开始寻求摆脱危机的良策。20世纪80年代，英国私有化浪潮开始兴起，社区老年福利得以发展，非政府组织不断壮大；同期在北欧，政府开始不再垄断社会服务的提供。这些变化可以看出，国家正在部分让渡公共服务中的责任，多主体共同提供社会福利的模式正在兴起。

我国老年人的养老问题自古以来就存在，1949年以后，我国建立了正式的养老保险制度，但在养老服务供给方面一直比较薄弱。我国养老服务供给主体的演变经历了三个阶段，分别为养老服务提供以家庭为主、国家部分介入阶段，养老服务提供社会参与阶段，以及养老服务提供主体责任加强阶段。因此，梳理社会化养老供给主体多元化的历史演变过程及其每个阶段的角色和特点很有必要。

第一节　社会化养老供给主体多元化的角色定位

我国养老服务的提供经历了单一主体到多元主体的转变过程，各主体的地位、作用和职能也发生着相应的变化。分权与参与是福利多元主义的两个核心理念。分权是要打破福利供给单一主体国家的垄断，参与是要社会各个主体都参与福利的提供，这就要重新界定政府、市场、非营利组织、家庭的职责，通过转变政府角色和强化社会各主体的参与，来满足社会福利的需求，明确政府、市场、家庭在社会化养老体系中分别扮演的角色[1]。

一、政府角色

从现实来看，政府是社会化养老服务的责任主体[2]。但是目前，政府在社会化养老服务供给过程中的角色定位不清[3]。就政府角色来讲，政府部门要致力于农村社会化养老服务供给体系的规制、筹资和管理，扮演好管理者、购买者和质量仲裁者的角色[4]。政府要起到宏观指导、管理、监督等作用，具体来看主要包括以下几个方面。

一是宏观指导和政策引导。养老服务的准公共产品特性决定了政府在养老服务业发展中的核心和主导地位，从政府的角度而言，能够通过市场方式解决的问题要由市场解决，政府要做的是维护市场的公开、公平、公正[5]。以往在养老服务中以政府为主，排斥其他社会力量的参与合作，在养老服务中政府所扮演的角色应当从全能政府转变为有限政府，从管理型政府转变为服务型政府。在计划经济时代下，政府事无巨细一手包办，但在现代社会中这种保姆式手段已经不可能有生存空间，政府只能将自己的权限割让给市场，只有提供公共服务才是服务型政府最重要的职责。政府职责的基本领域，是在维护国家机器正常运转的前提下，满足通过市场机制满足不了或满足不好的社会公共需要，为各种市场主体提供良好的发展环境与平等竞争的条件，为社会提供安全和公共产品，为劳动者提供就业机会和社会保障服务等。我国在养老服务方面存在的某些问题，一方面与国家政策和制度有关，另一方面也和人们长久形成的观念有关，如养老方式的选择问题。调查发现，某些老年人认为，只有无儿无女的人才去养老院，作为子女，把老人送到养老院也会被指责为"不孝"。这些观念已不能适应社会的变化，需要适当引导社会观念，增强老人对养老机构的认可。

二是制定规章制度。我国的社会保障制度近十几年来取得了巨大的成就，养老保险制度基本上实现了全覆盖，为老年人养老提供了一定的经济保障。但老年人的需要是全方位的，除了经济需求，还有服务需求、精神慰藉需求等，我国目前没有全国统一的、正式的制度来解决老年人经济需求以外的其他需求问题。养老服务具有福利性与市场性的双重特点。对于具有福利性的养老服务，市场不会供给或难以供给，就应该由政府供给。具有市场性质的养老服务，主要是一些由政府供给的低效的、具有个性化需求的养老服务，可以交由市场来进行。另外，对于民办养老机构，政府除了制定相关政策、给予相应优惠、进行管理监督等，不应过多介入其运营。

我国已相继出台了多部养老服务方面的政策文件，但政策的可操作性一直是阻碍制度执行的重要方面，如国家政策多次提到要完善税收优惠政策和财政补贴支持政策，但这些政策多是原则性的，实践中由于种种原因，相关福利机构或社会组织无法获得这些优惠。我国目前养老服务相关政策已经比较全面，需要的是细化及增强可操作性。目前，国家对国有福利机构扶持力度比较大，如土地供应、设备购买及各种财政方面的补贴，但对市场化的养老机构及社会组织，各方面的扶持都较少；另外国家对于家庭这一养老服务的重要供给主体也缺乏适当的支持，使老龄少子化背景下的家庭面临多重压力，无法很好地承担养老这一职责。国家可以出台相关政策，对于独生子女家庭或赡养失能或半失能老人家庭给予一定的养老补贴，减少这些家庭的赡养压力。例如南京近日出台政策规定，子女儿媳愿意在家照顾半失能老人的，每月可领取政府发给的 300 元"补助工资"，照顾失能老人的可每月领取 400 元"补助工资"。韩国、日本、英国和瑞典等国也都有对提供养老服务的家庭成员直接给予经济支持等优惠政策。

三是强化管理。政府应加强科学管理，完善社会化养老服务事业的组织管理和运作机制，实现服务参与主体的多元整合，不断创新管理运作模式。养老服务作为一种准公共产品，兼具公益性和市场性双重特征，其最有效的方式是由政府和市场共同提供。福利多元主义并不是要让政府角色完全撤退，而是要打破由政府垄断供给养老服务的模式，转变职能，改变福利垄断的角色，加强政府舆论引导、资金供给、政策制定、管理和监督的职责。

四是加强监督。政府通过社会监督和政府监督对养老市场进行宏观管理，加强市场养老机构准入机制的建设，并对市场养老机构进行定期检查[6]。加强政府监督和社会监督，通过公开的信息化建设、合理的考评体系建设，使社会化养老机构的服务质量和服务信息能够为社会大众所知，接受全社会监督。出台相关的农村养老社会化法规，使农村的社会化养老能够得到法律的保障和监督，以保证和促进农村养老社会化制度稳定运行和持续发展。加强对社会化养老的监督管理，尤其是监督其定价和日常服务，以防止侵害老年人合法权益事件的发生。

五是承担托底责任。政府提供养老服务有两种方式：一是直接提供养老服务，并承担托底责任，其对象主要是城乡“三无”老人、低收入老人、经济困难的失能或半失能老人等；二是可以向其他供给主体购买养老服务，购买范围重点选在生活照料、康复护理和养老服务人员培养等方面。政府失灵导致社会养老服务存在供给缺陷，难以满足多样化、个性化的养老需求[7]。

二、家庭角色

家庭养老一直扮演重要的角色，尤其是在现行农村社会养老服务资源覆盖率低、保障水平低的背景下，子女赡养使农村家庭养老得以延续[8]。家庭养老仍在我国养老中扮演十分重要的角色，并有着很深的根基，尤其是在精神慰藉方面[9]。刘春梅等认为，我国农村尚未具备社会养老保险得以普遍开展的社会条件，家庭养老在很长一段时间仍旧会是农村养老的主要形式[10]。家庭是社会的基本单位，从古至今一直是养老服务的重要供给主体。养老服务家庭主体的主要供给者，也就是中青年阶层，面对着巨大的生存和生活压力，虽然对于老年人的养老问题暂且能给予经济上的适当照顾，但在亲自提供养老服务方面，多数人是心有余而力不足。目前，我国长期护理保险制度还处于初步建设阶段，还没有在全国范围内推广开来，也没有全国性的统一政策来减轻老人子女的养老服务方面的负担，使得家庭这一主体对养老服务的提供仅仅是在伦理、道义、亲情的层面上艰难地维持。

福利多元主义理论认为，家庭、邻里等非正式部门是社会福利的重要供给来源。“尊老”等孝道是中国人的传统美德，也是目前国家大力倡导的历史传统，家庭、亲属、朋友和邻里是重要的人际资源，也是养老服务的提供者。家庭等提供的养老服务虽然不具有专业性，但由于老年人对亲情的依赖与信任、对熟悉环境的眷恋与不舍，使得大部分老年人选择居家养老。可以说，家庭照顾对于老年人在精神上的慰藉很难为社区或机构所替代。但是随着家庭规模的缩小、家庭抚养比的上升及社会竞争压力的增大等原因，家庭在提供养老服务方面的能力正在减弱。因此，养老服务的其他供给主体如国家、机构、社区和社会组织等，应该考虑到老年人的心理特点，对于家庭这一主体提供更多的政策、资金、服务等便利条件，让能够在家养老的老年人（如能够自理和半失能）通过部分购买服务的方式居家养老。

三、市场角色

市场主体要成为多层次社会化养老服务体系建设的重要力量[11]。养老服务的规划者是政府，但养老服务的提供者可以是包括市场在内的多个主体。在我国，参与养老服务的市场主体主要是具有营利性质的民营企业。改革开放以来，我国在较长时期内，经济政策超前于社会政策，各类社会公共服务发展滞后。在政策制定的理念导向上错误地认为公平与效率是不可兼容的，养老服务被看成一种公共产品或准公共产品，其提供由政府垄断，忽视了市场主体，市场的作用一直得不到充分发挥。

党的十八届三中全会提出，要使市场在资源配置中起决定性作用和更好发挥政府作用。针对养老服务的部分市场属性，要积极发挥市场对养老服务资源的配置作用，建立竞争机制，提高机构养老服务水平，拓展养老服务项目内容，形成合理的养老服务价位。现阶段，我国的养老服务除了政府直接提供外，还有部分是由社区或民办非营利机构提供的，这些养老服务普遍存在服务项目单一、服务质量不高、服务供给和需求不相匹配等问题。市场要充分发挥市场机制的作用，引入竞争机制，细分老年服务市场，并形成合理的价格机制，满足不同老年人的差异性需求。

具体来讲，要推动养老服务领域“放管服”改革，降低社会养老服务市场准入门槛，落实养老服务优惠政策，充分发挥市场在养老服务资源配置中的基础性作用，引导和支持社会力量兴办各类养老服务设施，提供高质量的养老服务产品。加大政府购买养老服务力度，吸引社会力量参与兴办养老服务机构，逐步使社会力量成为养老服务体系建设的主体。培育和扶持养老服务社会组织，加大政策激励，推动养老社会组织和养老机构可持续发展。大力发展互助养老。推动建立“银发联盟”，促进老年群体自我服务与管理。

然而，养老服务市场存在明显的市场失灵[12]。也就是说，养老服务属于“准公共产品”，具有很强的外部经济特征，因而各类营利机构在供给养老服务过程中不可避免地会产生市场失灵问题。市场竞争机制难以对养老服务资源配置发挥基础性调节作用，出现养老服务市场失灵。

四、社会组织角色

社会组织在养老服务中发挥强有力的辅助和补充政府职能的社会功能[13]。单独由政府或市场提供养老服务均会产生失灵现象。社会组织可以优化公共和市场资源配置，协调社会各方力量，在一定程度上克服政府失灵与市场失灵。在国外，非营利组织是在第二次世界大战后迅速发展起来的，由于其在社会福利提供中发挥的重要作用而被广泛关注。社会组织参与可以弥补政府养老服务的不足、降低养老服务成本，推动农村养老服务的人性化、差异化供给[14]。非营利组织参与居家养老能弥补政府失灵，提高服务效率[15]。社会组织因其能有效地避免政府失灵、市场失灵和家庭失灵而在居家养老服务供给方面具有自身独特的优势[16]。我国的社会组织主要是非营利组织、志愿者组织等，这些社会组织发展较晚，整体力量还比较薄弱，组织机构也不健全，在养老服务方面定位模糊，其供给角色有待进一步加强。

2013 年 9 月，《关于加快发展养老服务业的若干意见》（国发〔2013〕35 号）和《关于政府向社会力量购买服务的指导意见》（国办发〔2013〕96 号）明确了公益慈善组织重点能够参与的养老服务的内容，指出政府可以向社会力量购买养老服务，社会组织在养老服务提供中的主体职责进一步扩展。

我国的社会组织具有规模小、服务灵活的特点，可以广泛参与到居家养老、社区养老和机构养老各种养老模式中，协助各参与主体提供养老服务。社会组织可以在国家政策和资金的支持下，向养老机构有偿、向社区和家庭无偿或部分有偿提供养老服务。社会组织多具有志愿性、网络化的特点，能提供质量优良且个性化的养老服务。

社会组织在养老服务提供中的作用还比较薄弱，这和社会组织自身的管理与规划有一定关系。社会组织应该加强自身的内部治理和设施建设，加强人才队伍管理，完善规章制度。充分利用政府提供的优惠政策，发挥自身优势，整合市场资源，提高服务水平。推动养老服务领域“放管服”改革，降低社会养老服务市场准入门槛，落实养老服务优惠政策，充分发挥市场在养老服务资源配置中的基础性作用，引导和支持社会力量兴办各类养老服务设施，提供高质量的养老服务产品。加大政府购买养老服务力度，吸引社会力量参与兴办养老服务机构，逐步使社会力量成为养老服务体系建设的主体。培育和扶持养老服务社会组织，加大政策激励，推动养老社会组织和养老机构可持续发展。大力发展互助养老。推动建立“银发联盟”，促进老年群体自我服务与管理。但是，社会组织参与养老服务供给活力不足，严重依赖财政支持，自主创新和开拓市场能力非常有限[17]。社会组织自身建设滞后，大部分资金和人才相对匮乏；专业化社会组织类型不足，精细化服务能力较为欠缺[18]。社会组织大多面临基础条件薄弱、资金不足、人才缺乏、信任缺失等问题[19]。社会组织发育不足，且现有社会组织行政化色彩浓厚，为老年人提供服务的动力不足[20]。

第二节　传统以家庭为主的供给主体时期

一、个人或家庭为责任主体，政府补助为补缺

中华人民共和国成立之初，《中华人民共和国宪法》（以下简称宪法）规定了成年子女赡养扶助父母的义务。国家在老年福利方面的责任主要体现在以下几个方面：①国有和集体企业职工的老年福利，又可称为单位福利。②在城市，当地政府把“三无”老人送进机构养老。③在农村，根据1956年的《高级农村生产合作社示范章程》，对农村的“三无”老人，由集体实行“五保”供养制度。在此阶段，养老服务的供给主体是家庭，政府的责任仅限于城市和农村的“三无”老人，养老服务处于社会救助的水平，市场几乎不承担养老服务责任。

中华人民共和国成立之时，战争带来的创伤不仅严重摧残了国民经济，人民生活也极为艰苦。为尽快恢复经济，巩固新生政权，改善人民生活，国家采取了稳定物价、统一财政、建立国有经济、恢复和发展生产等一系列措施。在恢复经济的同时，在借鉴苏联社会保障制度的基础上，人民政府也建立起适应当时发展的与经济体制配套的社会福利制度，这其中就包括面向老年人的社会福利制度。在国家工业化的战略指导下，国家集中优势资源优先发展城市和工业，实行工农业产品“剪刀差”，并选用城乡分离的发展战略，受此影响，包括养老服务在内的社会福利也呈现出二元分割的状态。城市中主要实行政府救济及单位保障制度，由家庭和单位为城市老年人提供养老服务，由政府为“三无”老年人提供救济福利。农村里除了延续传统的家庭养老和集体互助外，国家通过“五保”供养政策对“五保”老人进行集中供养。

我国一直深受儒家思想的影响，“百善孝为先”的观念深入人心。在中华人民共和国成立之初，我国宪法就明确规定了子女对老年人的赡养义务。但由于改革开放之前，我国一直实行的是计划经济体制，除了政府调控经济，参与社会发展之外，其他主体几乎没有过多的参与，只是处在被领导的地位。这种情况下，养老服务的供给主体主要是以家庭为单位，同时计划经济下的国家部分介入。改革开放前，我国的养老体系十分不健全，提供福利也不全面，养老服务供给体系的主体最主要是家庭，政府对城市和农村的“三无”老

人提供养老救助，其他多元主体几乎没有参与在养老服务供给体系当中。将家庭作为社会化养老的责任主体，是中国儒家思想“孝道”文化对中国养老观念根深蒂固的影响结果。我国春秋时期的教育家、思想家孔子答子游问孝时把“敬而能养”作为孝的诠释之一。“孝道”文化在中国古代儒家思想影响下也融入了国家的法律体系之中，对老人的尊敬和赡养不仅仅在道德上约束，也在法律上给予了规范和明确。

1949 年以后，以个人或家庭作为老年人照护责任主体的传统一直延续至今，集体或国家仅起到“兜底”的责任。当时我国经济基础较薄，国家财政较为困难，绝大多数城乡居民基本生活还没有得到保障。虽然 1949 年颁布并起临时宪法作用的《中国人民政治协商会议共同纲领》和 1954 年颁布的宪法都规定：劳动者在年老、疾病或者丧失劳动能力的时候，有获得物质帮助的权利，国家举办社会保险、社会救济和群众卫生事业，并且逐步扩大这些设施，以保证劳动者享受这种权利。但是，这个时期养老的责任主体完全是个人或家庭成员，并且国家通过法律形式将家庭子女的责任加以规范，宪法第 49 条明确规定了子女对父母的赡养义务；2001 年《中华人民共和国婚姻法》第 21 条也明确规定，子女对父母有赡养扶助的义务，子女不履行赡养义务时，无劳动能力或生活困难的父母，有要求子女付给赡养费的权利。这些法律将对失能老人的照护设定为子女的法定义务，国家通过法律固化家庭子女的主体责任和义务。

计划经济体制建立后，国家建立起的包含养老在内的社会福利制度体现出了对人民群众的照顾与关怀，保障了城乡困难个人和家庭的基本生活。但由于中华人民共和国成立之初，我国经济发展水平有限，在“先发展、后福利”“先生产、后生活”的口号指导下，国家给予个人的福利待遇保持在较低水平，因此养老服务的政策目标对象以城市“三无”和单位职工老人及农村“五保”群体为主，并未面向全体老年人。在养老服务形式上，这一时期仍以家庭供养为主，并结合国家和集体的扶持。养老服务供给方式由政府主导，通过行政手段调控福利资源并进行资源分配，缺乏社会和市场的参与。养老服务方式以提供基础的福利性救济为主，形式较为单一，且农村与城市之间的养老服务呈现二元分割的态势，农村养老服务水平严重低于城市，发展水平存在极大差距。

二、国家对特殊群体的政策

中华人民共和国成立之初，新生的人民政府面临大量社会问题，其中就包括如何对城市中流离失所、无依无靠的人员进行安置，对他们进行救济、教育和改造。1950 年，第一次全国民政会议指明要将民政工作的重心放在政权建设、优抚和救灾上。1951 年 8 月，《关于城市救济福利工作报告》指出由民政部门设立福利机构以保障城镇孤寡老人及残幼人员。当时负责收容这类群体的机构主要由以前遗留下来的救济院、慈善团体改造而来，称之为生产教养院。1953 年，《第二次全国民政会议决议》将优抚与救济纳入民政部门的主管业务，对生产教养院的整顿提出要求，明确其收容对象仅为无依无靠且无法维持生活的残老孤幼，指明了老年人的收养救济方向。据统计，截至 1953 年，全国城市中已有 920 个社会福利事业单位，收留约 10 万孤独无依的老年人。救济福利机构的错乱收情况经过几年整治得以缓解，1955 年第三次全国民政会议后，内务部开始设立专门的老、残及儿童福利院，点明其性质为社会福利机构，将社会福利与救济和劳动教养区分开。1959 年开始，社会福利单位不再提“教养”二字，并将原来的残老及生产教养院更名为养老院和社会福利院。截至 1963 年，全国已有 1660 个城市社会福利单位，其中包含 237 所养老院、489 所社会福利院，累计收养老人达 4 万名。

计划经济时期，中央统一管理财政经济，对人们的基本生活资料进行统购统销和配给。老年福利方面，城市中除了政府为"三无"老人提供集中供养以外，对于有工作单位的老人，国家通过原单位的形式向职工提供全面福利，1955 年国务院发布《国家机关工作人员退休处理暂行办法》等政策，规定单位编制内职工退休后的养老由原单位负责，而编制外未就业人员的养老生活由各自家庭负担。1956 年前后，我国初步形成了"国家-单位保障"的福利保障制度。此后，有关城市老年人的社会福利工作逐步纳入政府的规范管理之中，但其间受"文化大革命"影响，我国社会福利事业的发展遭遇沉重打击。

农村实行人民公社制度，同时受农村传统孝道文化及户籍制度建立后限制人口流动政策等因素的影响，绝大多数农村老年人的养老还是靠家庭和公社集体互助供养。党和国家在这一时期并未对农村养老服务出台针对性的相关政策，针对农村老年人养老采取的政策主要体现在对农村的"五保"制度上。《1956 年到 1967 年全国农业发展纲要（草案）》指出农业合作社要对社内的鳏寡孤独社员予以安排，对其实行"五保"。除实行"五保"供养制度之外，政府还协助农村人民公社建立了敬老院，对不能自理的孤老实行集中供养，这也意味着国家开始关注农村养老服务的发展。"五保"制度形成后，《关于人民公社若干问题的决议》中也提到由村社为鳏寡老人直接提供养老服务，进一步指明了农村养老服务的供给来源。据统计，1958 年我国农村敬老院数量已达 15 万，收养的老人超过 300 万人。

第三节　政府、家庭、市场、社会组织多主体共同供给时期

一、社会化养老供给主体多元化的形成

随着市场经济体制的建立，计划经济时期建立起的以单位为主体的福利体系被打破，企业已经无力或者不应该承担退休职工的养老服务问题，养老服务需求逐渐被推向社会。1983 年，民政部提出国家和社会力量相结合多种形式举办社会福利事业；1984 年，进一步明确"社会福利社会办"的思想；1993 年，民政部等多部委联合颁布《关于加快发展社区服务业的意见》，指明了社区在公共服务方面发展的方向；1999 年，民政部颁布《社会福利机构管理暂行办法》《关于开展民办非企业单位复查登记工作意见》，市场和社会组织等主体逐渐开始参与到养老服务供给。在此阶段，我国养老服务的范围不断扩大，不再仅限于"三无"老人，而是面向全体老年人。同时，养老服务的提供主体也不断增多，除了国家和家庭外，市场、社区和社会组织也开始加入到养老服务的供给中。养老服务供给主体多元化与供给方式多样化逐渐成为主流[21]。国外养老服务供给也相应经历了从政府到非政府、市场与非市场的供给发展阶段，依靠家庭的力量形成有效的福利体系，保证了养老服务事业的健康发展。从上述理论分析来看，国外福利多元主义理论的发展是一种互为补充与替代效应共存的局面。

福利多元主义理论主张福利来源的多元化，既不能完全依赖市场，也不能完全依赖国家，福利是全社会的产物。政府要参与，非营利性组织和社会性组织也要参与；市场要参与，公民个人要参与。也就是说，当政府角色缺失时，社会公益事业势必将依赖于社会部

门（或称“第三部门”）、企业化社会组织和家庭（个人），或当志愿组织或者市场失灵时，我们将通过多元主体的协商合作弥补政府失灵、市场失灵与志愿失灵，突出福利多元主体的“分权”（decentralization）和“参与”（participation）。在我国老年服务实践中，政府、家庭、社区是我国养老服务供给的主体，另外，非政府组织、市场（社会企业）也应当参与到我国养老服务中来，逐渐成为我国养老服务供给的主要供给主体，从而形成一种各供给主体合作、互补的关系模式。

依据福利多元主义理论的三分法、四分法，以及国内学者同春芬等提出的四维福利分析框架不难看出，主张政府、家庭、社区、社会企业等各供给主体之间形成一种多元合作的格局，即各主体各司其职的福利多元主义理论指导下养老服务供给主体四维解释框架[22]。①政府职能部门。政府部门作为公共产品的提供者、安排者，主要为养老服务提供发展的社会政策（包括优惠财政政策、政治政策等）、规章制度、发展机制、发展资金等，充当“掌舵者”角色。②家庭。作为养老服务的传统供给主体，受本国文化及血缘、地缘关系影响较为突出，家庭承担了具体的养老服务。我国养老主要具体服务由家庭承担，如基本护理、日间照料，家庭是促进我国养老服务发展的主力军。③非政府组织。非政府组织作为承担我国养老服务的“递送员”，分担由于家庭功能弱化而仍需继续承担养老负担的家庭的服务供给角色，但受本土非政府组织自身限制及社会环境影响，发展缓慢，但潜力无限；另外，还有社会企业的介入。李静认为，社会企业介入老年服务是一种全新的方式。社会企业因其超强的使命感、显著的商业性、非凡的专业性而具备了介入养老服务的价值优势、组织优势、技术优势[23]。④市场。坚持市场参与原则，吸引市场企业加入，利用企业资金力量，参与养老服务。但现实中，企业在投资或者盈利中更多选择忽视养老服务，虽然老龄人口的数量庞大，存在巨大企业商机，但出于盈利的追求很少有企业主动参与到养老服务供给中。在我国人口老龄化、高龄化问题严重，养老服务内容多样的同时，供给方式的不同也必然影响我国供给主体的关系，如居家养老模式下，政府应该如何履行职责，家庭履行职责又该占据多大比重，市场和非政府组织又该承担何种养老责任，另外，在机构养老模式下，各供给主体之间又该如何履行职责。现阶段，我国养老服务存在哪些供给主体，形成一种合作关系还是补充关系，又或是其他的关系模式，尚待考证。

伴随着我国市场经济的发展，计划经济时代单一的福利供给主体无论是政府还是家庭都是不科学的。家庭养老独木难支，政府角色正逢社会大转型经济发展的关键时刻。为此，在这样的背景下，我国社会福利社会化概念被提出。

2000 年，《关于加快实现社会福利社会化意见的通知》（国办发〔2000〕19 号）指出了我国社会福利社会化的基本概念，并强调我国已经进入老龄化社会，老年人口基数大，增长快，特别是随着家庭小型化的发展，社会化养老的需求迅速增长，必须广泛动员和依靠社会力量，大力推进社会福利社会化。主张依靠政府支持，发挥政府政策主导作用，吸引社会企业、慈善组织、社会团体、社区等服务供给主体参与到养老服务供给中。2000 年，《关于加强老龄工作的决定》（中发〔2000〕13 号）明确指出，要坚持家庭养老与社会养老相结合的原则，逐步建立国家、社会、家庭和个人相结合的养老保障机制，确保老年人生活、医疗等方面的基本需求。2001 年，民政部在此基础上进一步实施了“社区老年福利服务星光计划”方案，在社会福利社会化背景下，在各级民政部门带领下，针对农村和城市的乡镇敬老院和城市社区进行改造，以打造符合当地老年人需求的养老场所，满足老年人基本生活需求。在此实践基础上，《关于支持社会力量兴办社会福利机构的意见》（民发〔2005〕170号）为进一步规范我国养老服务事业的社会化发展做出相关规定，其中主张民政部门需要充分发挥职能作用，制定好相关负责政策以及社会化发展的优惠政策，进一步落实“社会福利社会化”的基本思想。2008年2月，《关于全面推进居家养老服务工作的意见》提出居家养老服务内容及相关统筹规划指出在现家庭养老功能弱化阶段，应当依托社区大力发展居家养老服务，标志着社区功能被提上我国养老服务供给的日程。从国家政策颁布不难看出，我国养老服务供给主体开始发生转变，由改革开放之初家庭为主转到21世纪初的政府主导，支持和引导社会力量参与养老服务供给中来，但正如上文所述家庭功能虽有所减弱但其养老力量并未消失。

21世纪初，随着改革开放的继续发展，经济社会的进步，我国综合国力进一步提升。在此背景下，为适应经济体制发展，进一步提升人民生活水平，我国开始提出“社会福利社会化”，主要是鼓励社会力量提供养老服务。但究其原因来看，主要有两个方面，即传统家庭、政府供给存在弊端和社会力量的兴起。

（1）计划经济下形成的家庭、政府供给弊端。原有计划经济体制下以国有企业单位为主的供给机制和以家庭为主的福利供给存在着诸多问题：第一，经济负担严重。离退休人员过高的社会福利与生活保障，迫使国家各级财政，支付高额的退休金。从统计年鉴数据显示，国有单位退休人员退休金从1995年的807.8亿元，增长到1998年的1400亿元。除此之外，退休生活费、医疗卫生费等其他费用均未计算，试想长期以来国有企业一直支付退休员工高额的退休金及相关保险福利费，这对我国国有企业的转型和社会的发展带来了巨大的挑战；另外，随着20世纪80年代以来，我国社会转型期的到来，伴随着国家经济的发展，由传统的农业经济向工业经济、市场经济转变，使得我国家庭养老功能逐渐弱化。第二，不公平性加剧。长期以来的“单位人”以其独特的社会身份获得较高的社会福利和保障，这种高福利、高保障随着我国民主进程的推进及公民意识的兴起，引起我国人民普遍的不满，这种“福利不公”现象也逐渐发展成为制约我国社会发展的一大弊病。

（2）长期计划生育政策的实施导致家庭养老功能的弱化，“4-2-1”结构的家庭模式已无法承受家庭养老服务之重，唯有社会力量的参与才能有效缓解我国人口老龄化带来的沉重的养老服务重负。这一时期，由于改革开放的推进，市场经济的发展，我国非政府组织得到有效发展，成为养老服务供给主体新焦点。

从非政府组织发展的历程来看，其能够得到快速发展的原因如下。第一，政府失灵的存在。“政府失灵导致社会养老服务存在供给缺陷，难以满足多样化、个性化的养老需求”[7]。政府部门在公共事务处理中，难以做到“事事俱全，面面俱到”。社会问题复杂烦琐，有时单独依靠政府不一定能有效解决，时常出现政府无法解决的问题，而非政府组织的灵活性及多样性，使得政府将原先完全把持的公共服务放权于非政府组织。扶贫、教育、医疗、养老等领域已成为我国非政府组织活动的主要领域。例如，中国扶贫基金会（现为中国乡村发展基金会）、友成基金会在扶贫领域，中国留学生爱心助学基金、中国少年儿童文化艺术基金会、光爱教育基金在儿童教育方面正在发挥着重要作用，有力地分担了政府负担，维护社会公平和公正。第二，改革开放带来的机遇。改革开放以来，我国经济高速发展，强大的经济基础促进和吸引了我国非政府组织发展。

同时，政治体制从集权到分权的改革也进一步促进了我国非政府组织履行政府职权的基本义务。第一，我国从计划经济体制向市场经济转变。政府部门在很大程度上退出了直接的政治行政管制和经济管制，这一划时代的改革也逐渐从政治、经济领域过渡到社会管理的领域，而要满足人民群众日益复杂的服务需求和具体内容是建立起社会机制及与之相适应的社会组织的前提，而非政府组织作为社会组织的重要组成部分，应当受到政府重视。第二，伴随经济体制的改革我国政治体制改革也在不断进行中，20 世纪 90 年代新公共管理浪潮兴起，主张通过私人部门的商业化手段解决我国公共部门存在的官僚制问题。而非政府组织作为“第三部门”参与管理，是实现政府和市场关系和谐发展的基本前提。另外，我国政府对于非政府组织自身努力发展的一种认可和理解，发展非政府组织迎合了我国政府的“小政府，大社会”政策构想，并积极培育和发展社会组织。为此，我们可以看出我国非政府组织具备发展的经济和政治环境，但作为一种新兴的社会组织和重要的组织制度创新形式，非政府组织在中国社会尚处在发展的起步阶段。所以，不难看出，在此阶段，我国养老服务对象不断扩大不再局限于 20 世纪 90 年代的“五保”老人、“三无”老人和国有企业退休职工，而是进一步将养老服务对象扩大到全体老年人。除此之外，我国养老服务供给主体也发生了变化：①以家庭为核心过渡到以政府为主导，家庭功能开始弱化；②国家开始培育非政府组织，积极引导市场、社会企业和社区参与养老服务中来，供给主体除了政府和家庭以外，市场、非政府组织和社区也开始参与进来。为此，可以说社会福利社会化意识开始形成。

二、政府、家庭、市场、社会组织共同参与

进入 21 世纪以后，我国政府在人口老龄化等的压力下，开始主动介入养老服务的供给，颁布了一系列的法律法规和政策文件。从 2000 年开始到现在颁布了近 30 个与养老及医养结合相关的政策文件（表 3-1），为推动我国养老事业健康顺利发展提供了坚实的制度保证。

表 3-1　2000～2020 年中国养老及医养结合政策文件一览表

序号	政策文件	主要内容	发布时间
1	《关于加快实现社会福利社会化的意见》(国办发〔2000〕19 号)	重点发展社区或居家养老服务	2000 年
2	《关于加强老龄工作的决定》（中发〔2000〕13 号）	重点发展社区或居家养老服务	2000 年
3	《关于加快发展养老服务业意见的通知》(国办发〔2006〕6 号)	提出了养老服务业发展的新模式	2006 年
4	《中共中 央国务院关于深化医药卫生体制改革的意见》（中发〔2009〕6 号）	建立中国特色医药卫生体制，逐步实现人人享有基本医疗卫生服务的目标，提高全民健康水平	2009 年
5	《中国老龄事业发展“十二五”规划》（国发〔2011〕28 号）	对“十二五”时期我国老龄事业进行了统筹规划	2011 年
6	《社会养老服务体系建设规划（2011—2015 年）》（国办发〔2011〕60 号）	对“十二五”时期我国社会养老服务发展进行了统筹规划	2011 年
7	《关于加快发展养老服务业的若干意见》(国发〔2013〕35 号)	明确提出了养老服务业的发展目标	2013 年
8	《关于促进健康服务业发展的若干意见》(国发〔2013〕40 号)	促进健康服务业发展	2013 年

续表

序号	政策文件	主要内容	发布时间
9	《关于加快推进健康与养老服务工程建设的通知》(发改投资〔2014〕2091号)	加快推进健康服务体系、养老服务体系和体育健身设施建设	2014年
10	《关于鼓励民间资本参与养老服务业发展的实施意见》(民发〔2015〕33号)	提出鼓励民间资本参与居家和社区养老服务、机构养老服务、养老产业发展的具体举措	2015年
11	《关于推进医疗卫生与养老服务相结合的指导意见》(国办发〔2015〕84号)	进一步推进医疗卫生与养老服务相结合	2015年
12	《全国医疗卫生服务体系规划纲要(2015—2020年)》(国办发〔2015〕14号)	促进医疗卫生资源进一步优化配置，提高服务可及性、能力和资源利用效率	2015年
13	《国务院办公厅转发卫生计生委等部门关于推进医疗卫生与养老服务相结合指导意见的通知》(国办发〔2015〕84号)	进一步推进医疗卫生与养老服务相结合	2015年
14	《民政事业发展第十三个五年规划》	推动民政事业实现科学发展而制定的法规	2016年
15	《人力资源社会保障部办公厅关于开展长期护理保险制度试点的指导意见》(人社厅发〔2016〕80号)	探索建立长期护理保险制度	2016年
16	《关于全面放开养老服务市场提升养老服务质量的若干意见》(国办发〔2016〕91号)	促进养老服务业更好更快发展，扩大养老服务有效供给	2016年
17	《智慧健康养老产业发展行动计划(2017—2020年)》(工信部联电子〔2017〕25号)	加快智慧健康养老产业发展	2017年
18	《国务院关于印发"十三五"国家老龄事业发展和养老体系建设规划的通知》(国发〔2017〕13号)	对"十三五"时期我国老龄事业发展和养老体系进行了统筹规划	2017年
19	《关于深入推进医养结合发展的若干意见》(国卫老龄发〔2019〕60号)	深入推进医养结合发展	2019年
20	《国家积极应对人口老龄化中长期规划》	就近期至2022年，中期至2035年，远期展望至2050年进行了规划	2019年
21	《养老护理员国家职业技能标准(2019年版)》	对养老护理员职业进行规范	2019年
22	《普惠养老城企联动专项行动实施方案(2019年修订版)》	推动增加普惠养老服务有效供给，促进养老产业高质量发展	2019年
23	《关于印发医养结合机构服务指南(试行)的通知》	提高我国医养结合机构服务质量，规范医养结合机构服务内容	2020年
24	《关于开展医养结合机构服务质量提升行动的通知》(国卫办老龄函〔2020〕974号)	解决影响医养结合机构医疗卫生服务质量的突出问题，为老年人提供安全、规范、优质的医疗卫生服务	2020年
25	《关于印发医疗联合体管理办法(试行)的通知》(国卫医发〔2020〕13号)	推进医联体建设，逐步实现医联体网格化布局管理	2020年
26	《医疗卫生机构与养老服务机构签约合作服务指南(试行)》(国卫办老龄发〔2020〕15号)	指导医疗卫生机构和具有民事主体资格的养老服务机构(包含养老机构、居家社区养老服务机构，下同)签约合作，切实提高医养签约服务质量	2020年
27	《关于促进养老托育服务健康发展的意见》(国办发〔2020〕52号)	促进养老托育服务健康发展	2020年
28	《关于开展医养结合机构服务质量提升行动的通知》(国卫办老龄函〔2020〕974号)	解决影响医养结合机构医疗卫生服务质量的突出问题，为老年人提供安全、规范、优质的医疗卫生服务	2020年

从上述颁布的政策文件中可以看出，国家为养老服务的社会化提供了较好的制度环境，养老服务各主体的职责逐渐调整、不断加强。可见，我国养老服务供给主体经历了从“国家—家庭”到“国家—家庭—社区—市场—社会组织”多元协作的演变过程。

21 世纪以来，由于受到人口老龄化的影响，我国政府开始积极主动地寻求养老服务提供主体的多元化发展，并先后颁布了一系列针对社区参与养老服务和社会力量参与养老服务相关的政策和法规，政府部门其在养老服务供给中的导向作用和政策引导功能日益凸显。

自 21 世纪初以来，坚持政府主导作用，鼓励社会力量参与，实现多元主体参与养老服务供给，实现多元化养老模式发展将成为我国这一阶段养老服务供给发展的基本特点。具体如下。第一，对于社区参与功能的强调。《中华人民共和国老年人权益保障法》指出要以社区为依托，加快我国养老服务事业的社会化发展，强调重视家庭作用，要发挥居家养老和以社区为依托进行福利供给。也就是说，要重塑社区在我国养老服务供给中的作用，坚持在重视家庭的养老功能下，要求在社区建立养老服务机构，社区养老功能以及供给责任也在不断被强化。第二，鼓励社会力量参与。由于政府部门公共服务供给存在的“失灵”现象，我国政府积极谋求政府之外的社会力量参与养老服务供给。并对社会化养老整体发展规划、指导思想、筹资方式、运行模式、发展方式进行了制度性规定。从整体规划来看，2011 年 12 月，国务院办公厅印发了《社会养老服务体系建设规划（2011—2015 年）》，对“十二五”期间，我国养老服务发展做了详细的统筹和规划，在功能定位上，明确指出居家养老服务、社区养老服务和机构养老服务定义，并对机构养老的发展做出了详细的规划与安排，标志着机构养老服务供给体制的形成，也标志着我国政府在促进养老服务事业发展中从被动参与到主动参与的转变。2013 年，《关于加快发展养老服务业的若干意见》（国发〔2013〕35 号）进一步对新时期我国养老服务的市场参与机制做出规定，并对加强与支持社会力量兴办养老机构做出了规划，明确了我国养老服务发展的“社会福利社会化”的指导思想。政府在重视家庭、社区基本养老功能之外，主动积极谋求与社会力量的结合，主张市场肩负起养老的相关责任。但同时，该文件也提出我国养老服务发展落后，市场参与不足等问题。

而为了进一步做好养老服务产业的运作，满足老年人的基本需求。政府部门先后积极从拓宽融资渠道、改革运行模式和发展方式方面吸引社会力量参与并积极落实到实践中去。筹资方式上，2015 年《关于进一步做好养老服务业发展有关工作的通知》（发改办社会〔2015〕992 号）指出，要继续发挥社会力量的养老服务供给能力，利用市场筹资模式，拓宽筹资渠道，2015 年《关于开发性金融支持社会养老服务体系建设的实施意见》（民发〔2015〕78 号），强调开展社会养老服务业务的组织可以申请银行贷款用以发展养老服务事业。为鼓励民间资本能有效地参与到养老服务中来，2015 年 2 月，《关于鼓励民间资本参与养老服务业发展的实施意见》（民发〔2015〕33 号）要求落实优惠的税费政策并保障用地需求；运行模式上，为了实现“政府-市场”这一供给模式的实行，2013 年，《关于政府向社会力量购买服务的指导意见》（国办发〔2013〕96 号）规定政府向社会力量购买公共服务。2014 年《关于做好政府购买养老服务工作的通知》（财社〔2014〕105 号）在购买居家养老服务、社区养老服务、机构养老服务内容方面做出了详细的规划，明晰了我国政府及社会力量在养老服务供给方面应当履行的基本责任，规定了我国政府可以通过购买的方式获得社会力量的参与老年服务供给。在发展方式上，在全球信息化冲击下，从国家顶层设计到多元社会参与主体，都竭力主张实现养老服务发展的信息化与数字化。通过互联网、物联网等信息高科技手段实现我国养老服务从传统的人工护理的模式，向高新技术方式的转变，如虚拟养老院。在实践上，2014 年 1 月，《关于开展养老服务业综合改革试点工作的通知》（民办发〔2013〕23 号）规定了我国养老服务社会化发展的综合试点地区工作章程。2014 年 8 月，国家确定 42 个地区为全国养老服务业综合改革试点地区。

自 21 世纪 90 年代至今，我国养老服务主体演变至今，社会主体参与明显，一改昔日政府或家庭单一供给的状况，这种多元主体供给的局面有力促进了我国养老服务事业的发展。这种多元供给状况的出现，究其原因，主要有以下几点。①改革开放的推动。改革开放以来，我国经济、政治各方面得到有效发展，人民生活水平显著提高。经济基础决定上层建筑。人民对于传统物质需求的满足将更多的需求转嫁到精神层面。人民对政府服务方面的需求不断攀升。这就要求政府部门实时转变职能，实现政府的改革与治理，创建一个高效、廉洁、放权的政府。按照奥斯本和盖布勒在《改革政府》中的要求，解决服务供给问题应该实现政府的授权功能，实现对社区内的相关服务专业化指导。这就要求政府的改革应立足于多元化的供给主体，并将官僚制中的权力回归社区。②政府失灵的存在。政府宏观调控的职能实则是为了解决市场失灵而存在。但从公共选择理论和政策分析理论来看，市场解决不好的问题，政府也未必能解决。政府政策的失败、政府部门公共产品供给的失效、徇私及腐败、内部性扩张等都足以导致失败，并且这种失败的危害远大于市场失灵而带来的危害。③全球多元治理浪潮的到来。新时期，人口老龄化问题是世界性的问题，世界各国为解决人口老龄化纷纷主张合作化治理，通过全球化合作、国家间的合作以实现解决这一世界性难题。为此，学者纷纷主张，合作网络化治理。如奥斯特罗姆主张多中心治理理论、萨瓦斯认为民营化治理、萨拉蒙的第三部门合作治理理论等。为此，国内学者也纷纷主张，在新时期政府部门应该转变官僚制职能，逐步实施政府放权，实现对公共事务管理和公共服务供给的多元化。

可见，这一阶段我国养老服务供给主体开始多样化，政府角色开始转变，从“划桨者”向“掌舵者”转变，为我国养老服务社会化的发展提供了良好的制度环境。在这一阶段，新增社会力量参与。为此，从上述三阶段研究定位来看，我国养老服务供给主体经历了“国家、家庭”到“国家、家庭、社会力量初现”再到“国家、家庭、社会力量加强”的发展阶段，可以说，现阶段我国养老服务存在着政府、家庭、非政府组织、市场等多元主体的供给。但就目前我国养老服务供给主体关系而言，现实中的供给主体之间的关系是否如福利多元主义理论所言，是政府引导、家庭为主、社会力量参与的多元主体合作供给格局，还有待进一步研究。因此，“厘清政府、市场、社会在养老服务领域的权责和职能，探讨政府与非营利组织、政府与营利机构在养老服务中的合作逻辑，尤其是如何构建一个供给主体多元化、功能互补、分工明确、有效合作的社会养老服务体系，并促进主体间的分工和合作，具有重要的现实意义”[24]。

参考文献

［1］王贝芬. 社会化养老模式研究综述与展望［J］. 天府新论，2014，3：118-123.
［2］吴丹洁. 农村中年居民养老观念对养老方式影响因素研究［J］. 科学决策，2017，2：44-60.

[3] 王丽. 加快发展中国社会化养老服务体系建设的对策 [J]. 中国老年学杂志，2016，36（2）：495-497.
[4] 陈静. 新型城镇化背景下农村养老服务供给模式研究 [J]. 农村经济，2016，6：101-106.
[5] 于戈，刘晓梅. 论我国养老服务业发展研究 [J]. 甘肃社会科学，2011，5：236-239.
[6] 霍雨慧. 农村社会养老服务体系中的政府监管责任 [J]. 人民论坛，2015，36：50-52.
[7] 曹煌玲. 中国城市养老服务体系研究 [D]. 大连：东北财经大学出版社，2014.
[8] 王德强，王涛. 农村子女履行赡养义务偏好影响因素的实证分析 [J]. 农业技术经济，2016，12：54-62.
[9] 石金群. 中国当前家庭养老的困境与出路 [J]. 中央民族大学学报（哲学社会科学版），2013，40（4）：62-67.
[10] 刘春梅，李录堂. 农村家庭养老主体的角色定位及行为选择 [J]. 农村经济，2013，10：66-70.
[11] 匡亚林. 新时代聚焦新发展：我国社会保障体系建设研究 [J]. 行政管理改革，2018，5：39-44.
[12] 张举国. “一核多元”：元治理视阈下农村养老服务供给侧结构性改革 [J]. 求实，2016，11：80-88.
[13] 吕宣如，章晓懿. 多重逻辑视角下政府购买居家养老服务政策扩散研究——基于中国省份数据的事件史分析 [J]. 东北大学学报（社会科学版），2022，24（4）：54-63，117.
[14] 张桂敏，王轲，吴湘玲. 社会组织参与农村养老服务的行为逻辑——基于行动情境模型的解释 [J]. 安徽师范大学学报（人文社会科学版），2022，50（2）：61-70.
[15] 祁峰. 我国城市居家养老研究与展望 [J]. 经济问题探索，2010，11：119-123.
[16] 戚晓明，郭志芹. 社区居家养老服务机构发展中的问题及对策研究——基于南京市玄武区的调查 [J]. 江苏社会科学，2017，5：25-31.
[17] 杨翠迎，刘玉萍. 养老服务高质量发展的内涵诠释与前瞻性思考 [J]. 社会保障评论，2021，5（4）：118-130.
[18] 杨志云. 开放的务实主义与策略性收放：新时代中国特色社会组织发展的机理阐释 [J]. 公共管理与政策评论，2022，11（4）：103-119.
[19] 罗家德，梁肖月. 社区社会组织孵化培育路径研究——基于山东省 H 社区的案例分析 [J]. 贵州师范大学学报（社会科学版），2022，2：26-40.
[20] 王晶，何祎金. 老年公共服务数字化趋势及政府干预策略 [J]. 华南师范大学学报（社会科学版），2021，5：44-54，205.
[21] 管兵，王虹. “村改居”社区养老城乡混合福利体系 [J]. 华南师范大学学报（社会科学版），2021，5：29-43，205.
[22] 同春芬，汪连杰，耿爱生. 中国养老保障体系的四维供给主体与职责定位——基于福利多元主义范式的分析框架 [J]. 湘潭大学学报（哲学社会科学版），2015，39（3）：28-32.
[23] 李静. 福利多元主义视角下社会企业介入养老服务：理论、优势与路径 [J]. 苏州大学学报（哲学社会科学版），2016，37（5）：9-15.
[24] 任勤，何泱泱. 社会养老服务供给主体间的职能与合作 [J]. 四川大学学报（哲学社会科学版），2016，3：116-122.

第四章　社会化养老多元化供给现状与发展分析

第一节　人口老龄化现状及发展现状分析

一、老龄化人口规模分析

联合国规定，当一个国家或地区 60 岁以上老年人口占人口总数的 10%，或 65 岁以上老年人口占人口总数的 7%，即意味着这个国家或地区的人口处于老龄化社会。根据全国老龄工作委员会发布的研究报告显示，我国从 1980 年正式实行计划生育政策以来，人口结构中老年人口的比重快速上升，到 1999 年 65 岁及以上人口占比已突破 7%，进入轻度老龄化社会。这表明我国用不到 20 年时间完成了老龄化进程，这明显快于世界主要发达国家完成这一进程的速度。如法国完成这一进程用了 115 年，瑞士用了 85 年，美国用了 60 年，英国用了 45 年。2000 年以来，我国老年人口的年增长率进一步加快。2000～2010 年我国 65 岁及以上老年人口的年均增长率为 3.03%。2010～2019 年，我国老龄化进入快速发展阶段，65 岁及以上老年人口年均增长率上升 1.42 个百分点，增速明显加快。此外，根据统计数据计算，2010～2019 年我国低龄老年人口、中龄老年人口和高龄老年人口的年均增长率分别为 6.20%、3.09% 和 4.30%，低龄老年人口增速直接拉高了老年人口整体增速。这也是我国进入老龄化社会的重要原因之一。

我国第五次全国人口普查数据显示，2000 年我国 60 岁及以上老龄人口为 1.32 亿，占人口总数的 10.40%；2005 年底全国 1%人口抽样显示，我国人口总数达到 130 756 万人，其中 65 岁以上人口占总人口数的 7.7%，我国已经真正成了人口老龄化国家。根据《2021 年民政事业发展统计公报》中的数据显示，截至 2021 年底，全国 60 周岁及以上老年人口达 26 736 万人，占人口总数的 18.9%，其中 65 周岁及以上老年人口达 20 056 万人，占人口总数的 14.2%。

根据第七次全国人口普查公报数据显示，全国人口总数为 1 443 497 378 人，与第六次全国人口普查的 1 339 724 852 人相比，增长 5.38%，年平均增长率为 0.53%。60 岁及以上人口为 264 018 766 人，占 18.70%，其中 65 岁及以上人口为 190 635 280 人，占 13.50%。60 岁及以上人口的比重上升 5.44 个百分点，65 岁及以上人口的比重上升 4.63 个百分点。根据民政部发布的《民政事业发展统计公报》显示，2017～2021 年，我国 60 岁及以上人口分别占人口总数的 17.3%、17.9%、18.1%、18.7%和 18.9%，但是与世界其他国家相比，我国老龄化具有规模大、速度快、高峰期持续时间长、负担重的特点，预计到 21 世纪 30 年代，我国老龄化达到高峰。老龄化问题日益突出，给我国现行的养老方式带来了巨大挑战。2017 年世界 60 岁及以上老年人口占世界老年人口总数的 1/4 以上，同时我国也是全球第一个老年人口数量突破 2 亿的国家。从老年人口增长速度来看，2010～2021 年我国

60 岁以上的老年人口的比重由 13.3%增至 18.9%，2010～2021 年每年新增老年人口数量接近 1000 万。截至 2021 年，我国 60 岁及以上人口已达到 2.64 亿人，占人口总数的 18.9%，与 2010 年的 13.3%相比上升 5.6 个百分点；65 岁及以上老年人口达 2 亿人，占人口总数的 14.2%，比 2010 年相比上升 6.13 个百分点。根据世界银行统计数据，2019 年我国 65 岁及以上老年人口约占世界老年人口总数的 23%，约占亚洲老年人口的 50%，为世界之最。其中，与 2018 年数据比较，低龄老年人口增加 3588 万人，中龄老年人口增加 3325 万人，高龄老年人口增加 1869 万人，可见，近 20 年来我国高龄老年人口的增幅最大，达 1.5 倍以上，这表明我国老年人口总基数高，而且高龄老年人口基数高、增幅大。

与世界发达国家相比，无论是老龄化速度还是老年人口规模，我国都位列世界前茅。根据联合国的统计和预测，在 21 世纪上半叶，中国一直是世界上老年人口最多的国家。目前，我国正处于人口老龄化快速发展期，对我国社会养老服务体系提出更高的要求。老年人口的增多，老年人口比例的增大，带来了养老金压力、医疗费用支出增加、家庭照顾人员不足等问题，这些问题挑战着我国社会的财政及卫生等多项系统，并要求我国现行的老年人相关法律制度、政策体系为之做出相应的调整。我国老年人口数量大，增长快，老龄化问题与经济社会转型期的矛盾相交织，对强化我国社会养老服务体系提出了更高的要求。目前我国还是一个发展中的人口大国，在经济社会制度建设上还存在不足，从一定意义上来讲，老龄化放大了社会转型所带来的种种矛盾。

解决好我国老年人口问题，对亚洲和世界来说均具有举足轻重的作用。我国 2012～2021 年人口老龄化速度明显高于 2002～2011 年间人口老龄化速度，说明我国已经进入人口老龄化快速发展期。面对庞大的老年人口规模及迅猛的老年人口增长速度，养老服务需求量迅速攀升，如何有效地满足不断上升的养老服务需求，实现老年人的“老有所养”，是我国养老服务体系面临的严峻挑战。

二、老龄化人口结构特征分析

（一）老龄人口基数大、老龄化速度快是中国老龄化的首要特征

《中国养老服务蓝皮书（2012—2021）》显示，中国 65 岁以上人口数量从 2000 年的 8821 万增长到 2020 年的 19 064 万，增长了 1.16 倍；老年人口占比从 2000 年的 6.96%升到 2020 年的 13.5%。

第七次全国人口普查结果显示，全国人口中，0～14 岁人口约为 2.5 亿人，占 17.95%；16～59 岁人口约为 8.9 亿人，占 63.35%；60 岁以上人口约为 2.6 亿人，占 18.70%，其中，65 岁以上人口约为 1.9 亿人，占 13.5%。与 2000 年第五次全国人口普查相比，0～14 岁人口的数量下降了 3641 万人，占比下降了 4.94 个百分点；与第六次全国人口普查相比，0～14 岁人口数量增加了 3092 万人，占比上升 1.35 个百分点。

2000～2020 年，16～59 岁劳动年龄人口数量与占比均呈先上升后下降的趋势；60 岁及以上人口的数量和占比呈现持续上升的趋势，2020 年比 2010 年增加了 8637 万人，占比增加了 5.44 个百分点，2020 年比 2000 年增加了 13 326 万人，占比增加了 8.37 个百分点。从人口老龄化的速度看，2000～2010 年，60 岁以上人口和 65 岁以上人口分别增加了 4689 万人和 3072 万人，2010～2020 年，60 岁以上人口和 65 岁以上人口则分别增加了 8637

万人和7181万人，说明2010年之后人口老龄化速度明显加快。根据国家统计局公布的2021年最新数据，65岁及以上人口为20 056万人，占全国人口的14.2%。这是我国65岁及以上人口占比首次超过14%。

（二）我国老龄化的第二个特征是未富先老、低生育率

中国老年学和老年医学学会老龄金融分会理事妥宏武表示，2021年底我国65岁以上人口占比为14.2%，我国提前进入深度老龄化社会，从发达国家的经验看，它们在进入深度老龄化社会的时候人均GDP超过2万美元。2021年美国的人均GDP为6.93万美元，接近7万美元；日本的人均GDP为4万美元；德国人均GDP为5.1万美元；英国人均GDP为4.6万美元，与法国基本持平。2021年我国人均GDP刚超过1.1万美元，与发达国家还有很大的差距。

经济合作与发展组织（Organisation for Economic Co-operation and Development，OECD，简称经合组织）主要国家相关数据显示，一些发达国家进入中度老龄化社会时，总和生育率均值降为1.76。我国进入中度老龄化社会时，总和生育率降至1.3。

（三）我国老龄化的第三个特征是地区差异较大

从65岁及以上人口数量看，排在前三位的省份是山东、四川、江苏，老年人口数量分别为1536万人、1417万人、1373万人。山东是唯一的65岁以上人口超过1500万人的省份。

从老年人口占比来看，65岁以上人口占比超过14%的地区有12个，分别是湖北、天津、湖南、安徽、山东、吉林、黑龙江、江苏、上海、四川、重庆、辽宁；最高的为辽宁，达17.42%，这些地区属于进入深度老龄化社会尚未达到高度老龄化社会的阶段。

（四）高龄老年人增速快，养老需求多样性增加

我国未来老龄化的总体趋势不仅表现为老年人口总体规模的膨胀，还突出地表现为老年人口内部年龄结构的快速老化。我国80岁及以上高龄人口数量不断增加，从1999年的1169.81万人增加到2021年的3580万人，人数增长超过2倍；我国高龄人口规模的膨胀速度远高于全部老年人口规模的增速。我国60岁以上老年人口的年龄结构看，我国60岁及以上人口超过2.6亿人，比重达18.70%，其中65岁及以上人口超过1.9亿人，比重达13.50%；80岁以上人口达3580万人，比重达到2.54%。2010～2020年，60岁及以上人口比重上升了5.44个百分点，65岁及以上人口比重上升了4.63个百分点。与上个十年相比，上升幅度分别提高了2.51个百分点和2.72个百分点。

2000～2019年，我国老年人口中中龄人口占比出现下降，由47.02%下降至42.45%，高龄老年人口占比出现较大涨幅，比重由13.58%上升至17.42%。其中，2019年我国老年人口中，低龄、中龄和高龄的人口占当年老年人口的比重分别为40.13%、42.45%和17.42%。伴随着人口老龄化而来的是人口高龄化。人口高龄化意味着高龄老年人口在全部老年人口中的比例不断增加。目前我国高龄老年人占全部老年人口总数的1/10左右，但高龄老年人口增速较快，基本以每年3.8%的速度增加，增速高于其他年龄组。高龄老人身体机能趋于衰退，患老年疾病的风险更大。2017年，我国失能失智老人约4500万人。

高龄老人和失能、失智老人的增多，社会对养老服务尤其是长期照料的需求也必然增加。由于年龄的不断上升，身体机能的衰退，高龄老人的患病率及致残率均较其他老人高，因而会带来除基本生活需求以外的医疗保健和精神慰藉类需求等，养老服务需求结构更复杂。

高龄老人是老年人中最为脆弱的群体，另外，随着人们生活水平不断提高，老年人需要更加丰富的养老服务。首先，老年人对医疗服务的需求不断增加。根据刘海涌、黄艺红所做的调查，70%以上的老年人把医疗服务作为养老的首要需求[1]。因此，加快发展老年人医疗护理服务工作十分必要，尤其是要提供护理康复、保健服务和健康教育等方面的服务。其次，老年人日常生活中的照料服务需求也在快速增加。在我国，城市老年人与农村老年人相比，城市老年人通过子女和养老金获得经济支持相对较多，但生活照料方面却相对缺乏。在社会养老服务安排中，社区更有优势能够为老年人提供满足日常生活和照料的多方面养老服务。最后，老年人精神文化活动需求也在不断提升。精神文化活动需求是近些年来社会经济发展后，老年人在满足物质生活后提出更高的新要求。因此，为老年人提供多方面的精神文化服务。解决好高龄老人的养老服务需求问题是当下社会养老服务体系建设的重点和难点。

（五）老年抚养比增加，家庭养老功能弱化

在传统上，对老年人的照料主要是家庭的责任，然而随着我国现代化、城市化和人口结构的变化，我国家庭户规模和老年人家庭结构也在发生着变化。根据历次全国人口普查数据，我国平均家庭户规模持续萎缩。1982 年，我国平均家庭户规模为 4.41 人，1990 年下降至 3.96 人，2000 年为 3.44 人，2010 年为 3.1 人，2020 年为 2.62 人，在不到 40 年的时间内我国平均家庭户规模下降 1.79 人。从 20 世纪 70 年代中期开始，我国实行“一胎化”的人口政策，对遏制人口过度膨胀起到了积极作用。但是，这一政策派生的负面效应导致人口结构性失调日趋严重。从 1992 年开始，我国总和生育率就下降到更替生育水平（2.1）以下，2014 年下降至 1.3，2020 年仅有 1.2 左右。在生育旺盛期，面临女性剧减和低生育惯性的双重压力，出生人口性别比例失调，劳动人口下降，家庭“失独”现象堪忧，养老体系持续压力越来越重，社会老龄化程度加深。

第七次全国人口普查数据显示，14 岁及以下人口数占人口总数的 17.95%；60 岁及以上人口数占人口总数的 18.70%，比第六次全国人口普查数据上升 5.44%。此外，2012～2021 年，老龄人口抚养比一直呈增长的趋势，从 12.7%增长至 20.8%；人口抚养比主要反映劳动力人口的抚养负担，老龄人口抚养比直接反映了劳动力人口的养老负担，由此可见，近年来我国人口红利正逐渐消失，人口少子化和老龄化并存。随着我国老龄化的加速，老年抚养比出现快速上升。2021 年我国老年抚养比达到 20.8%，比 2020 年的 19.7%上升约 1 个百分点，相比 2005 年 10.7%的水平，几乎提高了 1 倍。根据统计局数据统计，1982 年我国老年抚养比仅为 8.0%，到 20 世纪 90 年代，我国老年抚养比也长期保持在 10%以下。但从 2000 年开始我国老年抚养比进入快速上升趋势，从 2002 年的 10.4%上升到 2021 年的 20.8%，平均每年上升约 0.52 个百分点。另外从 2002～2019 年省域层面 65 岁及以上老年抚养比的发展变化看，上升最快的是辽宁，吉林、山东、宁夏、黑龙江、河北、四川、甘肃和重庆等省（自治区、直辖市）老年抚养比也有较大增幅。截至 2019 年底，山东省 65

岁及以上老年抚养比达 23.8%，位居全国第一。同时，从近几年的发展趋势来看，老年抚养比有进一步加快上升的态势。家庭户规模持续萎缩，导致传统家庭养老功能的弱化，进一步加重了老年照料问题。

我国老年人口在数量持续增长的同时，独居老人和空巢老人的比重和数量也在攀升。第五次全国人口普查数据表明，全国有 65 岁以上老年人的家庭户中，空巢家庭户占 22.8%，其中单身老人户占 11.5%，只有一对老夫妇户占 11.3%。2015 年全国 1%人口抽样调查数据显示，空巢家庭户占 33.6%，其中单身老人户占 15.8%，只有一对老夫妇户占 17.8%。可以看出，相较 2000 年，2015 年我国空巢家庭户占比大幅提高，上升了 10.8 个百分点，空巢家庭逐渐成为老人家庭的主要形式。随着我国城市化进程不断加快，一代户、二代户等小型家庭户逐渐增多，家庭户规模不断缩小，年轻子女陪伴父母的时间越来越少，靠子女养老便无从谈起，我国传统的家庭养老功能日趋弱化。根据民政部统计的数据，2000～2010 年，我国城镇空巢老人比例由 42%快速上升到 54%，农村由 37.9%上升到 45.6%。根据北京大学曾毅研究团队预测，2030 年我国空巢老人数将增加到 2 亿人以上，占老年人口总数的九成左右。在家庭小型化趋势下，独居老人规模大幅提升。根据民政部抽样数据统计，我国独居老人的数量从 2010 年的约 1754 万人快速上升至 2019 年的约 3710 万人。未来独生子女老年父母数量快速增加，老年人家庭空巢化、独居化、小型化趋势继续发展。老年人空巢化、独居化的现象显著，使得越来越多的老年人难以获得家庭成员的及时照料，这就需要更多的社会化养老服务资源给予更有力的支持。

（六）各城乡和省份之间人口老龄化发展不平衡

我国人口老龄化主要表现在城乡之间和地区之间的发展不均衡。地区间社会经济发展水平与人口政策等方面存在的明显差异对我国各地区人口发展产生了巨大的影响，同时受人口迁移的影响，中国各地区人口老龄化的发展是很不均衡的。我国人口老龄化总体格局是东部沿海地区人口老化速度与程度要显著高于中西部地区、汉族地区高于少数民族地区，虽然我国人口老龄化首先出现在城市，但由于城市化与人口迁移，农村人口老化程度与发展速度都已超过城市，今后我国农村地区将面临比城市更严峻的人口老龄化的挑战。

从区域分布上看，人口密度较高的东南沿海地区比人口密度较低的西北、西南地区老年人口比例要高。从发展趋势上看，我国东部地区的老龄化速度逐渐放缓，中西部老龄化速度不断加快，由于我国中西部青壮年人口不断向东部流动，中西部老龄化程度加快的态势将进一步加剧。上海市是我国最早进入人口老龄化的城市，西藏是我国最迟进入人口老龄化的省份，两者之间相差 40 余年。可以看出，我国老龄化地区间的发展不均衡。

从城乡分布上看，目前，我国农村人口老龄化程度高于城市，形成了老龄化城乡倒置的严峻格局。2000 年，我国城镇老年人口占城镇人口总数的 6.08%，乡村老年人口占乡村人口总数的 7.50%。按照国际老龄化标准，2000 年我国乡村已经进入轻度老龄化社会。2000 年以后，我国城镇老年人口比重在波动中较缓慢地上升，到 2009 年首次突破 7%，进入轻度老龄化社会，并在随后各年保持在这一水平之上，随着我国城镇化的推进，农村剩余劳动力转移加快，据 2015 年全国 1%人口抽样调查数据统计，农村老年人口规模是城市的 1.74 倍，2017 年城镇老年人口首次超过乡村老年人口，到 2018 年末，我国城镇人口中 65 岁及以上老年人口增加约 2 倍，年均增速为 6.32%。同时，我国乡村人口减少到 56 401 万人，其中 65 岁及以上老年人口增幅为 32.72%，年均增速为 1.58%，而 2000 年以来，我国乡村老年人口比重保持持续较大幅度上升，2018 年达到 13.84%，相比城镇高出约 3 个百分点，2000～2018 年，城镇老年人口增幅比乡村高出近 1.7 倍，城镇老年人口年增速比乡村高出近 5 个百分点。2000～2018 年，我国城镇 65 岁及以上老年人口中低龄老年人口占比约为 38%，中龄老年人口占比平均约为 46%，高龄老年人口占比保持在 16%左右，同时期，我国乡村 65 岁及以上老年人口中低龄老年人口占比平均约为 37%，中龄老年人口占比平均约为 47%，高龄老年人口占比水平同样保持在 16%左右，基本与城镇老年人口分年龄段数量结构保持一致。相较于城镇而言，乡村人口老龄化面临更严峻的局面，叠加乡村“空心化”问题，使得当前全面推进乡村振兴面临更大压力。农村老龄化程度的提高，一个关键原因在于大量的农村青壮年劳动力从农村流入城市，农村老年人口比重远超城市，相应地提高了农村的老龄化程度，但在一定程度上降低了城市的老龄化水平。另外，由于早年计划生育政策的影响，城镇生育率较农村生育率低。

从各省域的发展情况来看，截至 2019 年底，从全国省域 65 岁及以上老年人口的绝对数量来看，山东以 1595 万人位居首位。65 岁及以上老年人口突破千万的省份还有四川、江苏和河南等，河北和广东也排在全国前列。65 岁及以上老年人口规模相对较小的省（自治区）为海南、宁夏、青海和西藏。省域老年人口规模的巨大差异，决定了国家在制定人口、医疗、社保等政策时，要充分考虑各地实际情况，避免“一刀切”。具体而言，从各个省域的增速来看，我国各省域的空间区位、资源禀赋、经济基础、历史文化等存在较大差异，省域的老龄化演进呈现不同特征。根据国家统计局抽样数据，2002～2019 年，65 岁及以上老年人口占比增长最快的省域是辽宁省，上升 7.82 个百分点。65 岁及以上老年人口占比上升较快的还有山东、吉林、四川、重庆、黑龙江、安徽、河北、甘肃和江苏等省（直辖市），截至 2019 年底，上海以 16.27%的老龄化率居全国之首，成为老龄化最严重的省域。65 岁及以上人口占比超过 14%的还有辽宁、山东、四川、重庆、江苏、浙江等省（直辖市），人口流动是造成各省老龄化不平衡发展的重要原因之一。人口老龄化给各省（自治区和直辖市）带来较大挑战，山东省既是 65 岁及以上老年人口规模第一大省，也是老年抚养比最高的省份，养老压力相对较大，应对人口老龄化任务相对较重。

（七）人口基数大，老龄人口未富先老

2000 年我国进入人口老龄化社会。从世界主要发达国家人口老龄化进程看，65 岁及以上老年人口达到 7%时，人均 GDP 基本介于 5000～10 000 美元。与发达国家不同，我国在出现人口老龄化现象时，经济发展水平整体不高，“未富先老”状况突出。世界银行给出的人均国民收入的分类标准：人均国民收入≥12 616 美元为高水平，人均国民收入在 4086～12 615 美元为较高水平，人均国民收入在 1036～4085 美元为较低水平，人均国民收入＜1036 美元为最低水平。根据 2012 年世界各国人均收入排行榜，我国属于较低水平，排在第 94 位。另外，我国老龄人口财产性收入较少，仅占 0.3%，而且老年人就业率较低，更多的是靠子女供养。有资料显示，我国老龄人口目前消费总额占总消费额的比重低于 10.0%，消费水平远低于社会平均消费水平。可见我国“未富先老”状况比较突出。而我国进入老龄化国家时，人均 GDP 仅为 800 美元，世界发达国家的人口是“先富后老”或“富老同步”，而我国属于“未富先老”。从人口抚养比的变化来看，人口结构、家庭结构

的变化导致人口抚养比大幅提升，养老负担将超过抚幼负担。随着经济的快速发展，按年平均汇率折算，2021 年我国 GDP 达到 17.7 万亿美元，日本为 4.9 万亿美元，我国比日本多出 12.8 万亿美元，成为世界第二大经济体。2021 年我国人均 GDP 达到 8.0976 万元，按年平均汇率折算达 1.2551 万美元，超过世界人均 GDP 水平，美国人均 GDP 为 6.94 万美元，日本人均 GDP 约为 4 万美元，因此从人均 GDP 上来讲，我国与美国、日本等发达国家还存在较大的差距。但由于人口基数大，2021 年度中国人均 GDP 排世界第 60 位，我国在进入老龄化社会后又呈现出了边富边老的老龄化特征。

三、老龄化人口发展趋势分析

（一）高龄化、老年抚养比继续攀升

根据第七次全国人口普查结果，全国人口中 65 岁及以上人口为 190 635 280 人，占 13.50%。与第六次全国人口普查相比，65 岁及以上人口的比重上升 4.63 个百分点。可见，近年来我国 65 岁及以上的高龄老人逐年增加，占总人口比重逐年上升，呈现出明显的高龄化趋势。受老年人口基数大、历史生育政策惯性等因素影响，未来我国老年人口规模高、老龄化程度高、抚养比高的“三高”特征将更明显。预测结果显示，我国 2017 年以后 65 岁及以上老年人口规模会持续快速扩大，未来中国 65 岁及以上老年人口将出现前所未有的规模，根据国家统计局公布的 2021 年最新数据，65 岁及以上人口为 20 056 万人，占全国人口的 14.2%。在 2001 年进入轻度老龄化社会后，仅用了 21 年就进入中度老龄化社会。预计在 2030 年前后进入重度老龄化社会，之后 65 岁及以上老年人口仍会持续上升。并且，高龄化问题也将日益突出。国际上按照联合国的报告，以 65 岁及以上人口占总人口比重来界定人口老龄化的进程。初级老龄化社会的标准为 7%；深度老龄化社会的标准为 14%，高度老龄化社会的标准为 20%。中国在 2000 年时 65 岁以上人口占比达到 7%，进入了老龄化社会；2020 年，第七次全国人口普查的数据显示，65 岁以上人口占比达 13.5%；“十四五”期间中国进入深度老龄化社会；2035 年之前将进入高度老龄化社会。同时，预测显示，老年人口的快速上升，使得老年抚养比预计在 2025 年前后超过少儿抚养比，养老负担日益成为劳动年龄人口负担的主要压力来源。

（二）城乡抚养比和省域的差距拉大，区域内差异大于区域间差异

城镇化趋势主要取决于人口从农村向城镇转移，我国城镇化率已经从 2010 年的 50% 上升到 2021 年的 64.72%，65 岁以上老年人的城镇化率在 2018 年达到 10.65%。随着城镇化的推进，未来城镇老年人口数量增长将快于农村。从人口结构模型模拟预测结果看，2030 年我国城镇化程度将达到 61.09%，城镇 65 岁及以上老年人口占比将达到 22.89%。但受年轻人口流失的影响，农村以及人口流出地的抚养比将快速提升。根据人口结构模型模拟预测，2030 年农村的老年抚养比将达到 79.9%，农村的养老压力将格外沉重。而且，由于年轻人口的流动机会更大，如果生育水平进一步降低，城镇的“虹吸效应”将更为明显，城乡抚养比的差异更大。

由于地域之间社会经济文化发展水平的巨大差异，我国东、中、西和东北地区老龄化发展呈现出明显非均衡特点。根据模型预测，从人口老龄化的总体趋势来看，东部地区的

人口老龄化差异性在降低，呈现收敛的发展趋势；东北、中部、西部地区的人口老龄化差异性在增加，呈现扩大的趋势。区域间差异呈现不断收敛趋势，影响程度不断缩小，区域内差异呈现不断扩大趋势，影响程度不断扩大。从人口老龄化的长期发展趋势和演进规律来看，区域内差异要大于区域间差异。

在省域层面，根据模型预测结果，未来两类省（自治区、直辖市）的老龄化程度会进一步快速加深，一类是工业化与城市化最早的省（自治区、直辖市），老龄化将相对更严重，如东三省。二是人口净流出比重较高的省（自治区、直辖市），老龄化程度将相对更高。模型预测显示，到 2030 年 2 亿新增城镇人口中约 60%分布在长三角、珠三角、京津冀、长江中游、成渝、中原、山东半岛等七大城市群。京、津、冀、沪、鲁等省的老龄化将略有减弱，而作为人口流出地的黑龙江、吉林、辽宁、安徽、贵州、云南等省的老龄化将更加严重。但同为人口流出大省的河南，则因为城市化率较低等原因使得老龄化速度相对较慢。

（三）低生育水平态势将在较长时期内延续

虽然中国近年来生育政策已经大为放松，但是生育水平提升却十分有限，甚至已经出现了再次下滑的势头（表 4-1）。

表 4-1　2012～2020 年出生率、死亡率和自然增长率　（单位：‰）

年份	类别		
	出生率	死亡率	自然增长率
2012	14.57	7.13	7.43
2013	13.03	7.13	5.9
2014	13.83	7.12	6.71
2015	11.99	7.07	4.93
2016	13.57	7.04	6.53
2017	12.64	7.06	5.58
2018	10.86	7.08	3.78
2019	10.41	7.09	3.32
2020	8.52	7.07	1.45

根据国家统计局数据显示，尽管近年来对中国生育率的具体水平存在一些争议，但几乎一致认为中国生育率已经降低到较低水平。实际上，中国生育水平在 20 世纪 90 年代初期已经下降至更替水平以下。有研究发现在全面放开“二孩政策”前中国的总和生育率在 1.5 左右，全面“二孩政策”在一定程度上释放了部分前期累积的生育意愿，生育水平在 2016 年、2017 年有所回升，但近 2 年又转而下降，根据普查结果，2020 年我国出生人口约 1200 万人，总和生育率下降至 1.3，进入极低生育水平。

普查数据显示全面“二孩政策”有一定的效果，但无法长期有效提升生育水平。生育水平远低于政策允许生育的孩子数，反映出生育的主要影响因素已经不再是人口政策的约束，而是背后的生育意愿转变和社会经济条件制约。近年来，中国生育意愿已经下降到较低水平。2017 年全国生育状况抽样调查数据显示，育龄妇女打算生育子女数分别为 1.76 个，2019 年为 1.73 个，2021 年降到 1.64 个。在生育意愿下降的基础上，由于生育成本过高等因素的影响，还导致部分育龄夫妇未能按照意愿生育，即出现了“想生而不敢生”的状态。这些因素包括高结婚成本严重透支家庭收入，对生育决策和家庭生命周期产生严重影响；女性就业压力和托幼资源严重不足加大了家庭生育成本；教育资源配置不均增加了孩子的教育成本；养老负担加重要求家庭加大养老资源分配份额等。显然，无论是生育意愿的改变，还是生育障碍的消除，都非短期能够奏效，低生育水平态势将在较长时期内延续。

（四）人口负增长的惯性将长期延续

2020 年全国人口与 2010 年第六次人口普查数据相比，年平均增长率为 0.53%，比 2000～2010 年的年平均增长率 0.57%下降 0.04 个百分点，表明中国人口虽然保持增长，但正处于减速通道之中。实际上这从近几十年人口自然增长率不断下降中已现端倪。我国人口自然增长率已经从 20 世纪 80 年代末期的 15‰以上一路下滑至 2020 年 1.45‰，已经预示着总人口向负增长迈进的基本趋势。根据预测，在总和生育率为 1.3 的条件下，中国总人口规模将在 2024 年左右开始负增长，并且在可预见的将来，中国人口负增长趋势难以逆转。人口负增长是中国人口发展的一个新阶段。人口负增长虽然不是洪水猛兽，但毫无疑问，将会带来一系列变化，甚至潜藏一系列风险。学者陆杰华认为，人口负增长不仅会对社会经济产生影响，也会对文化、科技、地缘政治等方面产生影响，可能会对人口发展战略、国家安全与社会稳定、社会保障体系等产生冲击。由于生育率难以在短期内实现大幅度提升，人口负增长的惯性将长期延续。

（五）将快速向重度老龄化社会迈进

随着人口老龄化快速发展，中国即将进入中度老龄化社会，并将快速向重度老龄化社会迈进。人口老龄化是中国人口发展的显著特征。根据普查结果，2020 年我国 60 岁及以上人口为 26 402 万人，占 18.70%，其中，65 岁及以上人口为 19 064 万人，占 13.50%。人口老龄化速度明显加快，2010～2020 年，60 岁及以上人口比重上升了 5.44 个百分点，65 岁及以上人口上升了 4.63 个百分点。与上个十年相比，上升幅度分别提高了 2.51 个百分点和 2.72 个百分点。人口老龄化将对中国经济社会发展产生深远的影响，对经济增长、社会治理、社会保障和社会服务等多方面带来严峻的挑战，尤其是会直接导致社会保障支出和养老服务需求快速增长，需要特别加以关注。

（六）人口红利期消失，重度老龄化社会即将到来

第七次全国人口普查数据显示，与 2010 年相比，16～59 岁劳动年龄人口减少 4000 多万人。劳动年龄人口减少将引起劳动力供给下降，人口红利由盛转衰。实际上，我国从 2017 年开始劳动力人数已经开始下降，影响已经开始显现。根据预测，在可预见的未来，劳动年龄人口下降态势将不可逆转，劳动年龄人口规模将持续萎缩。随着老龄化的加剧，中国经济发展的“人口红利期”在逐渐消失[2]。根据预测，到 2035 年，15～59 岁劳动年龄人口将下降至 8 亿人以下，15～64 岁劳动年龄人口将下降至 9 亿人以下。人口红利被认为是

中国经济腾飞的重要原因，有研究认为20世纪70年代末以来中国通过改革开放达到的高速增长成就，得益于人口红利。近年来，随着劳动力年龄人口负增长和劳动力负增长相继到来，人口红利正处于下降趋势，并将在约10年后退出人口红利期。显然，随着人口红利期即将终结，中国原有劳动力低成本优势不再，依赖于充足的劳动力而形成的优势也将慢慢丧失，实现经济结构转型升级，寻找新的增长源成为重要任务。

综合来看，在可预见的未来，中国人口发展的基本趋势已经确定，将长期保持低生育水平、人口老龄化快速发展趋势和劳动力供给下降趋势，并即将进入中度老龄化社会，在2025年以前进入人口负增长阶段，在2035年以前退出人口红利期并进入重度老龄化社会。中国人口发展的这些基本趋势预示着，中国未来将面临经济结构转型的艰巨任务，同时将迎来养老负担和养老需求的快速增长。

第二节　社会化养老多元化供给现状与困境分析

我国现阶段养老服务供给主体现状与福利多元主义理论所倡导的多元主体协同供给局面还相差较大，各供给主体之间还未形成有效合作、互补的关系结构。简言之，我国养老服务供给主体形成以家庭单一供给占主导、社会供给不足、政府供给功能弱化为特征的非合作、非补充的关系模式，具体来看我国目前的养老服务无论是服务内容还是供给方式等方面都存在供给不足、家庭供给"独木难支"等问题，主要由传统文化影响家庭供给，政府过早退出福利供给，导致整体养老服务供给不足，市场利益导向及受自身发展限制等原因导致各供给主体在养老服务中并未形成真正的"福利社会化"。

一、社会化养老多元化供给主体现状分析

（一）社会化养老服务供给主体多元化

中国自古以来对家庭养老非常重视，历代君王也是以"孝"治天下，家庭作为养老服务供给中的重要一环有着深厚的文化基础和历史渊源，"养儿防老"思想深入使得家庭在养老领域长期处于主导性地位。但是，随着社会的剧烈变革，家庭养老的主导性地位受到极大挑战。特别是改革开放至今，物价增长速度超过工资水平的增长速度，房价上涨幅度较大，教育、医疗支出激增，国企改制，就业压力大，导致劳动年龄人口负担过于沉重。加之，我国老龄化加速背景下，计划生育带来的影响逐渐显现，"4-2-1"结构的家庭增多。以政府为主导的社会养老服务多元供给主体逐步走向成熟，并逐步培育和带动包括私营企业、非营利组织、居民个人在内的社会力量兴办老龄服务事业。养老服务在供给主体上初步呈现出多元化[3]。多元化的养老服务供给主体有利于满足多层次的养老服务需求，提升养老服务的社会化程度，优化养老服务的质量和效率[4]。社会养老服务体系建设规划明确提出应以居家为基础、社区为依托、机构为支撑，形成以政府为导向、市场为主体、全社会广泛参与的社会化养老服务供给体系。从纲要内容来看，供给主体主要涉及家庭、政府、市场、社会组织等多元化社会养老服务供给主体。

（二）社会养老服务筹资多元化

社会养老服务供给主体的多元化不仅停留在主体多元化，在筹资结构上也存在多元化的趋势，随着人口老龄化加速，社会养老服务的多元化筹资是必然的选择[5]。尤其是早期进入老龄化的福利国家，如日本、法国、英国及其他欧洲国家，对此我国学者曾做过相对客观的国际比较。以法国长期护理保险服务为例，其养老服务供给主体广泛分布在公共部门、非营利性机构、营利性机构、非正式部门及其他组织和个人；养老服务资金的来源则可分为政府资金、雇主缴费、雇员缴费、投保人缴费及其他资金。作为同样具有借鉴意义的日本的长期照护保险仍被认为是卓有成效地实现了中央和地方、政府、社会与个人对提供养老服务的合理责任分摊。

（三）多元主体之间供给能力多呈现非均衡状态

目前多元主体之间并非相互均衡的状态，呈“供给主体不均衡性”[6]。长期占主导地位的家庭养老面临冲击的同时，政府提供的养老服务也在不断扩展，从高龄补贴、敬老院到公办养老机构的建立，使得政府在养老服务提供领域的主导性地位显露无遗。但是基于社会养老服务的准公共产品的性质，单靠政府无力解决所有老年人的养老问题，即使短期内实现老年人养老服务提供的全覆盖，也只能是低水平的生存保障，面对人民群众日益增长的物质、精神文化需求，这显然远远不能满足。需要调动市场及非政府组织等社会力量共同承担社会养老服务的供给。但是目前的情况是，养老服务也属于微利型产业，对崇尚利润最大化的企业而言，并不具备较强的吸引力。非政府组织在中国属于新兴群体，规模较小，能力有限，各项规章制度尚不健全，所募集资金的使用情况未做到公开化、透明化，短时期内难以得到广大社会民众的认可与支持。所以，短时期内市场激励不足，政府供给乏力，非政府组织弱小等问题难以有效解决。现阶段，全国多地已经开始实行由包括政府购买服务在内的多项政企合作政策，与此相类似，公建民营、公办民营、民办公助等类型的养老机构也在如火如荼地建设。虽然面临一系列困难与挑战，社会养老服务领域的多元化服务供给已是大势所趋，相关研究与实践活动也已经在逐步探索。

（四）老年人的养老意愿和养老需求日趋多样化

社会养老服务供给的客体是老年人群，老年人群由于自身条件、养老需求、养老意愿等方面的差异呈现出层次的多样化。老年人的养老意愿正呈多样化的发展趋势，对养老服务的社会化需求在不断增加，许多老年人对新兴的养老方式表现出了新的需求[7]。养老意愿呈现多样化特点，从物质层面趋向医疗与精神层面[8]。老年期是一个变动的概念，每个人正常生命周期中都会经历老年期，进入老年期的初始禀赋存在较大差异，具体涵盖：身体健康状况、精神状态、收入水平、受教育水平、子女个数、城乡户籍等，而这些差异使得老年人群存在非常明显的层次分异，这就意味着社会养老服务需要满足不同层次老年人的养老需求。从另一个层面来看，随着老年人机体的老化，处于不同年龄阶段、不同性别的老年人身体健康状况差异较大，仅从自理能力一项来看，就分为完全自理、轻度失能、中度失能、重度失能 4 个层次，针对不同自理能力的老年人需要社会有必要为其提供不同层次的养老服务，生活自理能力较差的老年人相对完全自理的老年人，除了满足其必要的物质、精神需求之外，一定的照护、医疗服务也必不可少，相应地入住养老机构也需要支付更多的费用。

针对老年人群的多样化分异特征，中国老年社会追踪调查曾做过较为详尽的分析，目前中国老龄化有高龄化趋向，低龄老年人口比重较高。根据《中国老年人生活质量发展报告（2019）》数据显示，中国当前的人口老龄化主要是老年人口底部老龄化，即低龄老年人在老年人口总数中占大多数。目前，中国60～69岁的低龄老年人占老年人总数的56.1%，70～79岁的中龄老年人占30%，80岁及以上的高龄老年人只占13.9%。从人口教育素质看，中国老年人的文化程度总体偏低，未上过学和只上过小学的老年人占比最高。中国老年人中未上过学的约占三成（29.6%），小学文化程度的约占四成（41.5%），初中和高中文化程度的约占1/4（25.8%），大专及以上文化程度的仅占3.1%。数据显示，全国近九成的老年人生活能够实现完全自理，其中75.23%的老年人患有慢性疾病。国家卫生健康委老龄健康司数据显示，2021年我国约有1.9亿老年人患有慢性病，失能失智人数约为4500万人。中国疾控中心数据也显示，我国75%的老年人患一种及以上慢性病，16%的老年人存在失能或部分失能症状，4.8%的老年人则处于完全失能状态。

依据养老意愿方面的差异，老年人对家庭养老、机构养老、社区养老、居家养老甚至自我养老等养老方式的选择，是基于自身及家庭基本情况做出的相对合理的决定。一般而言，家庭状况良好、收入水平较高、生活自理能力较强的老年人倾向于自我养老或家庭养老；收入水平一般，生活自理能力较差的老年人选择机构养老的意愿较为强烈，而那些介于这两种状况之间的则选择社区养老，在养老与亲情之间找寻平衡点；真正赤贫或孤寡老人便被纳入相应的民政救助系统予以救助。社会养老服务的供给可以依据以上划分，为不同层次的老年人提供必要的有针对性的养老服务，从而满足多层次老年人的多样化养老需求，同时也避免了养老服务供给过量所带来的资源浪费，可将有限的社会养老资源实现最优的配置。

（五）社会化养老供给省际和地区之间存在很大差异

在我国，从东南沿海到西北内陆，人口数量、经济发展水平呈现逐渐降低的态势。邓宗兵等在对我国区域公共服务的供给效率进行评价时发现，由于受城镇化水平、人均GDP、人口密度及受教育年限等因素的影响，全国的技术效率呈现“中部最高、东部次之、西部最低”的分布规律[9]。而社会养老服务供给方面也存在明显的地区差异，但是这种差异具体呈现的状态并不能确定。一般而言，养老服务的供给可以从供给能力及供给效用两个方面加以考虑。有学者研究发现我国公共养老服务的供给能力在省与省之间差异明显，具有较强养老服务供给能力的省份多分布在东部或东南部发达地区，而供给能力较差的省份多集中在中西部经济发展水平相对落后的省份。

由于社会养老服务的供给涉及范围广泛，尤其受政策性因素影响较为明显，暂时还不能认为经济发展水平与社会养老服务的供给水平之间存在必然的对应关系，但是可以肯定的是中国社会养老服务供给水平确实存在着较大的差异，上海、天津、北京的供给能力是全国水平的3倍左右，而在贵州、西藏、广西、海南等省份，社会养老服务供给能力仅为全国水平的1/3左右。所以，我国社会养老服务供给能力的差异非常明显。但是，从供给效用的角度出发，由于受到所在地域生活水平差异的影响，贫困地区老年人获得稍低水平的社会养老服务供给量，发达地区老年人获得较高水平的社会养老服务供给量，两者相比，发达地区老年人所获得的效用未必高于贫困地区的老年人；即使他们获得同等的社会养老服务供给量，也明显有失公平。

（六）社会化养老服务供给不足

无论是从供给角度还是从需求角度研究来看，我国目前养老服务供给主要存在的问题是供给不足，“养老服务供给不足且质效低”[10]。从我国供给主体关系来看，家庭供给为主导，政府供给角色缺失，社会供给力量较弱，这种供给现状最终导致一个基本问题，即我国老年人需求无法得到有效满足，供给不足问题严重。研究表明，大多数老年人认为，政府应该为其提供多样化服务，满足其需求，尤其是上门看病和保健知识。但实际中，政府和社区提供保健知识和上门看病服务供给很少，为此，可以说政府部门未满足老年人相关服务需求。另外，在居家养老服务方式探讨中，现实中政府供给功能较弱，仅起福利保障作用，仅以解决如农村“五保户”及城市“三无”人员、低失能人员等弱势群体福利为主。社会供给功能弱化主要表现在市场供给不足。从总体供给份额来看，市场供给严重不足。究其原因而言，主要由于市场的利润导向及我国社会主义市场经济发展不完善带来的相关问题。市场竞争坚持利润导向，强调盈利，而养老事业的低偿服务无法激励市场主体的供给性；另外，市场发展还存在不正当竞争、非法勾结等因素，加大了老年人的戒备心理，不利于市场企业生产老年产品，提供养老服务。家庭单一供给养老势必会造成家庭成员养老负担加重。同政府部门一样，任何单一供给势必会降低服务效率。主要原因有两个方面。第一，市场经济的冲击。一方面，从改革开放至今，经济水平的发展有目共睹，有力地提升了人民生活水平和生活质量；另一方面，随着人口老龄化的到来及经济竞争的加剧，对于养老子女及家庭成员而言，受经济全球化的冲击，给子女辈带来巨大的工作竞争和生活压力，随着家庭结构的变迁，“4-2-1”家庭结构较为普遍，为此，子女生活成本较大，养老压力也较大，加上就业压力大，子女忙于工作将难以递送具体养老服务。几世同堂由于受到世界观、价值观、人生观差异冲击，势必会造成家庭与社会问题。第二，传统养老观念。对于老年人来说，“养儿防老”的家庭养老是其主要生活保障。即便市场经济飞速发展难以使其放弃原有传统的家庭养老观念而转向机构养老亦或社会养老，即便我国养老服务供给方式由家庭开始转向社会和机构，但目前我国老年人大多被动接受养老院服务，依旧未根本摆脱依靠家庭供给的观念。

（七）各供给主体未形成有效的协调机制

伴随 20 世纪八九十年代新公共管理浪潮的来临，合作网络治理的兴起，政府、非政府组织、市场、公众本身纷纷成为公共服务供给的主体，这些理论虽然主张多元主体参与，但总体而言，各供给主体之间养老服务机制不健全现象严重，养老服务产业发展较为混乱。供给主体之间协调机制缺乏、主体构成及其职能关系模糊[11]。第一，从政府层面来看，我国政府养老服务角色定位不清。一方面，进入 21 世纪，市场经济体制之下的政府应作为服务的“安排者”而非“生产者”。政府受计划经济体制影响，参与养老服务供给，但实则“事与愿违”。另一方面，在现实行政体制下，我国政府养老职能失灵，政府“越位”“缺位”“错位”现象严重。例如，过分干涉民间团体的老年服务计划，阻隔其市场化发展；

拖欠民办非企业单位养老服务项目资金，财政职能缺失；非政府组织发展受到政府规制制约，政府角色错位管制严重。第二，非政府组织供给权责定位不明确，独立性受质疑。相关的管理机构对社会化养老服务事业发展存在干预现象，并且部分养老机构内部也要求多重外来机构领导人参与该中心管理，导致机构臃肿，管理制度“多”而“杂”等，组织公信力受困、服务供给能力差，究其原因是监督机制缺乏。第三，市场供给效益差。社会化养老服务供给依赖政府、社会、市场互动，但因缺乏有效市场利益引导机制，以及政府与非政府组织不利关系的影响，最终市场企业都将依靠政府补助及家庭提供老年护理服务以承担养老服务事业发展的全部。概言之，现有养老服务供给主体间因无法形成有效的权力约束机制、监督与决策机制和市场激励机制而供给力量显得单薄而无力。

（八）供给主体间权责界定不清晰

供给主体权责界定模糊，供给角色颠倒，主要是指政府和家庭之间的权责分配和角色模式颠倒。多元化的供给制度涉及多元化的供给体制，家庭、政府、社会、市场等多样化的主体特点，给多元化供给关系研究带来了丰富的样本。福利多元主义理论要求，政府、家庭、非政府组织、市场应各司其职，但现实状况下，供给主体之间权责界定模糊。福利多元主义理论最早对供给责任提出设想，政府提供政策法规、家庭提供服务、市场提供服务、非政府组织提供服务，这种“一政三服务”局面，虽实现了管理与服务的分离与政府角色的转变，但家庭、非政府组织、市场又该如何履行服务呢？履行什么服务呢？人口老龄化伴随着高龄化、失能化现象严重，产生养老危机，如何实现对洗澡、穿衣等基本养老服务活动的服务供给，必然成为供给机制设计应首要考虑的问题。另外，供给角色颠倒。如在居家养老服务费用供给端，可见政府与家庭供给角色颠倒，政府未履行自身权责导致家庭供给负担严重。由此可见，无论城市亦或农村，政府都不仅没有有效承担养老服务的直接供给者角色，也没有承担养老服务的资金支持者角色。这里可以看出，政府部门并未履行好资金供给者角色，这种角色的转换是政府职能“错位”的基本表现。虽然国家提出机构养老、居家养老、社会养老的大福利思想，并明确政府在养老服务供给中的主导责任，但是，家庭仍然是我国养老服务供给的重要主体。那么，政府、社会的职责应该何在？福利社会化体制又该如何构建？

二、社会化养老多元化供给主体困境分析

（一）养老服务供给主体专业人员配备不足，缺少市场化运作的动力

老龄化加剧的严峻形势下，社会养老服务供给主体的多元化趋势已是必然，但是在服务提供的过程中，各个供给主体之间并未实现和谐共存，服务供给市场化运作驱动力不足。作为社会养老服务供给的主体，政府、市场、社会组织本应当发挥自身的优势，共同促进老龄事业的稳定发展，但是在机构养老方面却存在公办养老机构与私营养老机构的竞争。社会化养老服务所属的养老产业本就有微利的属性，这意味着私人投资养老产业投资大、周期长、回报慢，对于逐利性的企业来说并不具有很大吸引力。政府出台相关优惠政策如公建民营、公办民营、民办公助等，意在鼓励、引导养老产业的市场化运作，奈何社会组织弱小、公信力不足，养老产业起步晚，发展缓慢，政府提供的社会养老服务“一枝独大”。

公办养老机构长期受政府政策支持，相对于尚处初期的私营养老机构，不仅收费低廉而且服务较好，最终出现一些公办养老机构老年人排队入住，一些民办养老机构因收入惨淡，徘徊在破产的边缘。

中国作为发展中国家，其资源禀赋与西方国家存在巨大差异，拥有的政治、经济、社会资源相对较少；又深受各部门利益与权威政治的主导，私人专权专利现象严重；各地区志愿组织人才专业性不强，导致非政府组织发展缓慢，势必制约着多元合作供给的形成。非政府组织作为我国养老服务供给主体有其历史必然，但从政府政策影响与非政府组织发展自身来看也存在一定的限制因素。首先，从政府角度来看，政府对于非政府组织的政策影响了非政府组织参与公共服务供给。具体来看，政府部门对非政府组织设置了较高的进入标准，提升了非政府组织“进入”门槛，导致只有少数非政府组织能参与到养老服务的供给过程中，阻碍了多元供给主体合作关系模式的形成。同时，较高的“进入”门槛，不利于非政府组织自身的发展，使得在提供有限的养老服务过程中，较多地依赖政府，因此其提供服务的独立性将受到质疑。其次，非政府组织自身原因导致。囿于政府服务供给责任缺失影响了非政府组织对老年服务的供给，非政府组织缺乏专项法律法规，各地区志愿服务缺乏有效的法律约束，其服务对象、服务宗旨和目标、负责机构等存在差异，加剧了地区间志愿服务项目开展的难度，制约着志愿服务的运作，制约了私人部门或志愿部门弥补政府失灵和缺陷的可能性。

虽然民营企业进入养老市场门槛降低，但是行业利润驱动不足，加上公办养老机构的强大优势所形成的竞争，民营养老机构举步维艰。此外，作为补充的社会组织参与社会养老服务的提供也受到自身公信力不足的限制，难以扮演好社会所赋予的角色。我国社会养老服务体系建设的同时，养老机构、设施也在逐步扩大覆盖面，尤其是近些年老龄化问题趋紧，政策实施密度也在不断加大，在各级政府的配套资金供应下追求养老床位的增加。但是与之相配套的养老服务人员并未随养老机构、设施的增加而增加，一般性的社区服务人员多为外来务工或者是政策性的招录社区工作人员（如“4050”人员），多是一些年龄较大、未经过专业培训工作人员，由于工资水平非常低，人员供应较为紧张。现阶段养老机构、设施大量增加，在现有工资水平下也难以对潜在从业人员有吸引力，导致现有养老机构、设施在人员的数量上存在明显短板，而受过专业训练的专业化人才更是非常紧缺。正是由于这种机构设施与相应人员配备不协调，使得政策效率低下，甚至资源浪费。如何有效破除这些片面的、不协调的发展困局，将有待进一步探讨。

（二）各省之间的经济发展水平不均衡影响老年人养老服务的购买力

我国老龄化问题较为特殊，属于未富先老、未备先老。由于身体机能逐步衰退，老年人的社会经济参与能力有限，基本无法继续从社会获得劳动收入，仅靠社会保险所得到的养老保险金难以维持晚年正常生活，尤其是当代社会更强调老年人对生活质量的追求。老年人收入水平有限，很多老年人陷入老年贫困。目前，国家和社会养老服务供给强调扩大政策覆盖面，所提供的服务也只能是低水平的、保障老年人基本生活的需要。更高水平的养老保障需要更多的资金予以支持，但是在政府兜底乏力，市场运营不善的状况下，根本无法得到满足，老年人较低的收入水平与较低层次的社会养老服务供给之间的矛盾不可调和。经济基础决定上层建筑，社会养老服务作为上层建筑的一部分，也会因为地区间经济发展水平的差异而产生一定程度的差距。社会养老服务供给能力取决于两个方面，即地区财力的大小及当地居民的可支配收入状况。地区生产总值展现政府财政养老服务的供给的支持能力，居民可支配收入则展现居民对家庭或自身所需养老服务的支付能力。

以 2021 年全国分省数据为例，仅从地区生产总值来看差异巨大，为了更加直观地展现经济发展水平的差异，将地区生产总值转化为人均地区生产总值加以对比。北京、上海、江苏三地位居前列，人均地区生产总值高达 12 万元（人民币），是相对落后的地区的 3 倍以上，大部分省份人均地区生产总值水平在 4 万～7 万元（人民币）。从地域分布上看，人均 GDP 较高的省份大多分布在华东、华北地区及沿海地区，中西部省份除重庆、内蒙古之外均表现较为惨淡。政府在社会养老服务资金供给方面基本按照中央与地方配套出资的方式进行，这种地区之间发展水平的数倍差距势必会在某种程度上影响社会养老服务的供给。

另外，在居民对养老服务的支付能力方面，不同地域之间也存在一定差距，代表居民对养老服务的支付能力有所差异。全国 31 个省级行政区划单位（不包含港、澳、台）中，东部地区特别是经济发达的上海、北京、广州等地，城镇居民人均可支配收入是欠发达地区的近 2 倍；除了吉林、黑龙江两省外，其他省份的农村居民可支配收入在全国的排名与城镇相比并未出现较大变动。可见，居民可支配收入之间的差距也较为明显，各省之间居民对养老服务支付能力的差距也不可小觑。

（三）社会化养老供给效率低，缺少相应的激励机制

服务供给效率低下、激励性差，目前社会养老服务的供给大多由政府提供，市场作为养老产业的主体，并未真正发挥其配置资源的功能。由于受政策性因素的影响，在服务供给的过程中，迫于扩大覆盖面或者追求养老床位单项指标的压力，在未对本地区进行实地调研的基础上，仅仅依据某些试点城市的先进经验，盲目批量建设，尤以社区养老服务中心的建设问题最为突出。在正常情况下，社区养老服务中心配有阅览室、棋牌室、微机室及一系列健身器材，但是在实地调研中发现，除了棋牌室、健身器材使用频率较高之外，大部分资源处于闲置状态，有的服务中心由于空间不足，将社区养老服务中心设置在二楼，并未考虑到老年人身体机能退化的事实，导致服务的供给往往流于形式，一方面造成了资源的浪费，另一方面也未能实现政策所期待的效果，效率较低。另外，在社会养老服务领域，护理、医疗及专业的社区工作人员都是紧缺型人才，但是普遍较低的薪资水平，无法形成对社区工作人员的正向激励，难以保证行业的可持续发展。

（四）家庭养老观念根深蒂固

社会养老服务酝酿已久，发展依然缓慢，原因之一便是受到老年人自身观念的束缚，以及相应法治规范的缺失。在儒家思想的影响下，传统家庭养老观念在中国根深蒂固[12]。受长久以来传统养老观念的影响，“养儿防老”的家庭养老观念依然存在，并占据主导地位。但现实情况是，在计划生育背景下，“4-2-1”模式家庭导致劳动力人口无力赡养老人，尤其是经济水平一般的一对夫妇面对双方父母四位老人的养老困境时，只能求助于政府与社会力量。在中国亲情至上的传统观念里，除了“孝”文化根深蒂固之外，血缘和地缘的影响如下。一是血缘差距。由家庭成员对上一代老年人提供衣、食、住、行及养老送终等一系列生活安排的伦理行为模式，这一模式的产生和发展有着深厚的经济、文化和社会基

础。在华夏数千年农业文明中，这一行为模式已融入中华民族的观念系统之中，囊括了养老观念、养老内涵、养老与社会系统之间的关系，从而也演化为一种以儒家“孝道”为核心的养老伦理文化，难以消除。二是地缘差距。基于传统养老文化的发展，老年人大多依赖自己的子女，不愿意接受或难以接受其他养老方式，如社会养老。尤其是农村地区，因观念守旧、思想固化保守，一时难以接受离开自己“栖息地”，更多愿意选择“落叶归根”。如此现状更是进一步固化了家庭的养老功能，造成了家庭的养老负担，使家庭必然成为养老服务提供的主体。虽然当下父母对子女的物质和精神关怀并未随年龄的增长而有所衰减，尤其是面临社会竞争激烈，生活、就业压力巨大，很多父母进入老年期后仍会选择照看孙辈来减轻子辈的生活负担。

（五）转型期间市场化运作滞后，法治建设不健全

社会养老服务中的政府、市场、社会组织、公益组织、家庭和个人多方合作的多元供给机制已经成为一种趋势，但目前社会化养老市场发展仍处于创建初期，一系列行业准则、规范不健全。政府提供社会养老服务的传统由来已久，但是在当前老龄化加剧的背景下，政府所提供的养老服务覆盖面供不应求；另外，迫于日益紧张的财政压力，在政府优惠政策的引导下，逐步引导企业加入社会化养老产业能够减轻政府财政压力。在这个转化过程中，一部分原本由政府承担的养老责任就会转而由市场承担，转换期间由于相关界定尚不明确，配套的政策、规范尚未出台，导致成熟的公办养老服务与弱小的私人养老服务供给之间的竞争。目前来看，两者实力相差悬殊，在竞争过程中，民办养老服务提供者会受到不公正市场竞争压力。因此，只有实现市场化，才能够真正实现效率的提高和资源的有效利用。在此背景下，如何通过制度化的约束，尽可能降低这种不良竞争，为养老服务市场的培育创造良好的条件成为当务之急。

一方面，政府改革与治理主张用市场化的力量实现对非市场组织的改造。但市场化运作也并非完美，常伴有失灵现象。作为准公共产品，养老服务供给在中国也存在着不同程度的市场失灵问题[13]。首先，市场服务供给能力不足。这种供给不足，使得老年人在获得物资、产品方面存在滞后现象，无法满足其内在的需求，从目前我国老年服务需求端来看，老年服务需求意愿最强烈的是上门看病送药和提供保健知识，占比约为 80%，但在市场供给中仅占比 4.5%，势必无法实现市场供给的效用，还制约了其他供给主体供给能力的发挥。其次，市场利益的驱使。提供老年服务是发展我国公共事业的基本内容之一。任何市场企业接触养老服务之时，都会有顾虑。养老服务项目虽然有市场企业参与，但企业参与的主要目的是推销其产品，这势必会阻碍福利多元主义供给机制的形成。因此，政府解决不好的问题，市场也未必能有效解决。从政府角度而言，囿于政府、市场、社会等主体之间的责任与职能缺乏，其保障角色落实不完善，加之政府组织公共利益与个体私人利益之间的博弈，势必导致各主体间出现责任推诿和服务重叠现象，制约各供给主体间合作关系的形成。

另一方面，养老产业引入市场机制，要求政府主导、市场运作、社会参与，事实上是将市场在社会养老服务供给中的基础性地位上升至决定性地位。市场化运作就要有相应的法治规范予以约束，其一，规范养老市场，消除公办养老机构等对民间资本的不计成本的竞争，有效实现客户分流。其二，会打击行业内部的不法行为，维护养老市场的稳定，这在一定程度上有助于赢得社会信赖。其三，社会组织的逐步发展也得益于相关法治规范的

逐步完善，为非政府组织进驻社会养老服务领域创造良好的环境，树立社会组织在社会中的公信力。

（六）养老服务供给主体角色定位不明

我国养老服务供给问题由来复杂，虽然存在一定的历史因素、政治因素、社会因素的交错影响，但一般认为，政府失灵是政府在解决市场缺陷中，因自身能力不足及外部条件的约束而使政府无法解决问题的现象。政府失灵问题由来已久，从萨缪尔逊（Samuelson）到查尔斯·沃尔夫（Charles Wolf）一直关注政府失灵并发现其存在于公共事务发展的始终。随着福利社会化的推行，我国养老服务从“政府垄断”和“市场主导”这两个极端开始转向多元主体供给阶段。但在此过程中，政府由于过快退出福利供给机制，导致一段时间内我国养老服务供给角色定位不明，造成政策设计混乱而加剧在解决公共事务中的责权混乱，招致多方失灵。多元供给主体失灵的表现为老年人服务供给制度构建问题、养老服务供给运行机制存在问题、市场供给不足与供给不公问题等。供给失灵的主要原因有以下两个。①养老负担转向家庭。社会化养老的提出，政府自20世纪90年代以来，将供给责任转向了社会，但由于我国社会养老发展的先天不足，必然使得我国养老服务供给出现“无人供给”的状态，而养老又是家庭的基本责任，故而家庭养老责任被扩大。②缺乏养老服务供给政策。政府退出服务供给，必然形成一定的“供给真空时段”，造成一段时间内缺少服务供给主体提供有效的养老服务。

第三节　社会化养老多元化供给主体发展机遇与对策

一、社会化养老多元化供给主体发展机遇

（一）人口老龄化背景下老年人养老需求的多样化

近年来，我国高龄老人人口增长迅猛，使我国较其他国家提前进入了老龄化社会。高龄老年人口问题进一步凸显，并对经济和社会发展产生重要影响。

根据 2017～2021 年民政部发表的社会服务发展统计公报和民政事业发展统计公报数据显示（表 4-2），我国老龄人口逐年增长，增势迅猛。老龄人口急剧增长的事实说明我国目前已进入快速老龄化阶段，预计到2050年，60岁及以上老龄人口将超过30%。老龄化进程的加快势必引起养老服务需求井喷式增长，老龄群体对于多样化、多层次的养老服务渴求迫切，表现为日常照料服务、医疗保健服务（包含健康体检、疾病治愈、康复训练、长期护理等全方位医疗服务）、文化娱乐服务及法律维权服务等各类社会服务。

多样化的养老服务需求需通过不同的供给方式来满足，虽然 2016 年我国已初步建立以居家为基础、社区为依托、机构为补充、医养结合的多层次养老服务供给体系，但不得不承认，养老服务的供给仍然滞后于我国老龄群体服务需求的增长速度，养老床位供给不足、基础设施建设不到位、专业护理人员缺失等问题尤为突出，政府、家庭和社区所提供的养老服务远远不能满足老龄群体日益增长的服务需求。因此，如何满足老龄群体急剧增长的养老服务需求尤为迫切，民间资本在此方面发挥了举足轻重的作用。民间资本参与养

老服务供给凸显了市场在资源配置中的地位和作用，因而能够充分调动社会力量提供各类养老服务和产品，最大限度地满足老龄群体的养老服务需求，同时促进养老服务产业发展，最终达到帕累托最优状态。

表 4-2　2017～2021 年 60 岁及以上和 65 岁及以上老龄人口数量　（单位：万人）

不同年龄段人口数量	年份				
	2017	2018	2019	2020	2021
60 岁及以上老龄人口数量	24 090	24 949	25 388	26 402	26 736
65 岁及以上老龄人口数量	15 831	16 658	17 603	19 064	20 056

（二）多元主体理念顺应了中国福利行政体制改革的趋势

多元主体理念来源于福利多元主义理论，福利应该由多个部门共同提供，强化多方主体的共同责任意识，这一理念同样适用于民间资本参与养老服务供给的路径规划，在养老服务供给主体多元理念的指导下，各方主体承担各自的责任。在我国，政府的特殊地位决定了它在养老服务供给方面居于主体地位。从 1949 年至 21 世纪初，我国政府在养老保障制度的发展历程中始终处于责任主体地位，政府通过直接或间接财政支出提供养老服务，长此以往加重了政府的财政负担。多元主体理念的提出并不意味着政府职责的退位，相反，政府由供给主体转变为监管主体，是管理型政府向服务型政府的成功转型，顺应了中国行政体制改革的趋势。

在社区方面，在以政府购买居家养老服务为核心的现代化养老服务体系中，社区是实施政府购买居家养老服务的重要阵地。作为养老服务的承载主体，在结合专业化机构养老服务和人性化家庭养老服务的过程中，社区对上负责承接政府职能的转移，对下负责满足区域内老龄群体的养老服务需求，具有资源整合和沟通协调的优势。在家庭方面，作为养老服务的提供者和享受者，家庭在基本生活服务的供给方面发挥着不可替代的作用，发挥着经济供养、生活照料、精神慰藉等作用。而且我国大多数学者普遍认为，家庭养老在未来相当长的一段时间内依然会是我国最为主要的养老服务供给方式。

（三）养老服务社会化市场化成为新时代的养老趋势

近年来，相关部门和企业对养老服务的社会化运行机制及市场化经营模式进行了初步探索，所谓养老服务社会化和市场化，主要是由政府购买的福利性养老服务和家庭提供的传统型养老服务向私营机构提供的专业化养老服务转移，服务主体包含政府、民营企业、家庭和社会组织，运营模式较为多样化，养老服务更加规范化、人性化、专业化，面向全部老龄群体提供全面的、可选择的养老服务项目的现代社会服务事业，在全国范围内营造积极老龄化、健康老龄化氛围。2013 年伊始，我国政府开始鼓励支持民间力量兴办养老机构。2014 年，国务院发表《关于加快发展养老服务业的若干意见》（国发〔2013〕35 号），提出要大力支持社会力量兴办养老机构，让养老服务业走向市场化。到 2021 年，国家和有关部委相继出台了近 30 个关于养老及医养结合方面的文件，为持续推进养老社会化建设增添了动力。根据民政部发布的 2021 年民政事业发展统计公报数据显示，截至 2021 年底，全国共有各类养老机构和设施 35.8 万个，养老床位合计 815.9 万张，其中全国共有注册登记的养老机构 4.0 万个，比上年增长 4.7%，床位 503.6 万张，比上年增长 3.1%；社区养老服务机构和设施 31.8 万个，共有床位 312.3 万张。由此可见，养老服务社会化、市场化已是趋势使然，同时也是解决我国当前养老服务供需矛盾的重要方式。

（四）普惠共享养老理论的普及

家庭供养和政府购买居家养老服务是我国当前主要的养老服务方式，两种养老服务方式的目标群体各有不同，家庭养老顾名思义仅为本家庭中的老年人提供养老服务，即依据血缘关系供给养老服务。因此，家庭供养方式所涵盖的老龄群体具有局部性，有悖于我国所提倡的养老服务普惠式供给理念。政府购买居家养老服务的申请条件和补贴标准全国各地均不相同，但基本围绕 60 周岁及以上特殊老龄群体和 80 周岁及以上的重点优抚对象、"三无"老人，服务项目以满足老龄群体的基本生活需求为主。经访谈得知，老龄群体和社区对于接受、支持政府购买居家养老服务的意愿都较为强烈，但养老服务的供给遵循适度普惠性原则，享受服务需要满足相应的条件，而对于目标群体的限制无形之中降低了养老服务的效率和满意度。

2017 年，习近平总书记在"一带一路"国际合作高峰论坛开幕式的讲话中提及了普惠理念，他指明发展需要更加普惠和平衡。普惠即普遍惠及，在未来，普惠理念将成为健康养老服务业发展的主旋律。由此，受养老服务更加普惠、高效的目标驱使，社会组织参与养老服务供给标志着我国养老服务体系的转型，由适度普惠型供给转向普惠式供给，服务对象从"重点"转为"全体"，进一步扩大了养老服务的惠及群体，更加契合普惠共享理论，致力于达成全龄养老、身心共养的新目标。

（五）老年人年龄结构与服务需求的偏好性

根据第七次全国人口普查数据显示，60 岁及以上人口为 26 402 万人，占 18.70%（其中，65 岁及以上人口为 19 064 万人，占 13.50%）。人口老龄化程度进一步加深，未来一段时期将持续面临人口长期均衡发展的压力。上述数据一方面凸显出我国低龄老年群体数量急速增长，高龄老年群体数量持续增长，中间年龄老年群体数量稳步增长的人口变化趋势；另一方面年龄结构成为影响老年群体养老服务需求偏好的重要因素，层级性年龄结构将带来差异化服务需求，导致老年群体的服务需求具有倾向性和偏好性。

（六）家庭养老功能弱化导致养老服务供给不足

基于家庭功能的微观角度，家庭的内在功能是指在家庭的生命周期内家庭对其成员的发展所发挥的作用。从生存和发展两方面来看，家庭具有抚育和赡养的内在功能，并极具动态性，随着家庭结构的变迁而发生改变。近年来，经济发展、社会进步及生育观念的转变致使我国家庭小型化、空巢化现象日趋严重，这在不同程度上削弱了我国家庭的赡养功能，集中表现为经济支持功能弱化、生活照料功能弱化和精神慰藉功能弱化三个方面。自古以来，家庭始终是老年群体颐养天年的主要载体，但如今包括家庭内在的赡养功能逐渐弱化，导致家庭赡养功能日趋外移，其中原本由家庭承担的生活照料功能和精神慰藉功能外化突出，社会和国家承担赡养功能已成为主流。家庭赡养功能弱化及外化的严峻现实表明我国急需家庭外部养老服务的及时供给，社会组织作为社会养老服务的供给主体之一，积极参与养老服务供给能够有效弥补家庭赡养功能弱化所引起的养老服务供给不足的状况。

（七）政府供给能力有限，需要社会力量的参与

养老服务供需不平衡是阻碍政府购买居家养老服务顺利推行的主要因素之一，自我国实施政府购买居家养老服务以来，养老服务供不应求的难题始终难以解决。在现有需求尚未满足的条件下新的需求不断被激发，从而产生供给不足与需求旺盛之间的恶性循环。就目前政府购买居家养老服务的实施现状来看，一方面，由于资金来源渠道单一、基础服务设施建设不足、专业服务人员缺失等原因，政府购买居家养老服务的供给有选择性、局部性，不能满足老龄群体对养老服务普惠式供给的需求；另一方面，以往老龄群体始终对生活照料、家政服务等基础服务项目保持较高水平的需求，但随着年龄的增长及健康意识的提高，老龄群体开始关注自身健康、文化娱乐、心理咨询、医疗护理和康复训练方面的服务，相应的需求也随之增加。总体来看，政府购买居家养老服务无法满足老龄群体因自身因素变动而产生的多样化、个性化养老服务需求，因而社会力量参与我国养老服务供给对于打破养老服务供需不平衡的局面至关重要。

（八）有利于养老服务体系更加公平和可持续的发展

城乡二元结构是阻碍我国城乡养老服务体系统筹发展的重要因素，不可否认，农村养老服务体系的建设滞后于城镇是不争的事实，由此产生城乡养老服务资源分配不均、养老服务信息不对称的现象，无法彰显养老服务的公平性，也不利于农村养老服务体系的可持续发展，最终造成农村养老服务体系的建设陷入更加落后的恶性循环。养老服务体系是养老保障制度的重要组成部分，“十三五”规划指出，要建立更加公平、更加可持续的社会保障制度；党的十九大报告提出，要加强社会保障体系建设，按照兜底线、织密网、建机制的要求，全面建成覆盖全民、城乡统筹、权责清晰、保障适度、可持续的多层次社会保障体系。中国社会保障学会会长郑功成强调，社会保障制度所追求的公平其内在要求即是打破城乡分割的格局，统筹城乡养老保障制度发展，让全体人民在统一的制度安排下获得平等的社会保障权益。可见，能否统筹城乡养老保障体系关乎着我国社会保障制度的可持续发展。民间资本在统筹城乡养老服务体系发展方面发挥着举足轻重的作用：其一，不同于家庭供养和政府购买居家养老服务，企业用市场化运营模式参与养老服务供给，对养老服务资源的配置起到了决定性作用，更加贴合资源优化配置理论，利于提高城乡间养老服务资源配置的有效利用率；其二，政府转变为养老服务的监督者与管理者，减少了对养老服务机构的直接干预，利于城乡之间、老龄群体与服务机构之间服务信息交流的对称性。

二、社会化养老多元化供给主体发展对策

我国现阶段养老服务供给并未实现有效的合作，具体来看主要是存在多方失灵现象，本部分在针对上述研究基础之上，明确我国养老服务供给体系的整体思路和指导原则，从政府、非政府组织、家庭、社区等方面提出完善服务体系的具体政策建议。

给老年人更大的实惠。市场的作用是明显的，市场是分权的，在正常情况下是竞争的，它给消费者做出决定的权力，并且把资源和效果直接联系起来。为此，市场力量在养老服务中，可以通过促进经济的发展实现我国养老服务的筹资与融资，利用市场企业或社会企业扩充养老服务筹资渠道，如银行业、金融企业等市场企业，以吸引更多的社会力量参与。

（四）结合老年人有效需求，有差别地供给

经济发展水平的差异引起社会养老服务供给水平的差异，如何有效处理发展经济与养老的关系理应引起足够的重视。社会养老服务体系规划纲要提出社会养老服务的提供要与经济发展水平相适应，那么在当今人口形势日益恶化、经济形势日趋吃紧的时代，如何在保持经济稳步发展的同时又能够保证社会发展成果惠及民众，将是问题的症结所在。西方高水平的福利政策，已经导致一些国家财政不堪重负，个别国家或地区政府已经宣布破产保护；相反，过低的社会养老服务支出比例虽然能够暂时维持政府正常运行，但较低的服务供给难以满足养老需求，必会引起一系列社会问题。因此，在高福利与低福利中间选择一个相对安全的区间，有计划、有步骤地实现社会养老服务供给的目标将是必然选择。在这个过程中必须考虑的一点是与人口老龄化的程度联系起来，以及在不同的老龄化水平下，为不同层次的老年人提供哪一层次的社会养老服务。

基于以上考虑，建议将社会养老服务供给的指标体系进一步完善，加入市场、社会组织等因素，由此形成相对现实的多元服务供给局面。鉴于现阶段养老市场弱小及社会组织松散，政府有责任在前期投入一定量的基础性资金予以支持，同时培养一批国字号企业率先加入到养老行业中来，确立行业标准与相关行业规范，不断探索养老市场先进模式，逐步在全国铺开。以当前的现状，将目前部分地区已在实施的政府购买服务项目纳入社会养老服务的政策体系，做好相关配套资源的充分利用。另外，做好老龄化人口发展水平的良性互动，尤其是在经济发展水平较低的情况之下，更要注重保障老年人的基本生活，鼓励有一技之长或者低龄老年人积极进行社会参与，适当鼓励老年人提升生活质量；在经济发展水平达到一定水平之后，注重提升老年人对生活品质的要求，不断创新老年文化市场，使老年人在提高自身文化素养的同时，形成健康的生活态度。与此同时，积极开发老年商业保险，让有经济支付能力的老年人获得更充分的保障。

一般而言，养老服务的供给更多地取决于有效需求，有效需求是在均衡状态下市场的需求意愿与需求能力的统一，而在我国当前需求迅速膨胀的情况下，则更多地强调居民的经济支付能力。那么如何提升老年人群的经济支付能力并不是一件易事。比较切实可行的办法就是积极发展经济，保持地区经济发展水平之间的协调发展，提高劳动力人口的工资水平，保证家庭内部资金供应的相对充足，另外积极鼓励采用多种方式鼓励老年人回归劳动力市场，发挥余热。政府相关部门则做好“三无”老人、失独老人等弱势群体的供养工作。

（五）结合不同时期的老年人口结构，差异化供给社会化养老服务

老年人口的数量决定了社会养老服务的需求，这种需求与不同时期老年人口结构、退出劳动市场前的生活水平及老年人生活方式的选择有一定关系。当前养老服务提供过程存在着养老服务机构、设施的提供与老年人的物质文化需求不匹配的问题，养老资源被闲置，

而老年人真正需要的服务却未必能得到满足。标准化的设施配备虽然强调了公平性，但从整体来看却损失了效率、浪费了资源。因此，首先养老服务的供应必须因地制宜，在本地区实地调研与专家咨询的基础上接受基层居民的建设性意见，有针对性地提供养老服务，切实做到人尽其才、物尽其用。此外，人口老龄化是一个动态的过程，在不同的时期，老龄化的程度是不同的，这就需要养老服务供给过程中更讲求战略性、计划性。特别是在当前养老资源严重不足的情况下，不能为了追求短期的政绩而盲目建设，需要与人口老龄化的程度相协调，与经济发展水平相适应。人口老龄化需要经历一个由低到高逐步爬升，到达峰值之后又慢慢降至相对稳定水平的过程，中国的政策性因素可能加剧了当下老龄化程度的形势，但这并不意味着当前就可以大规模建设养老服务机构、设施。不仅在于政府财力有限，更要考虑到这些服务的供给能够在人口老龄化峰值到来之前满足老年人的养老需求，在峰值后的稳定发展期也不至于遭遇资源的浪费。在人口老龄化程度与地区经济发展水平之间寻找一个稳定区间，在这种区间内，满足不同层次老年人不同的养老服务需求，在公平与效率之间又形成了一定的平衡。

（六）加强供给主体内部结构的协调，对供给主体的人、财、物合理高效配置

养老服务供给内部结构的协调包括各养老服务供给主体之间的协调配合，以及养老服务资源的协调一致。在养老服务的多元供给主体中，政府、市场、社会组织、家庭和个人作为四大主体，本应在各自代表的领域发挥其独特作用，但是在政府强大、市场弱小、社会组织松散、家庭养老功能弱化的格局下，政府与市场在服务的提供中存在一定程度的竞争。面对这种政府大力扶持却又不可避免造成竞争的问题，需要双方共同做出执行方式的创新。尤其是在可控性较强的政府方面，合理定位政府在社会养老服务中的服务供给对象，即“三无”老人、优抚老人和特困老人，提供满足老年人日常基本生活的服务，将有利润空间的养老市场真正放开，真正打开社会资本进入养老领域的大门，并做好相关配套政策的具体落实。行业建立初期适当降低进入门槛将对企业产生巨大的吸引力。现阶段政府扶持养老市场，以政府购买的方式来运行不失为一种好办法，既能保证资金链条的稳定、服务供给的相对公平，又能够充分利用市场对资源的配置作用，提高养老服务的效率。在这个过程中，为避免政府部门之间的掣肘，需要政府各部门尤其是财政部门适当放宽对该项资金的管制，加强在资金具体运用中的监督与管理，尤其是对资金流向的监管，确保国家财产的安全。逐步培育社会组织参与到养老服务领域中来，以第三方监管的身份实现市场与政府的合作共赢。

社会养老服务内部结构的协调关键在于人、财、物的合理高效配置。在养老服务的提供过程中，养老机构、社区养老服务中心等机构设施建设的同时，相应的服务人员配备并未跟上节奏，尤其是基层社区服务人员的紧缺最为棘手。一般而言，老年人所需要的服务为一般性照护服务及医疗护理，一般性照护服务简单耗时、技术性要求低、工资水平较低，从业人员基本是年龄偏大的外来务工人员与政府安排就业的“4050”人员，对其他年龄层的人员不具有吸引力，而且往往是一对多照护。此外，专业护理人员的数量也不能满足现实需求。一般而言，专业护理人员培养周期较长，为了获得较好的人力资源投资回报率，护理人员一般进入医院等专业性较强、职业前景较好的医疗机构，养老服务机构或养老服务中心等场所难以吸引专业人员的加入。对此，提高工资水平已是刚性需求，但是在短期

内实现难度较大，尤其是养老服务社会资本投资不足的情况下更为棘手。比较可行的办法是加强已有服务人员的专业培训，确立人员工资与绩效评估挂钩，与服务等级挂钩，提高内部人员的积极性；创建养老机构专业人才的委托培训单位，实现职业技术学校与养老服务系统的有效对接，填补就业难与养老服务人才短缺之间的鸿沟。另外，医疗机构可以自身为中心，配合社区卫生服务中心逐步覆盖周边社区，安排在职医务人员就近指导社区卫生服务工作，社区为老年人建立健康档案，形成多层次的医疗互助格局，解决医护人员紧缺的问题。

（七）加强法治规范建设，注重老年人的社会参与

社会养老服务供给不仅要求确保完备的硬件实力，更大的困难在于软实力的打造方面，特别需要关注的是养老服务供给中外部环境的创设，具体包括社会养老观念的更新、社会对老年人社会参与的尊重、子女对老年人的情感慰藉及养老市场中完善的法治规范和行业规范。社会化养老观念的普及是当下家庭养老负担加重情况下的大趋势，享受社会化养老并不意味着传统“孝”文化的凋零，相反，在有更多的主体提供养老服务的状况下，社会成员会更加珍视亲情的可贵，也能够在子女的能力范围内享受到个性化的养老服务。老年人社会参与是近年来老龄化积极倡导的重要内涵之一，是建立在健康养老基础之上的一种更有利于老年人发挥余热、自我实现的观念，我国倡导的“老有所为”与社会参与的观念不谋而合。老年人拥有丰富的社会阅历，在身体状况尚允许的情况下积极投入社会经济、公益等领域，不应受到任何歧视或冷落。整个社会需要从心理上承认老年人投入社会的合理性，尊重其实现自我的理想，为其社会参与创设优越的条件，从而使得老年人身心健康发展。养老服务的供给重心由政府转移到市场，效率不断提高的同时可控性不断变差，由此带来的风险亦不可小觑，尤其是在老年的饮食、保健、健康辅助器械等方面，一旦被不法商家利用，后果不堪设想。由此看来，政府需要在长期社会养老服务供给中获得经验的基础上，结合市场实际情况出台相应的政策法规，细化到服务供给的每个阶段、每个环节。逐步培养并树立社会组织公信力，由社会组织作为第三方监管，铲除“寻租”的土壤，保证养老服务政策的顺利落实。

参考文献

[1] 刘海涌，黄艺红. 我国城市老龄群体社会服务需求的调查与思考［J］. 经济纵横，2006，10：15-17，55.

[2] 阳旸，刘姝雯，杨胜刚. 资产短缺与中国经济的“失衡并增长”［J］. 经济问题探索，2019，2：1-10.

[3] 许源源，朱敏青. 养老服务中多元合作供给的困境与出路——基于组织整合的视角［J］. 湘潭大学学报（哲学社会科学版），2021，45（1）：45-51.

[4] 赵一红，庞志. 城市社区养老服务供给主体的结构化分析［J］. 学术研究，2020，9：52-58.

[5] 张艳霞，刘远冬，吴佳宝，等. 中国农村养老保障资金供给现状及多元化探析［J］. 中国农业大学学报（社会科学版），2021，38（4）：78-90.

[6] 文军，吴晓凯. 乡村振兴过程中农村社区公共服务的错位及其反思——基于重庆市 5 村的调查［J］. 上海大学学报（社会科学版），2018，35（6）：1-12.

[7] 蒲新微. 不同职业类型居民的养老预期及养老方式偏好——基于吉林省的实证研究［J］. 南京师大

学报（社会科学版），2015，4：23-32.
[8] 范红绢，陈辉. 基于城市居民意愿的养老政策研究——以南京市为例［J］. 江苏大学学报（社会科学版），2018，20（1）：62-70.
[9] 邓宗兵，吴朝影，封永刚，等. 中国区域公共服务供给效率评价与差异性分析［J］. 经济地理，2014，34（5）：28-33.
[10] 钟仁耀，王建云，张继元. 我国农村互助养老的制度化演进及完善［J］. 四川大学学报（哲学社会科学版），2020，1：22-31.
[11] 陈友华，庞飞. 福利多元主义的主体构成及其职能关系研究［J］. 江海学刊，2020，1：88-95.
[12] 张栋. 中国“以房养老”：现实困境、国际经验与应对策略［J］. 当代经济管理，2020，42（2）：70-77.
[13] 张泉，邢占军. 社区自生型非营利组织：整合三种养老方式的可行途径［J］. 河北学刊，2016，36（1）：198-202.
[14] 苏国. “十二五”期间大力推进养老服务体系建设的建议［J］. 宏观经济管理，2011，2：18-19.
[15] 崔占峰，吴浩宇. “摊”经济70年：城市治理中的“嵌入性”弹性治理逻辑［J］. 经济问题，2019，6：1-10.

第五章　社会化养老供给主体多元化供给能力分析

本章主要对我国社会化养老服务供给主体的历史发展、现状、现今存在的问题进行剖析，概括总结社会化养老服务供给主体的历史变迁及其发展现状，在此基础上提出社会化养老服务供给主体的变化趋势——逐渐趋于多元化。结合养老服务供给主体多元化的现状和发展趋势，研究目前我国养老服务供给多元供给主体存在的问题，如政府在供给中职能的缺位和越位，传统的家庭养老供给能力弱化、供给范围缩小，市场供给的匮乏，非营利组织的不发达，社区养老供给体系建设的不完善等，并通过对这些问题的分析探究其原因，为养老服务供给主体多元化健康有序发展提出对策。

第一节　个人和家庭社会化养老供给能力分析

在 1949 年之前，人们大多在家庭附近开展农业活动，当年迈体力减弱或者生病无力继续劳作时，自然地依靠其他家庭成员在家中养老安度晚年。那时，中国大多数家庭一般养育多个孩子，并且长辈拥有土地的使用权和支配权，掌握耕种的丰富经验，他们可以决定将土地如何分配，因此在家中有着较高的地位，子女也根据血缘关系和自身的赡养义务愿意承担养老的责任。长辈与晚辈之间的抚养与赡养义务缓解了社会风险，在增强了家庭之间感情的同时也保证了社会的稳定性。因此，那时主要依靠家庭对老年人在晚年的生活照料予以保障。只有在发生自然灾害时，国家才会以社会救助的方式提供暂时性的帮助。

社会化养老服务体系作为一项公共服务，离不开家庭的支撑。无论是社区居家养老还是机构养老，家庭作为老年人的心灵寄托，对老年人的身心健康有着直接影响。在城市养老服务体系建设过程中，由于社区居家养老模式逐渐被接受，从而使得过去由子女负责的养老服务，分担到社区、政府等多个供给方。尽管子女赡养老年人的负担减轻了，但家庭的功能不能缺失。在多元主体供给模式中，家庭的主要作用：第一，营造舒适、和谐的家庭环境，为老年人的身心健康提供基础的保障；第二，建立赡养老人责任制，尤其是对于有多个子女的老年人家庭，需要子女相互协商，制订出合理的赡养义务方案，如果在赡养义务上存在矛盾，可以请社区养老服务中心的相关人员出面协调，共同达成合理的赡养方案；第三，家庭养老具有不可替代的功能，如精神慰藉、情感交流等；第四，在农村，家庭养老仍然承担着主要的养老功能。

一、个人和家庭社会化养老供给能力现状分析

在经济学领域，供给指的是在市场上，生产者或销售者给为消费者提供的商品或产品的数量，也就是在生活中人们所必须使用的物质资源、财产及生活资料等；一般来说，社会的生产力发展水平决定了供给范围和供给水平。在本书中，供给的概念有着更广泛的含义，指的是面向老年人，为了保证他们晚年的生活所给予的服务；在一定程度上，供给的

含义与提供的含义相近，不仅用于商品的范围，也包括无形商品如养老服务的供给。养老服务的供给体系主要包含三方面，分别是供给的主体、供给的内容和供给的方式。

随着经济的发展，越来越多的农村青年到城市求学、务工，农村空巢现象的出现使传统的家庭养老意识开始淡薄。虽然家庭供给在养老服务供给主体中仍然占据着优势，而且也最符合农村老年人的意愿，但是在多样化的需求下也催生了其他养老服务供给主体。家庭养老通常是指家庭所具有的让老年人通过家庭成员的赡养（包括经济支持或给予物质生活资料、日常生活的照顾和精神慰藉）安度晚年的功能。

家庭养老模式是指老年人在家生活，由子女等家庭成员提供养老资源的养老方式。通常，养老资源由老年人的子女提供，在我国传统观念中，“儿子”是养老资源的提供者，但在我国法律层面规定，老年人有抚养和教育子女的义务，子女有赡养父母的义务，可以看出，在赡养父母的义务上，“子”和“女”是平等的。因此，家庭养老的本质是“在家养老”和“子女养老”的结合。家庭养老模式的优势在于：首先，这种养老模式能给予老年人精神归属感。家庭是老年人毕生奋斗和奉献的结晶，只有家庭才能满足老年人对亲情和安全的需求，而家庭养老模式正好能实现对老年人的精神慰藉；其次，家庭养老模式降低了社会化养老成本。在家庭养老模式下，养老服务的供给由老年人的子女实现，这就承担了政府在社会公共服务方面的部分养老服务职能，而且能够规避社会保障基金无法兑现的风险。家庭养老模式具有优势的同时，自身也具有一些缺点，主要表现在：第一，人口老龄化进程加快，造成未富先老的现实，而且计划生育政策使老年人子女减少，在家庭没有富裕的情况下，更少的子女却要承担更多的养老任务。第二，由于我国不断加大对外开放力度，尤其是互联网的发达，给了年轻人从外面世界获取信息的窗口，其中有不少年轻人深受不良价值的影响，并逐渐跳出“养儿防老”的传统观念，从而拒绝履行赡养老年人的义务，直接促成家庭矛盾的升级，给老年人的晚年生活带来巨大的精神创伤和折磨。

农村养老服务由个人供给出现在农村互助养老模式中，互助养老是由基层政府支持、村级主办，群众广泛参与的、农村老年人志愿互助的集体养老形式。村集体提供场地设施，村中老年人根据自身情况自行选择是否入住，自行保障吃、穿、医疗等，入住的老人相互间给予帮助，共同生活，同时村集体也鼓励村民、社会志愿者等提供物资或服务。

家庭养老在农村地区一直处于养老服务供给的核心地位。在经济不断发展和社会全面进步的今天，家庭提供的养老服务仍是普遍适用的养老服务方式，但面临巨大挑战。随着我国老龄化步伐的加快及人口结构的迅速转型，这些变化给我国现有的养老模式带来了巨大的挑战，传统的家庭养老难以为继。关于传统家庭养老的功能会弱化，学界对此的观点是基本一致的。虽然家庭养老功能已经弱化，但仍然具有不可代替的作用。家庭一直处于我国养老服务供给主体的核心地位，尤其是在农村地区。尽管随着我国经济和社会的不断进步，新的养老服务供给主体不断涌现，但是家庭在现今依然是我国养老服务供给主体的重要组成部分。另外，家庭作为养老服务供给主体的核心，具有天然的血缘基础，家庭成员代际之间的经济供养、生活照料及精神慰藉等具有较强的抵抗风险的能力，并且具有长期服务的特点。

二、个人和家庭社会化养老供给能力困境分析

家庭和公民在社区养老服务协同供给机制中较之其他主体具有特殊特征，既是养老服

务的消费者，又是养老服务的提供者。一般来说，家庭和公民在养老服务中发挥着需求表达、决策、效果评估的作用。而社区养老服务协同供给机制的构建对家庭和公民的参与度提出了更高的要求。其在机制中的定位为“积极参与”，既不是被动的管理对象，又不是单一的享有者和消费者，他们应该积极通过各种途径直接参与到养老服务供给的全过程中，积极表达需求和意愿、提供决策和执行建议、对各方主体服务行为进行监督、对服务效果进行评估和反馈等。同时，自觉提高自身素质、专业技能和参与实践的能力以满足参与需求。

（一）家庭照护服务功能的弱化

1. 家庭小型化趋势

一直以来，家庭养老是我国最基本、最主要的养老方式。自 20 世纪 80 年代初起长期推行独生子女政策，我国家庭结构开始出现小型化趋势。人口普查数据显示，中国家庭户数增长速度明显快于人口增长速度，近 40 来家庭规模呈现不断缩小的趋势。家庭规模缩小的趋势最直接地反映了家庭小型化过程[1]。随着城市化、工业化、现代化的发展，中青年人群生存竞争进一步加剧，大量城市人口跨地域求职，大量剩余劳动力向城市转移，造成我国“空巢家庭”越来越多。随着人口流动的规模日益加剧，在城乡居民中，空巢家庭的占比达到了 50%以上，在一些大中城市当中，空巢家庭高达 70%。随着人口老龄化和家庭结构缩小，我国空巢家庭数量逐年攀升，空巢家庭的比例将逐渐加大，成为我国老年人家庭的主要形式，近 1/2 的老年人属于城乡空巢家庭或类空巢家庭，预计 2030 年我国空巢家庭数量比例将达到 90%，空巢家庭问题更为突出，届时我国老年人家庭将“空巢化”。以上数据表明，少子、老龄化加速了“空巢家庭”的进程，“空巢家庭”已成为老年人一种很普遍的生活方式。以上海市为例，随着上海工业化和城市化的进展，以及生育率的不断下降，不仅人口年龄结构迅速老龄化，家庭结构也趋向小型化、高龄化。第七次全国人口普查结果显示，上海市全市常住人口中，共有家庭户 964.46 万户，家庭户人口为 2234.76 万人；集体户 82.22 万户，集体户人口为 252.33 万人。平均每个家庭户的人口为 2.32 人，比 2010 年的 2.49 人减少 0.17 人。根据上海市民政局委托零点公司、复旦大学和上海大学共同开展的一项针对老年人服务需求的调查报告，家庭结构以空巢家庭为最多的老年人只与自己的老伴居住，其家中没有子女或第三代成员。另外还有隔代家庭，即老人带着孙子外孙或孙女外孙女一起居住。由于受到住房条件的改善、平均寿命增长等因素的影响，上海空巢家庭、独居老人呈现快速增长趋势。

随着社会经济的发展和社会竞争的加剧，许多做子女的中青年人陷入了角色冲突，即孝顺子女的角色与事业人士的角色冲突。由于生活和工作方面的压力，即使在两、三代人共居的条件下，传统家庭的养老功能也有所削弱。一些子女迫于岗位的竞争压力，忙于工作和事业，无暇顾及父母。很多年轻人为了多赚钱抚养小孩和供养老人，甚至离开老人去异地工作。由于不愿意受约束和崇尚自由的想法，很多年轻人结婚后会选择独立生活，不愿意和父母一起住，这种价值观念的改变也促使家庭的养老功能逐渐趋向弱化。同时，子女的减少，以及独生子女现象的出现使得独生子女父母的养老变得困难，这已成为共识。居住方式的代际分离意味着健康不佳的老年人在经济供养之外还面临着生活不便、照料不够和心情苦闷等问题。还有一些青年夫妇比较重视独生子女的教育和成长问题，产生了重幼轻老现象，这对老年父母的心理和实际生活都造成了负面影响。随着现代生活方式的确立，老年人的独立、自我意识开始觉醒，养老观念随之也发生了变化，不再愿意依靠家庭来养老，更多的是希望能自立养老。随着人们生活水平的提高，人们对生活质量的要求越来越高，特别有些老年人不想再过那种把儿女养大了还要再接着养孙子的生活，他们希望在辛苦了大半辈子之后可以把晚年生活过得有滋有味。所以这些身体健康的老年人希望能单独居住，希望子女可以经常来看望他们。

2. 家庭供给服务内容范围缩小

随着我国经济社会的不断发展及我国老龄化社会的快速到来，传统的家庭养老模式被打破，家庭在养老服务供给中面临的问题日益突出。一方面，人们对于传统的孝道观念的变化，使得代际之间在赡养观念、文化认同及生活方式等方面出现了隔阂，家庭代际之间的赡养观念及关系开始出现改变，抛弃老人的现象也时有发生；另一方面，经济社会快速发展，农村大多数年轻人为了养家糊口而外出务工，“未富先老”及“空巢老人”现象与日俱增，多数农民工到城市工作后选择留在城市而不愿回到农村，这种状况也使得家庭在养老服务供给中所起到的作用越来越小。

空巢现象的出现首先使家庭对老年人的生活照料减少了，不在老人身边的子女更多的是在资金上给予支持；其次这种情况使农村老年人口由先前子女陪伴带来精神慰藉变成无人陪伴而精神空虚，他们更多的是个人自己供给，因此家庭在精神陪伴上的供给减少了。家庭供给范围的缩小还体现在养老服务需求的增多，老年人随着自身素质的提高，原来仅限于家庭和政府提供的满足其基本生活的服务已不能满足其现在的发展需求，家庭供给远远不能满足日益增长的养老服务需求，从这一角度来讲，相对于不断增长的多样化、多层次的养老服务需求，家庭供给范围缩小了。

（二）家庭供给缺乏创新

因为家庭供给缺乏创新，不能满足老年人多样化、多层次的需求，所以对老年人来说，家庭供给的范围正在逐渐缩小。现在家庭提供的养老服务与传统的家庭养老相比，供给方式上发生了改变，在农村传统的家庭养老中，当父母年老后，多了的老人会选择“轮养”，即老人在某一段时间（由下一代商量）内与一个子女一家生活，到下一段时间轮到另一个子女家，此时的家庭成员为老年人提供生活照料、医疗费用等，老人帮助照看孩子，从而得到精神上的满足。现在的家庭供给，子女越来越多地离开父母到城市学习、工作和生活，而由于城市生活的不习惯或碍于经济负担的加重，父母大多数选择不跟随子女而是继续留在农村生活。这种情景的出现就使得家庭能力不断弱化，由多样的供给内容逐渐向单一的金钱供给方式和内容转变，因此家庭的供给范围越来越小。那些常年在外的子女，应该想办法提供更多也更丰富的供给，充分利用家庭养老供给的便利，为父母享受更好的晚年生活创造好的环境，也为减轻政府负担及促进农村养老服务业的发展做出自己的贡献。例如，可以购买养老服务，雇佣专人在生活上照料父母，包括洗衣做饭、带老人体检看病，给予老年人精神安慰和陪伴，减少老年人无人陪伴的失落感。

第二节　市场社会化养老供给能力分析

"追逐利润是企业的基础性目标"[2]。追逐利润是企业组织的基本特性，在社会主义市场经济条件下，企业组织具有优化资源配置、激发各方主体不断创新发展、降低供给成本、提高服务质量的作用。在社区养老服务协同供给机制中，企业组织既要发挥其灵活供给的优势，又要避免其缺陷。因此，企业组织应该被定位为"互利共赢"，即通过优胜劣汰、优势互补，既满足民众特殊养老需求，又降低服务成本和提高服务质量。具体来讲，企业组织的职能有自觉遵守市场法律法规、承接或竞价获取政府外包的服务项目并高效完成、根据居民需求直接供给服务、向政府和社会组织提供各种资源资助或项目协助、支持和自觉带动经济发展、提供物美价廉的服务等。

一、市场社会化养老供给能力现状分析

机构养老是由家庭或政府出资，由专业的社会机构提供养老服务的养老模式。与家庭养老不同，在该模式下，老年人是集中居住在养老机构。机构养老是我国社会养老体系的重要补充，在我国社会家庭逐渐小型化，人口流动加快的大背景下，机构养老模式具有不可替代性。社会化养老机构的形式具有多样性，如养老院、福利院、敬老院，还包括老年公寓等。从养老机构的性质来看，养老机构可以划分为营利性养老机构、非营利性养老机构、福利性养老机构。不同的养老机构在社会养老服务体系中承担着相应的养老服务供给。例如，对于有经济来源的老年人或经济宽裕的家庭，可以通过选择营利性养老机构享受质量更高的养老服务供给。而对于家庭困难或失能失独老人可以选择福利性养老机构。因此，机构养老模式在我国现行的养老服务体系建设中扮演着重要的角色，随着我国经济水平的提高，政府不断强化公共养老服务职能，这都将促成社会养老机构不断走向专业化、规范化。

（一）机构养老服务功能的有限性

在我国目前的养老形势下，机构养老对于解决我国的养老问题只是杯水车薪。一是因为机构养老与中国传统思想观念相背离，很多老人不能接受。传统观念的约束也成为子女及老人避免选择机构养老服务的影响因素之一[3]。二是我国现有的养老机构的数量和规模远不能满足当前老年人口的照护服务需要。对于一个拥有 2 亿多老年人口的发展中国家而言，让政府拿出更多经费来建设养老机构并且让大部分老年人入住养老机构还存在一定困难。根据《2021 年民政事业发展统计公报》数据显示，截至 2021 年底，全国共有各类养老机构和设施 35.8 万个，养老床位合计 815.9 万张。发达国家平均每千名老年人拥有养老床位数是 50～70 张，而我国每千名老年人拥有养老床位不超过 40 张。此外，每月居高不下的养老费用，也将经济不宽裕的老年人挡在了养老机构门外。即使在我国经济条件较好的省市，也存在着供给数量偏小、养老机构档次偏低、收费标准偏高、功能不够齐全、服务管理水平较低等现实问题。三是机构养老需要缴纳一笔入住的费用，这笔费用使很多老年人或家庭负担不起。普遍来讲，普惠的养老机构一床难求，中高端养老机构收费太高。四是养老机构提供的照护服务质量不尽如人意，照护服务内容简单、单调，照护服务人员缺乏专业知识，忽视老人的照护服务需求和利益，影响了照护服务的质量。

（二）企业和社会组织的加入

营利性养老机构供给也称市场供给。随着我国市场经济的不断发展，一些社会组织和企业也开始投入养老服务业，构成了我国养老服务供给主体的一部分。目前我国空巢老人现象日益突出，好多子女都选择将老人托付给一些营利性的养老机构，这些养老机构不仅能为老人提供基本的生活照料，还能够帮助应对老人的突发性疾病等，这些养老机构在提供专业的照顾护理等方面具有明显的优势。有些养老机构还为老人提供娱乐场所、健身场所等，能够让老人身心愉悦。社会企业及社会组织对养老服务进行投资，在老龄化快速发展的今天无疑可以减轻政府养老的压力。政府作为我国养老服务供给的主导者，应该积极鼓励并支持引导社会企业投资养老服务业，建立养老服务机构，有针对地对一些营利性的养老机构提供优惠政策，建立健全与养老服务业相关的法律法规，使得养老服务业规范化、合理化，并与营利性的养老机构共同承担起我国农村养老服务的供给。这样一来，既可以降低营利性养老机构自身承担的风险，提高企业经营养老服务机构的积极性，企业投入到养老服务中的热情更加高涨，从而使得我国养老服务所面临的问题得以缓解；同时又可以更好地发挥政府与营利性养老机构各自的职能，实现公共利益的最大化。

二、市场社会化养老供给能力困境分析

（一）养老服务市场的特殊性

市场主体以营利为目标[4]。养老市场主体是以营利为目的，如果不能营利，养老主体就不会积极参与社会化养老。然而，由于养老属于微利行业，大多数养老机构的营利能力尚不足以支撑其向养老投资者供给高质量的养老服务，由于养老产业发展通常面临着投资回报周期长的问题，同时老年人处于经济收入的收缩阶段，消费能力有限，决定了大部分养老行业只能微利经营，养老产业对金融资本的吸引力严重不足。养老行业投资者也不会投入太多的资金和精力来提升养老服务。大部分养老服务机构处于盈亏紧平衡状态[5]。

（二）养老产业规范化和规模化程度低

目前居家养老照护服务普遍缺乏专业性和规范性，即使是由家政服务人员提供的服务，如家庭病床，必须由经过特殊培训的专业护理人员来提供。在现有的照护服务项目中，从事服务工作的服务人员很大一部分来自农村和企业的下岗员工。在这些人中女性占绝大多数。这些服务人员受教育程度相对比较低，上岗前几乎没有受过相关培训，基本上属于一边工作一边学习。对于很多老年照护服务企业的组织和管理者，情况也是如此。即使有关政府部门组织了一些培训活动，也多是非系统和非制度化的培训活动。而且家政照护服务企业保障机制缺乏规范性，由于照护服务供求双方、家政中介服务公司与服务人员和用人家庭的责权利不明确，有的服务协议不规范，有的不要求签订服务协议，导致双方权益保障没有依据，居家养老家政服务人员与用人家庭发生纠纷争议时难以处理。由于家政服务人员的社会保障工作期间的伤害、致残、死亡等问题没有妥善的解决办法，致使供求双方均存在后顾之忧，居家养老家政服务产业发展步履维艰。

因此需要积极地发挥居家养老照护服务产业规模经济的作用，增加企业营利的可能

性。但是实力雄厚的企业和商家对目前老年人的照护服务需求比较陌生，对居家养老照护服务产业的发展方向也把握不准。而且对开发居家养老照护服务缺乏积极性和主动性，忽略了居家养老照护服务产业背后蕴藏的巨大发展潜力。目前社会上的很多资本大多瞄准在那些效益大、回报多的产业和项目上。这样一来，使得居家养老照护服务产业发展资金出现严重缺口和不足，以致形成居家养老照护服务产业层次不高，导致整个产业后劲不足的尴尬局面，难以形成规模效益。

（三）市场主体供给能力匮乏

政府是养老服务的提供者，更是养老服务的规划者，市场作为养老服务供给主体的参与者，有其参与的便利条件，但是也存在着不足。在我国农村地区，市场参与养老服务供给的时间不长，涉及范围较小，主要是具有营利性质的民营企业。农村市场经济起步晚，机制建立还不完善，这就使得其在养老服务的提供上缺少资金支持和成熟的运行体制。例如，私人在农村成立养老院，由于考虑到投资成本及资金回收率，前期投资成本会减少，没有资金支持的养老机构其基础设施、卫生条件、人员配备等方面都难以得到保证，而这些条件往往又是老年人选择养老机构的重点考虑因素，所以民营企业在养老服务供给中受农村市场经济发展的影响，其发挥的作用较小。

市场对养老服务的供给还受农村家庭养老思想的冲击。在农村，家庭养老的思想根深蒂固，尤其是老年人在养老服务供给的选择上，更愿意依赖家庭，加之农村老年人经济来源单一，或是只依靠政府补贴，因此他们对市场提供的养老服务，尤其是对收费的养老服务有排斥心理，这从消费上打击了市场的积极性，减少了市场供给。目前，我国养老服务供给市场方兴未艾。一方面，我国养老服务很多行业标准与规范还不完善，也没有相应的法律、监督、管理等制度，政府为养老服务业提供的优惠政策相对较少，我国营利性的养老机构远不能满足我国养老服务的需求；另一方面，农村家庭经济实力比较薄弱，好多家庭没有经济实力让老人进住一些营利性的养老机构，而养老机构又是以营利赚钱为目的的，所以企业和社会组织投资养老机构的热情不是很高。

（四）农村养老市场发育不足

20世纪80年代以来，我国养老服务供给主体开始由政府向社会开放。慈善人士、一些公众参与的社会企业举办的养老服务机构大多具有非营利组织的特点，在其正常运转过程中必然要依靠政府组织的委托、支持及政策优惠，或者是社会与个人的捐赠。现实生活中，政府在养老服务领域，既有政策、职能不到位的缺位现象，也有政策规范过多职能定位不准的越权情况，而在市场中私人供给容易造成筹资模式单一、社会责任具有公益性等，这些弊端造成了民营养老机构或企业面临资金周转困难，举步维艰。这种困境使企业、私人进入养老服务市场的门槛过高，并且政府缺位和越权并存的错位现象，致使企业或个人不愿意投资养老服务领域，从而使市场在养老服务供给上犹豫不前、发育不足，这就造成了养老服务市场低迷。另外，市场在养老服务供给时没有针对老年人的特殊性而提供专业化的养老服务，服务标准不一，服务质量杂乱，这就降低了老年人对市场供给的预期，再加上老年人是低收入群体，由于其生理机能的弱化和思想观念的陈旧，决定了老年人在服务上具有高消费需求和低有效需求的矛盾，致使养老服务市场发育不足。

（五）市场与其他供给主体之间的博弈

从利益相关者理论来审视当前我国社会化养老供给主体之间的博弈问题，不同利益相关者对于社会化养老供给主体博弈和动机都具有不可推卸的责任，通过对政府、医养机构、市场、非营利组织或社会组织、社区和个人或家庭层面不同供给主体进行利益相关者分析，正是因为不同供给主体相互之间的利益博弈才导致了现阶段社会化养老供给主体碎片化问题，这也成为社会化养老有效供给制度性障碍的根本原因。

第三节　社会组织社会化养老供给能力分析

社会组织具有组织性、民间性、非营利性、自治性、自愿性的特征，其承担越来越多的社会职能，对政府决策产生的影响越来越大。必须明确社会组织的功能和角色定位，因为能否准确定位社会组织和其他社会治理主体之间的关系，决定了新发展阶段社会治理的效能和水平[6]。在社会化养老服务协同供给机制中应定位为“补充共享”。一是因其特殊专业机构可以有效满足特定民众的特殊需求；二是其非营利性可以保障服务的公平和效率，其专业性能提高服务效率和质量，其资源性、自治性使得其更贴近民众，使其提供的服务更容易获取民众接受；三是社会组织是沟通政府与社会、市场的重要桥梁，可以有效利用政府、企业、社会的资源，为养老服务找到相应的捐赠，获取更多的民众支持。

一、社会组织社会化养老供给能力现状分析

社会组织参与可以弥补政府养老服务的不足、降低养老服务成本，推动养老服务的人性化、差异化供给[7]。社会公益慈善力量包括致力于老年人养老服务的社会公益慈善组织及个人志愿者。当前，社区居家养老服务中心处于大规模推广和建设阶段，一方面，政府财力有限，导致养老服务中心无法可持续地提供养老服务；另一方面，社会资本进入流程缓慢，无法在短时间内发挥社区居家养老服务中心在城市老年人养老服务中的作用。因此，公益慈善力量进入社会居家养老服务，势必能弥补政府和市场主体的不足，完善城市养老服务体系。

近年来，民间的一些非营利性团体组织、慈善机构、志愿组织等也投入到我国养老服务中，这些非营利性的组织团体成为我国养老服务供给主体的一员。一方面，它们能够最大范围地动员社会各界力量共同筹措资金，使社会各界积极投入到农村养老服务事业中，可以缓解政府养老服务供给的财政压力，如一些扶贫救济、老年人免费体检，医务下乡、救孤安老等服务；另一方面，各种民间的非营利性团体、慈善养老机构等能够弥补政府公办养老机构的不足，为我国农村养老提供更多有针对性的服务。

然而，社会组织也存在一些缺陷，主要体现在规模较小、组织化程度低和参与能力有限等方面。

第一，社会组织规模较少。社会组织也有其劣势，相较于政府，社会组织普遍规模较小，能够调动的资源有限，服务范围有限，服务内容也具有局限性[8]。相比于市场私人组织，社会组织本身在资金、人才方面的劣势甚为严重，即使政府将养老服务准入条件放宽，匮乏的资源也不足以支持大多数社会组织短期内在养老服务上实现成熟和专业化运作。

第二，组织化程度低。社会组织存在着组织化程度低且不同群体组织化不均衡的问题[9]。大部分农村非营利组织的服务水平低、经营无序、组织协调水平低、缺乏一定的经费和组织的发展非常困难。首先，组织内部的有关制度不规范、组织的执行人的执行能力差。有的农村非营利组织相应的规章制度不健全，缺乏进入制度、议事制度、分配制度、财务制度、退出制度、民众决策制度和报告制度。有的尽管已经建立了规章制度，但是组织执行者的执行不到位，使得这些规章制度成为一种形式，没有发挥其作用，不利于组织的发展。其次，组织目标不明确。许多的非营利组织由于自身水平有限，无法准确地确定组织目标，制订的有些组织目标和宗旨过于宽泛。一是组织目标的具体内涵和制订的目标不合理；二是要组织的价值观不正确；三是组织的受益者不具体；四是组织的总体发展方向不清晰。

第三，参与能力有限。社会组织参与能力有限[10]，农村的非营利性组织参与能力很有限，有以下几个方面：首先，组织中管理者能力有限。目前农村非营利组织的管理者大部分是农民，他们的领导力、组织协调能力、知识水平、思维方式等都存在一定的局限性，在组织遇到问题时，不能很好地提出解决问题的方法，缺乏全局的视野。其次，参与的主体能力有限。农村养老服务的参与者大多是具有爱心的业余人员，他们没有经过专门的培训，对老人的生活照料、医疗护理等方面的工作能力有限；另外，这些志愿者大多都是利用闲暇的时间免费照顾老年人，不能很好地深入了解每一位老年人的真实需求，无法保证养老服务的质量。最后，获得资金的能力有限。农村村民、集体经济对非营利性组织投入资金，政府的投入是非常少的，社会对其的捐助能力不足，从而影响非营利性组织的发展。因此，急需改善非营利性组织的参与力。

第四，非营利性组织缺乏政府的支持。当前政府对非营利性组织的认识有限，对它的政策支持力度明显不足。表现在两个方面：一是非营利组织在筹建养老服务机构时，由于投入资金量非常大、周期非常长，风险系数高，向银行贷款非常困难，需要政府的资金扶持。二是由于没有制订具体的执行方法或涉及其他政策，致使政府的优惠政策落实不到位，那么非营利性组织就无法享有相关的优惠政策。

二、社会组织社会化养老供给能力困境分析

（一）非营利组织不发达

非营利组织不发达首先体现在非营利性质的组织数量相对较少。相较发达国家，非营利组织仍处于滞后阶段[11]。非营利组织在提供养老服务中因其数量有限，所以发挥的作用较少，然而在发达国家和城市非营利组织对养老服务供给的实现有着不可替代性。

我国社会组织总体上存在着数量不多、结构不优、规模较小、功能发挥不强、管理不够规范等问题。目前全球性社会组织的数量多达上千万个，发达国家每万人拥有社会组织的数量一般超过 50 个，如德国为 120 个，美国为 52 个；发展中国家一般超过 10 个，如阿根廷为 25 个，新加坡为 14.5 个，巴西为 13 个，印度为 10.2 个。据我国民政部门统计，截至 2021 年底，我国拥有登记注册的各类社会组织（社会团体、基金会、民办非企业）90.2 万个，每万人拥有社会组织数不到 10 个，不仅低于发达国家，而且低于部分发展中国家，总体来讲我国每万人拥有社会组织数偏少。

首先，城市中非营利组织包括志愿者服务组织、慈善机构、民办非营利组织等，这些

组织管理严谨、规范，但是在农村中这些组织较少。其次，在组织能力和组织水平上，农村非营利组织也充分暴露了其发展缺陷。农村非营利组织的组织者、参与者大部分是农民，其自身文化水平较低，组织能力、协调能力、办事思维等都存在一定的局限性，而且他们的空余时间较少，不能合理地安排志愿服务活动的时间，并且他们组织资金来源渠道狭窄，组织经费少，组织服务水平低。最后，农村非营利组织的发展缺乏政府的支持，这也不利于非营利组织的发展。农村基层政府对非营利组织的认识有限，缺少政策上的强有力的支持，对基层政府而言，非营利组织与社区养老、机构养老相比，需要更多的政府优惠政策和资金支持，才能建立有效的运营机制，而且国家相关的养老政策和法律中没有明确针对非营利组织运行的政策和条款。

（二）农村非营利组织定位模糊

政府或市场单独提供养老服务则会出现失灵现象，非营利组织正常运转需要依靠政府组织的扶持、社会的捐赠，在养老服务供给上可以优化公共和市场中资源的配置，起到协调社会各方力量的作用。政府在提供公共产品或服务时，其效率测量不同于经济学中的投入与产出分析，而是以社会效益为根本出发点，这就要求社会资本在融入养老服务领域时必须具有非营利性的特征，在农村依靠政府组织发展和运营的养老服务机构、慈善机构、志愿者组织等都是非营利性质，都是以社会公共利益为出发点。现实中，农村非营利组织因其发展较晚，机构建设还不健全，组织能力还比较弱而在养老服务供给方面定位模糊，其职能依附于政府，而忽视组织本身所具有的职能上的优势，供给角色意识较弱，因此公益性的养老服务机构或慈善组织在组织机构的运营和管理上缺乏主动性和有效性，在接受社会捐赠时具有很大的随意性，不能确保养老服务资金能够及时到位，相关的土地、财税政策也面临落实困难的境况。

（三）社会组织供给主体权责不明

我国从事社会化养老服务供给的社会组织，在早期都是在政府的主导和支持下发展起来的，虽然在后期进行了剥离，但两者在权责关系方面仍然没有做到明确划分。政府、社会组织之间功能边界不清，权责划分不明[12]。政府认为社会组织是公共事务决策的执行者，因此社会组织要承担公共服务的责任，而社会组织认为政府是公共事务的决策者，政府应当承担公共事务的相关责任。上述这种权责关系不清晰反映在养老服务供给中，主要表现在以下几个方面。

第一，政府在养老服务管理上的职能未能得到有效转变。近年来，我国各地方政府都在探索将公共养老服务委托打包给社会机构，希望政府在其中只扮演管理者和监管者的角色。然而，受长期以来的官僚和形式主义影响，在公共养老服务管理事务中，政府不仅参与决策，也经常干预具体的养老服务供给事务，这不仅影响社会组织的积极性，也给相关服务责任问题带来隐患。政府在公共治理中应该扮演掌舵者的角色而不是划桨者的角色[13]。第二，社会组织依附性过强。社会组织具有“依附性自主”特征，即在微观上认同政府态度和政府利益，在宏观上适应中国社会的实际情况和社会环境[14]。在养老服务中，政府如果长期干预社会组织机构的相关决策，使得社会组织的管理者对政府主导事务形成依赖，长远来看这不仅影响政府职能转变，也使得社会组织不能得到健康发展，最终影响养老服务体系的完善。第三，长期干预社会组织的运营，会导致政府在养老服务管理方面的短视。养老服务供给是一个系统性的、复杂性的公共事务，如果政府在该事务上不能放权，任何事都亲力亲为，其必然没有足够的时间去思考如何在宏观层面构建养老服务体系或推动养老体系建设。

第四节　政府社会化养老供给能力分析

一、政府社会化养老供给能力现状分析

改革开放以前，由于当时政治经济体制的原因，养老服务高度依赖政府，养老服务供给主要是政府主体一元化控制，社会和市场则被边缘化，政府通过公办福利院及福利企业来实现对农村“五保户”的养老服务供给。随着我国市场经济体制的不断发展，一些民营机构、社会组织开始成为养老服务供给主体之一，但政府依然是我国农村养老服务供给主体的主要组成。政府的职能主要定位于规划、制度保障、资金投入、引导监督等方面[15]。政府作为农村养老服务供给的主要承担者，不仅提供养老所需要的基本物资，同时还是农村养老服务的主要倡导者，各种惠民政策的制定者，以及各方面利益的平衡者。

市场经济体制不断完善和发展，但受现阶段经济社会条件的制约，政府仍是养老服务供给主体的重要组成部分。从传统意义上来说，政府对社会化养老提供的服务从仅限于“三无”老年人到面向更多老年人。政府提供养老服务目前有两种方式，一种是直接提供养老服务，另一种是通过政府购买服务。

1. 政府的法律责任缺失

政府在社会化养老服务方面的法律责任缺失体现在政府没有制定成文的、切实可行的、统一的社会化养老保险制度和新型法律制度。“相关法律制度缺失使得养老缺乏规范，无章可循、无法可依”[16]。就新型农村养老保险制度来说，长期以来，由于我国城市与农村的制度差别，农村实行的养老方式主要是家庭养老，农村养老方式的弊端并没有引起政府的高度注意，农村的养老保障模式仍然是自我为主的保障模式。另外，我国政策的实施步骤是沿着中央到地方的路径实行的，如果没有完善的、严格的制度来保证政策的有效实施，那么这些政策也无法让农民享受到政策所带来的益处。因此，政府需承担起责任，制定完善的养老保险制度。就农村新型医疗合作制度来说，目前我国的新型农村医疗合作的法律制度是空白的，急需发挥政府的职能，加快立法速度，使其成为能保障农民健康的一项法律制度。由于新型农村医疗合作制度缺乏连续性和稳定性，再加之相关领导对政策的认识和基层政府对政策执行不到位等因素，使得农民和国家的利益受到损害。为了保证政策的稳定性和连续性，政府应用法律制度来约束相关的行为，保障新型农村医疗合作制度的健康发展。特别是弱势群体的权益受到损害时，可以依照法律来维护权益。

2. 主体责任意识缺失

政府的养老服务供给基础是以其财政状况为保障的，然而随着经济社会的快速发展，农村的社会保险覆盖面也逐渐扩大，老年群体的生活质量也得到了提高，养老服务需求由原来单一的生存型转变为个性化、多样化的发展型和享受型。政府在养老服务供给中起到主力军的作用，不仅应在政策上给予大力支持，制定相应政策保障农村养老服务的发展，

主动引导其他主体积极参与到养老服务中，还应该在资金上对养老服务业进行支持。财政分权理论认为，上级政府依靠其管辖范围内的税收形成的财政收入承担收益在其管辖范围内的公共产品的供给责任；基层政府以其地方性的财政收入承担收益在其区域范围内的公共产品的供给责任。农村地区本身经济发展较城市落后，其在提高农民经济收入、发展农村基础设施等新农村建设过程中投入了大量的精力和财力，再加上基层政府的财政紧缺，所以农村发展养老服务急需资金的支持。随着养老服务的发展，资金紧缺的上级政府把农村社会化养老服务的发展看作下级政府政绩的体现，基层政府把农村社会化养老服务的发展看成农村自身发展的出路，因此往往出现下级政府分析执行上级政府的政策，然后按政策给下级政府传达通知，直到基层政府。各级政府职能定位模糊，使得政府在养老服务供给中没有完全发挥其作用，主体责任意识欠缺，出现缺位现象。

3. 监管力度薄弱

居家养老照护服务产业是随着老龄人口的急剧增加而出现的。随着老年人对照护服务需求的增加，很多家政公司开始增设老年照护服务项目，也出现了一些专门针对老年照护服务的老年家政公司。但是这些家政公司缺少对家政服务员的岗前培训和规范管理，甚至有的还存在违规操作行为，这在一定程度上影响了居家养老照护服务市场的声誉，扰乱了市场秩序。目前政府缺乏对居家养老照护服务产业的监督检查，对于服务项目的价格确定、服务质量的评定、服务人员的培训和考核及服务企业的卫生环境等方面都缺乏监督和检查。由于政府对居家养老照护产业缺乏制约，现在市面上很多包含居家养老照护服务的家政服务公司都采用中介的形式，公司在服务提供者和老年人之间只起到中介的作用，而且一部分中介机构运作不规范，有乱收费的现象，在服务人员的质量和服务对象家庭安全方面都没有保证，甚至有非法中介机构损害用户和服务人员权益现象，影响了居家养老照护服务的健康开展。

4. 政府的筹集资金不合理

政府在养老服务方面的筹集机制不完善。其一，政府对社会化养老的补贴非常少。由于城乡制度的差别，政府将更多的财力集中在城市养老服务上，那么政府在农村社会化养老服务上的投入比例就会相对减少很多。其二，一般来说，农村的养老保险基金管理应该遵照流动性和安全性的原则来管理，使基金不断升值、增值，然而政府对管理机构设置不合理、风险防范措施不到位等因素造成了基金使用的不安全性和无效性。政府所投的新型农村医疗合作的资金存在一些问题。一方面，参合农民的资金来源过多地依赖政府，而政府投入资金的前提是参合农民的资金预先到账，这就增大了筹集的风险。另一方面，县、乡等财力薄弱的地方政府在筹集资金方面存在很大的压力，而上级政府承担的压力过小，资金分配严重失衡。

5. 政府监督责任的缺失

政府在社会化养老服务方面的监督责任缺失。政府要对老年人的养老担负指引责任、给付责任、制度建设责任和监督责任[17]。一方面，由于政策的不稳定性，许多农村老年人非常担心即使交了钱也享受不到政府提供的养老服务；另一方面，由于落后的思想观念和有限的知识水平，使得农村老年人不愿意把自己辛苦挣得的钱做其他的投资，而是更愿意拿在自己手里。政府应该组织专门小组，深入到基层宣传政策，让农村老年人了解政策所带来的实惠；特别是需要建立专门的监督问责机制和专门的监督部门，落实政策的执行是否到位，是否真正保障了农民的基本生存权，是否改善了农村民生。政府在养老服务运行方面的监督机制不完善。政府对医疗机构的管理进行了过多干涉，使得政府职能出现了严重偏差，但是政府没有制定严格的制度来对医疗机构的运行进行监督，侵害了消费者的利益。

养老服务资源供给是否真的能够使老年人受益，其落实情况需要有政府的监督。如果资源不能得到有效利用、不能和老年人的需求相一致，则容易导致政府信任危机。而在实际供给中，政府更侧重于对养老机构、非营利组织和社会企业等的运营进行监管，对市场供给介入进行管制，放大了其监督的职责，限制了市场和社会组织在养老服务供给产业中能动性的发挥，降低了它们的积极性和主动性，使政府管理在其职能上出现“越位”的现象。例如，在对农村提供社会化养老服务上，政府应该监督在确定享受对象的过程中是否公平、公正，是否符合上级文件的要求，享受对象是否能获得相应的福利，而不是参与到这个机制的运行中。所以政府应该建立专门的监督部门和健全监督问责机制，减少对其他供给主体的管制，在政策上提供引导。

6. 社区养老发展过于依赖行政

我国对社区发展问题的探索比较晚，我国对社区养老的倡导则开始于20世纪90年代，那时候社区发展及建设刚步入正轨和进入制度化发展轨道。城市社区养老的探索为农村社区养老探索提供了新的思路，农村社区养老的探索始于21世纪初，但是在其发展过程中由于其在制度、管理、资金等方面过于依赖政府，所以农村社区的发展行政化趋势严重。农村养老的资金来源主要依靠中央财政和地方财政的投入，但是各地方政府的财政实力有限，所以其发展需要的资金支持往往得不到满足；管理上缺少专业的人才，服务队伍素质不高，依靠政府提供高素质、专业化人才及建设专门的培训机构，这无形中增加了政府财政的压力；制度上照搬城市社区养老的制度，依靠政府的政策支撑，而不是根据当地情况具体制定相应的社区运行机制。综上，社区养老的发展过于依赖政府，过于行政化，这导致社区养老服务供给体制不健全，发展受阻。

二、政府社会化养老供给能力困境分析

（一）政府承担责任的有限性

公共事务的治理主体应该是多元化的，且需与其他供给主体进行协同。多元主体之间多向互动，以一种协同、合作与互补的机制运行，政府则起引导、协调作用。众所周知，政府的职能并不是全能的和作用无限的，实践表明政府凭借拥有众多公共资源而大包大揽地承担公共服务是不可取的。政府在养老领域的角色也由直接生产和提供服务转为间接提供服务（主要是制度支持和财政支持）[18]。当然，由于政府本身的特殊性质，其在养老服务体系和运行机制的构建中具有特殊地位。因此，政府在养老服务运行机制中的角色应定为“主导协调”，“主导”代表其特殊地位，但并非大包大揽，而“协调”则是具体的工作方针和工作方式。政府的具体责任应包括几个方面：一是为养老服务协同供给提供制度支持。居于全局角度对社区养老服务协同供给的发展战略进行规划，明确各方主体参与协同供给的准入规则与运行轨迹，明晰自身职能，自觉地把一些职能让渡给市场和社会，同时积极履行维护市场和社会秩序、提供完善的养老服务设施、建立基本养老保障体系等基本

公共服务职能。二是引导协调各方主体。政府应转变传统治理理念，运用相关财政、税收等各种手段鼓励、支持各方主体参与社区养老服务供给，并带动更多的资源投入其中；对养老服务协同供给中的需求表达、决策、运行、评估与监督等各环节进行优化排列，并保护各主体的公平竞争与合作。同时，明确各方主体的合作机制，保障能够充分发挥各自优势。三是监管各方供给主体。政府需建立和完善各类法律法规，确立服务标准、质量体系、收费标准等规章制度，约束和监督各方主体在协同供给中的行为，对违反规则的主体进行问责。

随着老龄化进程的加快，老龄人口在全国总人口所占比例逐年增加，特别是高龄老人的比重越来越大，目前政府对老年人提供的养老服务远不能满足现在老年人对照护服务的需求。在计划经济体制时期，我国老年人的福利是由国家负责、政府包办，养老服务只面向具有特定身份的老年人。但是随着市场经济的发展和有限政府的推行，仅依靠政府的力量来解决老年照护服务问题已远远不够。有限政府是在职能、权力、规模和责任等方面都是有限的。一是职能有限。政府职能必须要严格限定在政治性公共领域，其要旨在于公共利益。二是权力有限。有限政府是法治政府，政府权力有严格的边界，必须依法行政，不得超越宪法和法律。三是规模有限。现代政府管理要求决策科学化，实现从人力密集型向科技密集型的转变，有限政府应是一个机构精简、人员精干和办事高效的小政府。实行透明化行政，每个公民对公共事务都享有广泛的知情权、监督权和参与权。四是责任有限。政府通过确立责任机制，强化对政府自身的限制，但人们在享有自由和权利的同时，必须承担相应的风险和责任。政府必须保障公民的基本权利，但不承担维护公民生存和发展的无限责任。首先，在有限政府的情况下，养老福利事业逐渐开放，服务提供者、服务对象和服务方式不断社会化。政府一开始对人口老龄化的认识不足，缺乏应对老龄化的经验，所以在进行城市社区规划和建设中，没有考虑住房的宜老性和适老性，这使得居家养老工作的开展一开始就存在很大的缺陷。例如，绝大部分社区的住房都不是无障碍的设计，许多多层住宅社区没有电梯，也没有公共活动的空间和护理的设施及空间等。住房建设中的缺陷使得居家养老照护服务面临着很多问题，所以许多社区便把居家养老照护服务简化为供餐与上门的医疗服务，这其实极大束缚了居家养老照护服务深层次的发展。目前的居家养老照护服务大部分是由政府投入资金运行，但是这种单纯的依赖政府投入的模式是无法满足老年人居家养老照护服务需求的。其次，居家养老照护服务的经费主要来源于政府和民政部门的投入，并且民政部门用于居家养老照护服务经费的筹集渠道主要来自社会福利彩票的福利金，而社会福利彩票的福利金又存在着不确定性，这种具有很大的随意性和波动性的投入方式，使得居家养老服务难以进入良性循环轨道，阻碍了居家养老照护服务的可持续发展。

由于政府各方面资源的有限性，虽然政府在居家养老照护服务方面投入了很多政策上的支持和资金上的补贴，但相对于我国老年人口急剧增长的速度和规模，仅依靠政府来提供老年人的照护服务已远远不够。如果过于强调福利性服务，以福利性和互助性的无偿服务为主，会使社区居家养老照护服务缺乏后劲，难以持续发展，所以政府不应大包大揽，应将市场的力量引入到居家养老照护服务工作中。政府的角色应该定位为政策的制定者、监督者，法规的执行者和资源的筹措者与组织者。所以社区居家养老照护服务建设必须实行社会化、市场化、产业化的新运行机制。特别是随着人们生活水平的提高，老年人在物质文化方面的需求也在不断增长，而且由于老年群体内部差异性很大，照护服务需求也各有侧重。针对这些特点，居家养老照护应及时提供多样化、多层次的服务，满足不同老年人群的需求，适当开展低偿和有偿服务。总之，要通过引入竞争机制激发居家养老照护服务的活力，以有偿养无偿，以经营促服务，在此过程中政府提供经费补贴并强化监管，使居家养老照护服务逐步形成自我服务、自我管理、自我积累和自我发展的动力机制。这样既实现了政府购买服务，又满足了不同层次老年人的居家养老照护服务需求，有利于居家养老服务产业实现良性循环。

（二）政府在养老服务供给中职能缺位、越位和错位

面对多层次、个性化的养老服务需求，政府有限的财政实力无力满足，而其对市场供给的多方限制又扼杀了市场供给养老服务的活力。政府缺位与越权并存的“错位”现象，造成市场失灵与政府失灵同时存在，使养老服务个性化、多样化供给存在空白。

1. 政府职能缺位

我国仍然处于并将长期处于社会主义初级阶段这一基本国情决定了当代政府的财政实力受经济发展的制约，并非无所不能。政府责任的缺位是重要原因[19]。日益增加的养老需求及对未来经济风险的不可预见性给国家财政带来了巨大的压力，使政府在个性化、多样化的养老服务需求面前苍白无力，出现“缺位”。另外，在实际的养老服务供给中，上级政府把本应该由其承担的服务供给责任转移给了下级政府或基层政府，如老年人需要的教育服务、娱乐设施等，这也会导致上级政府的“缺位”。政府在养老服务供给中职能的缺位还表现在当民营企业、慈善组织、志愿者服务等进入到养老服务行业后，政府的政策引导存在普遍缺位，土地、税收、用电、用水等相应优惠政策落实不到位，出现“企业办社会”问题，导致养老服务市场失灵。政府作为我国农村养老服务供给的主要承担者与主导者，自身也会不可避免地出现一些问题，即“政府失灵”。一方面，政府不能够准确地获取老年人对于公共产品及准公共产品的真正需求，造成政府一元供给服务的高成本与低效率性；另一方面，政府在提供公共产品和服务时处于垄断性地位，没有竞争，而公共产品和服务又比较特殊，其质与量难以直接界定，这样使得公众对政府提供的产品与服务缺乏有效的监督。

2. 政府职能越位

社会资本在融入养老服务领域时，同样存在审批手续繁杂、收费项目众多，政府“越权”现象严重的问题。政府在社会养老服务体系构建中职能越位主要指政府干预过多，承担了不属于自己职能范围内的事务[20]。养老服务具有双重特点，一方面具有社会保障性质的福利性，另一方面具有营利价值的市场性。对于福利性的养老服务，民营企业不愿供给或供给意愿较低，所以应该由政府供给；而对于市场性的养老服务来说，由于其本身的特点，如市场供给效率低、个性化需求等，可以交给市场供给。另外，对于那些民办养老机构，政府除了在政策上给予限制和优惠、在管理上进行监督外，不应过多地对其机构运营进行指导和管制，应让其充分发挥积极性，否则可能会引发寻租性腐败，约束企业活力，降低社会资源配置效率，减少社会福利。

3. 政府职能错位

所谓政府职能错位，是指政府内部发生的职能混乱现象。目前实践中相关部门仍主要

凭借经验或习惯来判断老年人的需求并进行服务供给，无论是传统的内部供给，抑或开放式的项目制供给，养老服务的供需错位问题依然存在[21]。政府职能错位是个老问题，在对政府职能进行大规模的调整和改革时期，这个问题更加突出。①在纵向上，既有中央政府对地方政府、上级政府对下级政府的职能越位，也有下级政府对上级政府、地方政府对中央政府的职能越位。具体谁越位更严重一些，在不同时期不同领域的具体情况不尽相同。例如，在养老资源的管理上，几乎都是下级政府和地方政府越位较严重，而在人事、机构管理方面，大多是上级政府越位较多。②在横向上，主要是各级政府部门职能交叉、重叠，职权划分不清楚，互相推诿，政出多门的问题时有发生。完全由政府主导的建设往往不能充分发挥市场和社会资本的作用，也不利于发挥城市老年人的能动性，因而可能会与城市老年人的养老需求错位[22]。③在条块关系上，存在上级业务主管部门超越职权干预下级政府管理事务的现象，又有下级政府超越职能干涉上级业务主管部门业务的现象。在欠发达地区，大多数农村养老服务机构都存在养老服务设施设定不科学的问题，一些远郊区域的养老机构大量床位闲置，这反映出养老服务供给存在结构性错位问题。政府购买养老服务容易出现供需错位问题[23]。

参 考 文 献

[1] 巫锡炜，曹增栋，武翰涛. 高等教育扩张与小家庭崛起——来自大学扩招政策的证据［J］. 社会学研究，2022，37（3）：92-114，228.

[2] 易卓. 组织社会学视角下"引教入企"的产教融合模式探索[J]. 高等工程教育研究，2021，5：134-140.

[3] 关信平，赵婷婷. 当前城市民办养老服务机构发展中的问题及相关政策分析［J］. 西北大学学报（哲学社会科学版），2012，42（5）：52-56.

[4] 汪辉勇. 公共事务概念分析［J］. 广东社会科学，2020，1：83-89.

[5] 安超，王杰秀. 技术效率视角下的公办养老机构改革——基于北京市居家养老服务设施摸底普查数据［J］. 社会保障研究，2021，1：3-14.

[6] 张炜达，郭朔宁. 社会治理法治化：生成逻辑、价值意蕴与中国方案［J］. 西北大学学报（哲学社会科学版），2022，52（3）：118-128.

[7] 张桂敏，王轲，吴湘玲. 社会组织参与农村养老服务的行为逻辑——基于行动情境模型的解释［J］. 安徽师范大学学报（人文社会科学版），2022，50（2）：61-70.

[8] 苗红培. 多元主体合作供给：基本公共服务供给侧改革的路径［J］. 山东大学学报（哲学社会科学版），2019，4：31-39.

[9]梁玉柱. 压力型体制下基层政府的调适行动与社会治理的行政化[J]. 社会主义研究，2018，4：105-113.

[10] 黄茂钦. 论基本公共服务均等化的软法之治——以"治理"维度为研究视角［J］. 现代法学，2015，37（6）：75-85.

[11] 滕敏敏，韩传峰. 超大型城市社会精细化治理现状分析与顶层设计——以上海市为例［J］. 上海行政学院学报，2020，21（2）：63-72.

[12] 常明杰. 西方公共行政理论范式的嬗变历程与逻辑谱系——以工具理性与价值理性为观照的比较分析［J］. 湖北社会科学，2020，7：45-53.

[13] 郝涛，徐宏. "互联网+"时代背景下老年残疾人养老服务社会支持体系研究［J］. 山东社会科学，2016，4：158-165.

[14] 王诗宗，宋程成. 独立抑或自主：中国社会组织特征问题重思 [J]. 中国社会科学，2013，5：50-66，205.
[15] 李长远. 我国医养结合养老服务政策推进的基本经验与未来设想 [J]. 宁夏社会科学，2022，3：170-176.
[16] 赵强社. 农村养老：困境分析、模式选择与策略构想 [J]. 农业经济问题，2016，37（10）：70-82，111.
[17] 王广辉. 国家养老责任的宪法学分析 [J]. 暨南学报（哲学社会科学版），2020，3：84-96.
[18] 刘太刚，吴峥嵘，龚志文. 我国养老问题研究的理论工具评析——兼论需求溢出理论作为我国养老制度基础理论的适用性 [J]. 江苏行政学院学报，2016，4：66-75.
[19] 申喜连，罗丹. 供需矛盾视域下失能老人长期照护问题研究——基于政府责任的反思与重构 [J]. 湘潭大学学报（哲学社会科学版），2022，46（1）：58-63.
[20] 李长远. 民族地区多元主体合作参与养老服务的困境及政策支持 [J]. 宁夏社会科学，2017，2：127-134.
[21] 曾莉. 特殊困难老人服务供需失衡及其治理——基于需求管理视角的调查分析 [J]. 中州学刊，2022，6：52-61.
[22] 李俏，陈柳，赵向红. 城乡融合视域下养老下乡的生成机制与实践策略 [J]. 宁夏社会科学，2021，2：132-141.
[23] 车峰，周雅琳. 政府购买养老服务政策的发展脉络与演进特征——基于 223 份中央和省级政策文本的量化分析（2006—2020 年）[J]. 学习论坛，2022，3：96-104.

第六章 国外社会化养老供给主体多元化融合的比较

老龄化是世界人口发展的趋势，特别是发达国家人口老龄化更加严重。借助于雄厚国力的支持，发达国家起初普遍实行高福利的社会政策，大力兴建养老机构，大笔资金支持养老服务。然而随着经济危机的蔓延、老龄化的加剧，以及少子化的出现，这种方式无以为继。在这种情况下，发达国家纷纷转向发展社会化养老服务，并积累了非常丰富的经验。从社会化养老多元供给主体融合研究出发，通过比较日本的养老政策法律支持、美国的细分化社区建设、英国的社区照顾模式、荷兰生命公寓模式、德国的同居式养老不同类型的多元主体融合模式，可作为我国推进社会化养老改革的借鉴。我国现阶段已步入人口老龄化社会，然而我国社会经济发展指数还未达到老龄化社会所对应的阶段。为解决"未富先老"所带来的社会养老服务需求量加大，我国政府在相应方面做出了一些改进。《中华人民共和国老年人权益保障法（修订草案）》删除了"老年人养老主要依靠家庭"这一规定，将"社会照料服务"相关内容增加到草案之中。这对我国养老服务供给主体多样化发展具有深远的指导意义。但是我国在这方面只处于起步阶段，而发达国家经过长期的实践与发展，已建成完善的养老服务供给模式，所以研究借鉴发达国家的实践经验具有积极的现实意义。

第一节 欧洲主要国家社会化养老的多元主体供给体系

一、欧洲主要国家社会化养老供给主体多元化历史背景

（一）英国社会化养老供给主体多元化历史背景

1. 英国人口老龄化严重，社会福利激增

在英国，20 世纪初老龄人口占 4.7%，2000 年底，65 岁以上的老年人占 18%，根据数据显示，2021 年英国老年人（65 岁及以上）占总人口比重为 18.85%，人口总数为 1260 万。由此导致英国政府社会福利支出的激增，1951 年为 20.74 亿英镑，1982 年为 685.1 亿英镑，社会福利占国内生产总值的比重由 1951 年的 14.4%跃升至 1982 年的 29.4%，在 2020 年左右，英国社会福利开支占 GDP 的比例仍然高达 21.5%。因此，在经济逐渐不景气的情况下，发展社区照顾成为必然的举措。

英国社区照顾模式是英国人口老龄化和养老观念转变的产物。第二次世界大战结束之后，英国经济发展迅猛，社会财富极大增加，国家实行高福利的社会政策，为养老服务提供了巨大的财政资源。老年人可以获得免费医疗，免费入住养老机构。这一模式虽然保障了老年人的养老服务需求，但其效率和效用在 20 世纪 50 年代之后逐渐受到批评。批评人士认为个人问题应该由个人解决，老人应该留在家中养老。特别是撒切尔夫人执政之后，

推动福利改革，社区照顾成为英国老人养老的主要方式。当然，这其中的转变，除了观念因素之外，更多的是人口老龄化对财政支出的压力。

英国的社区照顾分为社区内照顾（care in the community）、由社区照顾（care by the community）和与社区一起照顾（care for the community）三种。社区内照顾是指在政府提供有关制度、法律、经费、人员支持的前提下，老年人在社区内养老机构接受专业人士的服务，如护理院、福利院、养老院、日间护理中心等。由社区照顾是政府在撤除对社区养老直接干预的前提下，由与老人有血缘关系或者道德维系的人士提供养老照料的服务，如家庭成员，家庭网间的朋友、邻居，以及社会慈善机构、爱心人士、非营利组织等。与社区一起照顾是指利用支援性社区服务辅助，使社区照顾持续下去，如日间医院、日间护理中心、家务护理、康复护理、多元化的老人社区服务中心、关怀访问、暂托服务及定期的电话慰问等。这三种方式相辅相成，互相补充，体现了英国政府在逐渐调整自己的定位，推动更多的力量参与养老服务。

2. 英国社区照顾模式优势凸显

社区照顾有较多服务措施项目，英国的社区照顾主要是通过下列服务项目实现的。①居家服务。这是对居住在自己家中，尚有部分生活能力又不能完全自理的老年人提供的服务。具体项目包括上门做饭、理发、洗澡、购物、清洁卫生、陪同去医院等。有了这些周到、全面的服务，可使行动不便、年老体弱、家中无人照顾的老年人生活在自己熟悉的社区环境中和自己家里，方便和他人沟通。从事居家养老服务的人员有政府雇员、志愿者，这些护理服务或免费或收费较低，一般收费标准由地方政府决定，在老人可以承受的范围内，老人自己支付一部分，其余部分由政府补齐。②家庭照顾。生活不能自理、卧病在床的老人在家接受子女全面照顾的养老方式。为了鼓励子女全方位照顾老人，政府规定发给在家居住、接受子女照顾的老人和在专业机构养老相同的补助，以此鼓励老人在家养老，这样就可以使家人有充足的经济实力照顾老人，而不影响家人的生活水平。③老年公寓。它的服务对象是无人照顾、有生活自理能力的老人。老年公寓通常为两居室，生活设施较齐全，电视、洗衣机、厨房、卫生间等应有尽有。老年公寓内设有紧急呼救装置，与社区的控制中心相连，一旦老人身体不舒服，只要求助紧急呼救装置，社区便可派人迅速赶到老年公寓提供救援。这类老年公寓收费较低，数量有限，申请入住的老人较多，必须经过政府从严审查，生活确有困难的低收入老人才能居住。④托老所。主要包括暂托处和老人院。暂托处是一种短期护理服务机构，专门针对子女有事外出或子女长年累月护理老人，身心不堪重负，需要放松休息而设置的。这时就可将需要照顾的老人暂时寄居到暂托处，由服务人员代为照顾。时间可以是几小时，也可以是几天，一般最长为 2 周或不超过一个月。暂托处照顾老人时间较短时不收费，但是超过 2 周者，就需要支付相应的费用。老人院则针对生活不能自理，又无人照顾的老年人而设置的专门机构。英国有许多老年人是单身或子女不在身边，当他们尚有自理能力时，可在家或在老年公寓接受护理服务，一旦完全丧失自理能力，只能入住老人院，接受集中照顾。⑤老年社区活动中心。它是由地方政府兴办，具有综合性功能的社区服务机构，是按照社区居民的人数而设置的。服务人员为政府雇员。社区活动中心的主要服务对象为 60 岁以上的老年人。老年社区活动中心为居住在本社区的老人提供社交、娱乐场所，对那些行走不方便的老人由老年社区活动中心派车接到老年社区活动中心参加相应的活动，活动结束后老年社区活动中心再派车送回。

英国是非常发达的市场经济国家，除了上述这些服务设施机构外，还有大量私营的、以营利为目的的养老服务机构。老年消费者可根据自己的经济能力和需要自由购买，但价格较高。

3. 英国社区照顾形式多样

社区照顾并不单纯强调社区居民的积极参与，也注重政府、专业机构、社区居民相互配合，最终形成为需要照顾人士提供全面性照顾的服务体系。英国社区照顾的具体形式主要有以下几类。①由地方政府出资兴办的社区服务中心。中心设有老年人服务、残疾人服务和学龄前儿童服务项目，工作人员大多是政府雇员，活动经费主要来自政府拨款，基本上属于无偿服务。②社区老年公寓。这是政府为社区内有生活自理能力但身边无人照顾的老年人提供的一种服务设施。其收费标准相当于政府发给每个老年人的养老金。③家庭照顾。这是政府为了使老年人留在社区、留在家庭而采取的一种政策措施，具体表现为由家庭成员进行照顾，政府发放适当的津贴。④短期护理暂托处。主要是为了解决因家庭成员有事外出或离家度假而不能照顾老年人、残疾人的问题。暂托处的照顾服务时间可以是几小时，也可以是几天或 2 周。⑤上门服务。这是对居住在自己家里，但生活不能完全自理的老人提供的一项服务。服务项目包括上门送餐或做饭、洗衣、洗澡、理发、打扫卫生、购物、陪同去医院等。⑥社区老人院。这是为了集中收住生活不能自理又无家庭照顾的老年人。

4. 英国社区照顾特色显著

（1）社区化。社区化也称“去机构化”，是社区照顾设计和实际操作中的一个基本概念。它的基本思路是以社区为依托，立足社区，依靠社区。政府将各种服务设施建立在社区中，服务人员在社区工作，需要照顾的老人也住在社区的家中或机构中，即从社区照顾发生的地点来看，只有两个地点：家庭和社区。同时，英国政府大力发挥社区关系网络支持社区各种服务。实际上，社区照顾的兴起正是以对患精神障碍的人出院后的继续关照为起点的。社区化有利于为老人提供服务，避免老人产生孤独感，可减少管理和执行成本，使服务更贴近社区的实际情况，消除机构化照顾的人情淡化、模式化、多层化所带来的消极影响。

（2）多样化。从英国社区照顾所提供的服务内容来看，主要有 4 项基本服务项目。第一，生活照顾，包括居家服务、家庭照顾，以及老人公寓、托老所提供的照顾等。第二，心理支持，包括治病、护理、传授养生之道等。第三，整体关怀，包括改善生活环境，调动周围资源等。第四，物质支援，包括提供食物，安装设施，减免税收等。其中每一项又包括许多小项。这些是针对需要照顾的老年人的需要而制订的，因为每个老人由于生理、心理等方面的不同，其所需要的服务也不尽相同，必须根据实际情况为老人制订适合其自身的服务。这种多样化服务方式，既可提高资源的利用效率，又可为老人提供针对性服务。依据此原则，社区照顾还发展了个案管理系统和项目管理模式，从而使社区照顾更好地为需要照顾的老人服务。

（3）官办民助。英国的社区照顾是典型的官办民助，政府在其中发挥主导作用，承担许多职能。第一，制定政策与立法。规定社会福利方面的基本原则，发表社会福利方面的白皮书，制定有关的社会立法。第二，制定具体措施，指导政策执行。为此在社区设置许多服务机构，发展社区组织去完成职能。第三，财政支持。政府虽然将社会服务方面事务下放到社区、家庭，但政府必须对这些服务给予财政支持，也就是把原来由政府承办的社会福利与服务改由政府出资，交给社区、家庭去承担。第四，监督、检查民间团体和私营机构。政府虽然把社会福利服务交给社区、民间团体等来组织，但他们的服务水平、质量，仍然要受到政府监督和检查。第五，宏观管理。对庞大的社会福利与服务体系，英国政府实施严格的宏观控制与管理，以保证社会福利事业健康有序运行。所有这一切，只有社区等民间组织而没有政府的参与是不可能办好的。

（4）以人为本。这是英国社区照顾最突出的特点。虽然许多为老年人服务的设施占地较小，但都就近就便，方便实用，功能齐全，周到细致，适用于所有老年人，而且在为老年人提供服务时，都充分征求老人的意见，不强迫老人接受既定的服务和安排。为此，还要对需要照顾的老人进行生理和心理检查，建立入住老人健康档案，针对不同情况的老人设计不同的服务康复计划。例如，对脑中风的患者，采取声、光、电复合刺激的方法帮助老人恢复记忆；对身体活动不方便的老人，制订康复计划等。

（5）专业化。英国社区照顾多由专业机构提供，照料者大多经过一定的职业培训，能够满足老人各种各样的照顾需求。同时，由于社区照顾提供的责任者是机构而非个人，照顾者和被照顾者之间存在法律上的契约关系，所以，照顾过程不会因为照顾者个人的原因而被随意改变。还有，从专业角度来看，社区照顾是在积累了多年的机构服务经验的基础上发展出来的一个新的服务概念。在社区照顾系统中，个人服务如心理辅导、机构照料如医疗服务，也大多由相关的专业人员主导策划、管理和执行，每项照料工作都有明确分工。总之，从各方面来看，专业化特征非常明显。

（二）荷兰社会化养老供给主体多元化历史背景

1. 荷兰人口深度老龄化

荷兰是世界上率先进入老龄化的发达国家之一。1950 年，荷兰 65 岁及以上老年人口占比上升至 7.7%，标志着荷兰进入老龄化国家行列。此后的 40 年，荷兰老年人数量基本上按照每 10 年增加 1 个百分点的速度上升。至 1990 年，老龄化更是呈现急剧上升的态势。荷兰中央统计局 2012 年发布的官方预测数据显示，2022 年荷兰 65 岁及以上老年人口占总人口比例上升至 20.5%，2032 年上升至 24.4%；2037 年上升至 25.8%，并达到峰值。由此可见，荷兰也面临人口老龄化的严峻挑战，作为国家干预老龄化进程的措施，荷兰积极推动养老服务。在荷兰，养老产业分为居家护理、生命公寓、失智症老人日托中心、康复中心、护理宾馆、智障老人住宅、传统护理院、高端私立养老院、适老性住宅等，但更多的老人倾向于居家护理养老，这和我国的情况有相同之处。

2. 荷兰生命公寓养老模式内容丰富

荷兰生命公寓因其先进的管理服务和舒适安全的服务设施和环境，在 2012 年通过了国际养老权威测评机构的评估，被评为世界上最好的养老模式。从此，荷兰生命公寓养老模式开始享誉全球，成为多国学习和借鉴的养老模式。荷兰是世界上人口老龄化较早的发达国家之一，于 20 世纪 60 年代左右率先进入老龄化社会。为了应对老龄化问题，荷兰社会各界也积极为老年人的养老难题建言献策，最终，在养老机构建设和服务方面，汉斯·贝克教授打造的“生命公寓”模式得到实施。该模式采用的是企业主导运营，企业拥有养老项目的经营权和主导权，政府除必要的支持外，只提供建议和指导，不参与管理。

（三）德国社会化养老供给主体多元化历史背景

在欧洲，德国是老龄化比较严重的国家之一。截至2021年，德国65岁以上的人口占总人口的比重约为21.98%，同时期日本、瑞典、英国、美国的比重分别是28.7%、20.47%、18.85%、17.04%。由此可见，德国的老龄化率在世界发达国家中处于较高水平。与此同时，家庭空巢化程度也高。这些因素推动了德国养老服务的发展。德国曾经一度采取政府包揽的制度，承担大部分资助、养老风险和责任。但随着金融危机及政府财政赤字的影响，这种模式难以为继，从而催生了社会资本的融入。德国的老年人也大多具有独立精神，习惯于独立生活，一般不会求助子女或者政府，也不喜欢去养老机构。

二、欧洲主要国家社会化养老的多元主体供给体系形成

（一）英国社区照顾模式

英国实行以社区为照料主体的养老服务。在英国，社区照顾被应用于各个服务领域，其中老年人服务是最能体现社区照顾特点的服务领域[1]。为老年人提供服务的社区照顾理念主要有两种：一是在一定规模的社区中兴建中小型的院舍设施，对无依无靠、生活不能自理的老年人进行院舍照顾，老年人可以走出院舍，进入自己生活的社区。这与传统的将院舍与老年人生活的社区隔离开来有本质的不同。二是在社区中兴建服务设施，有需要的老年人可定期来享用这些服务设施，同其他老年人聚会，政府会派交通工具接送老年人，老年人一般当日返回自己的住所。对行动不便或日常生活有困难的老年人实行上门服务，包括代买生活用品、代做饮食、清理卫生、陪同聊天。

英国的社区照顾旨在使老年人不脱离其所生活的熟悉社区环境，提供的服务涉及生活照料、物质支持、心理支持、整体关怀等方面。整体关怀体现在政府出资兴建综合性的社区活动中心，开设老年人工作室，增设一些适合老年人的工作，以帮助老年人摆脱孤独，促进心身健康。

英国的社区照顾体现了社区居家养老的发展方向。其一，以社区为依托，立足社区，依靠社区，以此聚合政府、社会、家庭等各种资源，形成居家养老的社会支持网络，服务设施建在社区，服务人员在社区工作，老人主要在社区接受服务，很好地满足了老年人对于熟悉生活环境依赖的心理。其二，以人为本，提供多样化的服务。社区建有适合老年人的设施设备，提供服务时充分征求老年人的意见，为老年人制订服务康复计划等。为此，英国的社区照顾还发展了个案管理系统和项目管理模式。其三，以政府为主导，发挥民间组织的帮助作用。政府的职责定位于制定政策与立法，制定具体措施，并指导执行，提供财政支持，监督和检查民间团体和私营机构的运行，以及进行宏观管理。其四，提供专业化的服务支持。由社区而不是个人作为提供服务的法律主体，形成规范的契约关系，能很好地保障老年人的权益。由经过培训，且考核通过的专业人员分工合作，提供综合性的服务。这些都反映了社区居家养老的发展方向，值得我国发展社区居家养老服务时参考。

从社区照顾的多元参与机制来讲，在英国，政府、非营利组织和志愿者、社区及家庭均参与到养老服务的提供中来。“政府主导与多元协作参与相结合”[2]。政府是英国社区照

顾的最高规划者和主导者，并为社区照顾提供资金和政策支持，英国的社区照顾模式以社区为基础，采取官办民助或民办官助的形式，政府通过制定相关政策法规、提供必要的资金支持和对民间非营利组织及私营机构进行监督管理来指导养老服务的具体工作。在社区照顾体系建立之初，英国政府承担了社区照顾的大部分资金来源，大部分社区照顾机构是官办的，政府出资建立大部分社区服务设施，提供社区老年公寓，建立社区服务中心等。作为市场经济高度发达的国家，英国民间组织的发育比较健全，非营利组织参与社区养老已经成为一种主要形式，可以说非营利组织在英国的社区照顾中发挥着骨干作用，政府通过国民保健服务和社区照顾法确保非营利组织对社区照顾的规范参与，政府通过委托、代理等方式将部分社区照顾服务项目给予非营利组织和志愿者组织去具体操作执行，非营利组织和志愿者组织根据与政府订立的合同契约，按照相关标准和要求为社区老年人供给服务，政府也据此对其进行监督评估。

此外，在社区照顾的资金来源方面，近年来英国的非营利组织对政府资金的依赖减少，通过社会捐赠及个别服务中的收费等方式使其资金的独立性越来越高。可以说政府与非营利组织构成了实际上的合作伙伴关系。社区照顾必须依托社区，立足社区，政府及非营利组织提供的各种服务和设施也均在社区，在社区照顾的非正式参与主体中，社区居民的参与度非常高，通过动员社区内居民及志愿者参与，政府或非营利组织对照顾提供者进行各项培训增强其专业护理的能力及发放一定的津贴，也弘扬了“我为人人，人人为我”的良好社会风气。

（二）荷兰生命公寓模式

荷兰生命公寓采用企业主导模式运营，企业拥有养老项目的经营权和主导权，政府除必要的支持外，只提供建议和指导，不参与管理[3]。在荷兰，养老服务的侧重点不在于为老年人提供治疗疾病，而是突出预防，突出老年人生活自理能力的维持和康复，注重老年人的营养与运动。他们不是让老年人长期卧床，而是帮助其保持社会交往，尽可能长地保持健康、快乐的生活，即使患病，也尽量通过专业的康复让老人重新站（坐）起来，直至身体功能衰竭，最后平静离世。注重老年生活的品质，保持快乐和活力，是荷兰养老的特点。荷兰鹿特丹的生命公寓就是荷兰养老模式的典范之作。吸引周围社区的广泛参与，营造温馨的家庭氛围，尊老、爱老、快乐生活到老的观念是其显著特色。为了吸引公众前往，营造大家庭的氛围，在生命公寓中设置超市，可以购物，甚至喂养动物，开设跳蚤市场等。

生命公寓中还创设了“主妇”的职位，作为老人的专职服务人员，负责老人的衣食住行，安排各种训练、组织各种社交。在专业人员配置上，非常注意专业化，如配置营养师、康复/激活训练师、老年医生、失智症引导师等。2012 年，生命公寓被评为世界上“最好的养老项目”之首。生命公寓模式已经成为荷兰的标准养老模式，并被日本、丹麦、新西兰、澳大利亚等发达国家竞相效仿。荷兰以“乐”“活”为特征，致力于给老人尊严，让老人享受快乐晚年生活的养老模式，值得我国借鉴。荷兰生命公寓模式主要有以下几个方面的内容。

1. 四大核心理念

四大核心理念是家族式关怀、自我管理、积极参与、肯定式文化。具体表现为以下四大特点：推崇“yes”文化；倡导“自理自主”的主人翁理念；打造“私人定制”的设施和环境；培养“公寓大家庭”意识。

（1）肯定式“yes”文化

“yes”是指最大限度满足老人的需求。生命公寓认为，老人入住公寓就是要快乐养老，因此尊重老人的生活习惯和兴趣爱好，不限制老人的自由和权利。很多事情由老人自己说了算，只要老人提出的要求对于他们的生命健康不构成威胁，公寓人员都会说“yes”。

（2）倡导“自主自理”的理念

公寓不鼓励对老人进行过度护理，而是培养老人的自理能力，并在公寓内部积极创造各种条件让老人量力而行地自理自主生活，做自己生活的主人，让老人尽可能地保持健康和积极的自理生活，这样能在生活中加强身体锻炼，延缓身体器官的衰老，公寓工作人员平时也是穿着自己的衣服，按照老人的要求定期定时照顾老人，提前与老人打好招呼，不轻易打扰老人的生活，让老人没有被“监视”的感觉。

（3）“私人定制”的设施和环境

生命公寓在建造和设计之初就强调以老人为中心的服务理念，公寓内所有设施采用无障碍设计，就是为了让老人使用方便。设施都是专门根据老人的身体、心理特点来制作的。例如，考虑台阶的高度设置、房屋的采光角度和要求，避免老人上下床发生跌倒而使用能调整高度的升降床等。同时，生命公寓可以为老人提供私人定制的生活环境，各种风格的居住环境任老人挑选。老人入住公寓时，还可以携带自己原来的生活用具，或根据自己的生活习惯和喜好改造环境等，公寓工作人员都会全力协助，只为能给老人一个独立、开心、舒适的空间，充分尊重老人的需求。

（4）“公寓大家庭”意识

培养“公寓大家庭”意识的本质是要让老人在公寓中有社交和被关怀的感觉，让他们把公寓视为一个大家庭。这种大家庭意识能够形成，得益于生命公寓从选址到内部设计建设都充分考虑到老年人的生理和心理特点。生命公寓大多建造在社区附近或由社区里的一些建筑改造而成，且对社区居民开放，人们可以自由进出公寓和社区，享受公寓和社区内方便的基础设施和公共环境，可以一起会面、交谈、散步或聚会等，这使老人的融入感大大增强。对于生命公寓的老人而言，在公寓的养老生活或许与家里区别不大。这里的医护服务人员都穿着便装，周围社区居民及子女随时可以入内，甚至自己可以从事公寓内的简单事务。工作人员会把自己当作家人，而身边也都是和自己一样的公寓大家庭成员，互相尊重与友爱相处让老人觉得轻松自由，不再孤单也不再觉得自己被社会或家庭遗弃。

2. 独特的混住模式

生命公寓会根据老人的身体状况，分为完全自理、半自理和失能三个区域。机构每天会派专车接送周边居家老人到公寓进行日间照料，让他们与其他老人互动、交流、娱乐，在给居家老人带来快乐的同时也帮助家里的年轻人解决了没有精力照顾老人的困境，而公寓内的自理老人也可以帮助照料不能自理的老人，让老人感受到自己的价值。

不得不说，生命公寓的养老模式在最大程度上给予老人自由，因此老人的满意度很高。但是此类自由的照护方式，也存在一些风险，结合我国的实际情况来讲，家属及老人或许更加关心老人的安全、日常防护和监管。因此，借鉴和探究其可行性必须建立在防护等生命安全的基础上。生命公寓的养老模式还可以通过融合现代信息技术来提升养老能力。例如，智能养老穿戴设备与养老管理平台对接，可以实时监测老人的心率、血压、定位等信息；智能养老设备还可以及时提醒老人用药等，实时跟踪记录老人的健康状况，同步上传健康数据到居家养老系统归档管理，多方面保障老人居家安全；并为老人提供上门做饭、送餐上门、居家清洁、洗涤衣服、物品整理、洗头洗澡、协助行走、陪伴外出等生活照料服务，在给予老人需要的尊重与自由的同时，可以完美满足老人服务需求。

另外，打造养老信息平台，实现老人与子女、服务机构、医护人员的信息交互，对老人的身体状态、安全情况和日常活动进行有效监控，让更多特殊老年群体真正享受到老有所养、老有所乐。

（三）德国同居模式

相比较而言，德国人更喜欢寻求互助，"同居式"养老，甚至是多代同居模式，是德国人比较热衷的养老方式。所谓"同居式"养老，是指单身的老人结伴而居。他们生活在同一房子里，但平时各自做饭，定期聚餐，生活上相互照顾，经常组织外出旅游。一般会拟定同居规则，界定彼此的义务，如收拾房间、打扫卫生等。近年来，亦有年轻人与老人同居。因为德国的房租很贵，年轻人为了减轻经济压力愿意与老人同住。老人也愿意把房子低价租给或者免费提供给年轻人，但前提是年轻人必须承担照顾老年人的部分义务，如外出采购、打扫花园、陪老人聊天等。由此可见，"同居式"养老可以在一定程度上实现同居者的资源互补和利益交换，满足老年人的精神需求，还可以节约费用。"多代居"是同居式养老的新形式，参与同居的不仅限于具有血缘关系的几代人，更多的是非血缘关系下的多代人同居的互助生活模式。此模式早在20世纪80年代便有民间项目开始尝试，目前在德国已经正式建造有500个有官方登记的"多代居"，仅柏林就有超过100个此类项目。"多代居"由数位老人共同出资，入住"多代居"的人员的权利和义务受到法律的保护；具有充分的选择权，包括进入和退出，以及选择与谁同住。其居住户型设计贴合住户需求，能满足不同年龄段住户的需要；且配置有公共生活互动空间，利于互助交流。

德国同居式养老打破了血缘家庭的界限，使老年人重新融入社会之中。因为有了自己的生活，老人再不用在房子里等待子女来看望。特别是"多代居"的模式，重新建立了老人与年轻人、小孩的联系，一方面可以发挥老年人的社会教化作用，可以潜移默化影响年轻人的世界观、价值观，实现文化的传承；另一方面也增强了老年人生活的活力，年轻人新的思想、观念和技能会使老年人保持一种年轻的心态。如今，"让我们同居吧"已经成了德国老人的潮流。借助德国的同居式养老模式，结合我国孝亲养老的观念，能有效地弥补我国老年人的心理裂缝，但考虑我国本土观念，可以为我国社区居家养老创新提供新的思路：应提倡有需求的老年人彼此互助，探索中国的"同居式"养老。

第二节　日本社会化养老的多元主体供给体系

一、日本社会化养老供给主体多元化的历史背景

（一）人口老龄化的冲击

在世界发达国家中，日本可谓是最晚进入老龄化社会的国家，但目前已经成为老龄化

程度最为严重的国家，且同时受着少子化的夹击。日本步入老龄化社会大概是20世纪70年代，当时日本65岁以上人口的比例为7.1%，1994年，这个比例上升到14%，已经进入重度老龄社会；2005年，该比例攀升至20.2%，进入超老龄社会；2014年升至26%，2021年达到28.7%。这个上升速度比德国、英国、美国都要快得多。预计日本老龄化率会不断创新高：2035年将达到33.4%，2060年更是达到39.9%。与此同时，生育人口（15~64岁）在日本出现一路下滑的态势。1995年曾经达到8728万人的峰值，2013年降至7901万。据日本厚生劳动省预测，2027年生育人口将下滑至7000万人以下，2026年将下滑至4418万人。

（二）政府高度重视

在老龄化和少子化的双重冲击下，日本政府非常重视推动养老服务的发展。20世纪60年代，日本政府在全国建立了约3100处用于健康恢复的养老设施，3700处用于老年疗养的医疗设施，65岁以上的老人可以随时入住，其工作重点主要放在机构养老上。进入20世纪70年代，随着老龄化的加剧，社会对机构养老的需要剧增，而现实的机构养老资源非常有限。日本政府不得不借助社区的力量、社会的资源，突出家庭的支持，发展社区居家养老成为势在必行的选择。就这方面而言，日本以完善的政策、法律体系为社区居家养老服务提供保障的经验，值得借鉴。

（三）多元化养老服务体系逐渐健全

受儒家文化的影响，日本形成了以家庭服务为主，市场服务为辅的养老服务体系。首先，在日本，对于需要护理的老人，一般以家庭或亲属护理为前提，公共福利服务和市场化服务仅为补充。其次，日本社区照顾以“管理员—专业工作人员—照顾员”为工作体系，其中专业工作人员和照顾员大部分是志愿者，他们提供老年服务福利院护理、家庭访问护理和老年保健咨询服务。最后，日本针对老年人的医疗保障制度提出了介护保险。介护保险是从生活服务上保障老年人的生活质量。为了满足老年人的需求，日本政府鼓励民间企业和私人投资老年服务企业，为老年人提供必要的生活服务，并运用市场机制的竞争原则，由需要介护者选择。从日本养老服务方式可以看出，家庭是养老的载体，社会共同服务是养老的内涵，以家庭为基础的多元化养老服务形式逐渐成为日本养老的趋势。

（四）颁布了一系列养老服务方面的法律

一是在《老人福利法》的基础上，颁布了《老人保健法》，确保老人的合法权益。《老人福利法》是1963年颁布的，有“老人宪章”的誉称，从国家层面布局养老问题，强调养老是社会的责任。1982年，日本政府又颁布了《老人保健法》，从普通大众的健康保险体系中，把老人的医疗保健独立出来，增加国家、保险机构的医疗费分担比例。二是制定《推进高龄者保健福利十年战略计划》，构建以居家养老为主的多样化服务体系。之所以推出此项计划，是因为机构养老无法在精神上给予老人更好的慰藉；1989年推出“黄金计划”，该计划以居家养老、居家看护为主。日本政府于1994年对黄金计划进行了修改完善，形成了日本特有的社区居家养老服务体系，为满足老年人的精神需要提供制度保障。三是推出《护理保险法》，有效缓解资金来源的难题。黄金计划主要是解决老年人居家养老的护理难题，然而这一切需要强大的资金支持。而单独依靠政府显然无力为继。在这种形势下，2000 年日本政府推出《护理保险法》，护理保险范围是 40 岁以上的被保险人，政府承担其中资金来源的 50%，个人部分根据年龄所付的比例有所不同，且在年金或工资中扣除。《护理保险法》较好地解决了老年人居家日常生活的照料和护理。与此同时，整合原来的老年人福利制度和医疗保险制度，形成日本特有的以“年金—医疗—护理”为核心的养老服务体系，促进日本居家养老服务体系的完善。

除此之外，日本政府还出台了《社会福利士及看护福利士法》《福利人才确保法》《关于社会福利服务基础结构改革》等。这些政策和法律有效地促进了各种医疗保健资源，以及专业人才的集中。在日本，经常开展的居家养老服务有日托服务、上门服务、短托服务、长期服务及保健咨询指导服务等。日本在社区居家养老服务提供的过程中非常重视法律法规的重要性，先后出台多项政策用以保证社区居家养老事业的稳步发展，值得我国借鉴。

二、日本社会化养老的多元主体供给体系的形成

通过考察梳理日本社会化养老的发展历程和经验，我们可以看出，随着老年人口不断增长、家庭结构呈现核心化和小型化趋势及其老年人需求的多样性，这些因素使得日本家庭传统的养老功能日益弱化。为了适应这一变化的趋势，1997 年，日本通过看护保险制度法案，旨在通过社会保险来共同支持老年人护理所需要的设施、服务费用，日本于 2000 年 4 月 1 日开始实施看护保险制度[4]。

（一）日本介护保险制度

这一制度将养老问题纳入了社会保障制度的范畴，并以保险的形式解决了财源问题。最为主要的是，介护保险制度在提高护理服务的基础上，允许了民间盈利团体为老年人提供护理服务。并引进了竞争机制，提供了多样化的服务，扩大了服务内容，进一步推动了养老服务产业的快速发展。日本介护保险制度下的居家养老照护服务企业的运作模式一般采取的是连锁经营的形式，在社区内会设置相应的居家养老照护服务企业的服务站点，以便更好地为居家老人提供便利优质的居家养老照护服务。服务内容也主要是针对老年人的医疗保健护理方面的照护服务，为老年人提供基本的医疗照护护理、慢性病的护理、重病的护理、看护护理和保健康复方面的护理等。老年人支付照护服务的资金一部分是看护保险所支付的保险金，还有部分需要老年人自行支付。

（二）养老服务相关政策措施的出台

在日本居家养老照护服务产业发展过程中，政府的政策起了很大的作用。日本政府根据老年人的不同服务需求及本国养老服务产业的发展特点，适时地出台了相应的政策措施，日本的老年照护服务发展经验对尚处于发展初期的我国养老服务产业来说具有一定的借鉴意义，日本的养老服务产业之所以在 20 世纪八九十年代得到较大发展，除了内在动力和需求机制外，产业政策发挥了重要作用。20 世纪 60 年代，高龄者福祉政策开始实施。1963 年颁布了第一部高龄者福利的专门立法——《老人福利法》。该法着重推行养老的社会化，并开始成立“老人之家”等养护福利机构，建立老年人定期体检制度，向老年人家庭派遣服务员（home help）等。1989 年大藏、厚生、自治三省大臣达成协议，共同出台

了老年人对策紧急计划——《高龄者保健福利推进 10 年战略》即黄金计划，对老人福祉设施的建设增量增速，并推进了居家养老的服务系统。同时 1987 年制定了《社会福利士及看护福利士法》，为 21 世纪社会福利人才的培养及提高人才的素质奠定了重要基础。

20 世纪 90 年代，大力推进黄金计划，并不断调整福利政策，明确居家照护政策、充实服务，日本正式通过《护理保险法》。2000 年护理保险制度正式施行，并在 2006 年后对此制度进行了完善和改革：①明确“地域支援事业”的地位；②大力提倡地方、居家、预防三点，相应地也缩减了给予养老设施部分的福利。③建立新的养老服务体系规范，将整个服务体系进行了标准化和规范化。

（三）小型企业的进入

20 世纪七八十年代以来，日本开始进入老龄化社会。老年人口数量的不断增加，随之带来的是老年人需求在不断增多，从而使一直以来由政府部门承担的社会福利事业已经不能满足日益增长的老年人需求。于是在这种情况下，一些中小型企业开始进入到养老服务市场。日本政府为了制定养老服务的行业标准和老年服务市场规范，保障老年人享受养老服务的合法权益，同时也是为了推动日本老年福利事业的社会化和市场化进程。日本的老龄商务发展协会制定了老龄商务伦理纲领，加强老年护理服务行业和企业的自律，很快又建立了银色标志制度，并成立了银色标志认证委员会，并且开始对符合相应条件的社会养老机构进行了认证。

第三节　美国社会化养老的多元主体供给体系

一、美国社会化养老供给主体多元化的历史背景

（一）人口老龄化严重

20 世纪 60 年代末美国进入老龄社会，截至 2002 年，60 岁及以上的老年人口比重已占美国总人口的 16%。截至 2021 年，美国 60 岁以上的人口所占比例为 20.56%，65 岁以上人口所占比例为 14.64%。和欧洲各国相比，美国的人口老龄化程度并不严重。不过美国的数据已经达到国际标准的 2 倍。虽然美国是世界上经济最发达的国家，但人口老龄化问题也是越来越严重。因此，人口老龄化严重是开展多元化社会化养老供给主体的基础。

（二）政策制度日趋完善

美国自 1935 年实施社会福利政策以来，养老服务得到了很大的发展。美国的养老服务主要以政府和民间机构为提供主体来满足老年人的需要。美国的养老服务内容主要包括三方面：一是社会保险。美国法律规定，凡交纳社会保险税，年满 65 岁的公民都可以享受养老退休金。这项退休保险是强制性的，雇主和雇员共同投保，从雇员的工资中扣除。二是针对 65 岁以上的老年人的医疗照顾计划保险。这个保险分两部分，第一部分主要用于支付住院等重病治疗费用，第二部分是第一部分的补充，包括医生诊疗费等。三是医疗援助计划，由联邦和州政府共同资助，各州具体负责实施。这项计划主要针对低收入者，

没有年龄限制。另外，美国还在许多街区设立了官办民助的福利机构老年人活动中心，为老年人提供丰富多彩的业余活动。

（三）美国养老法制较为健全

从 20 世纪 30 年代罗斯福新政起，美国建立了一套关于养老事业的法律和制度体系。1935 年美国国会通过了《社会保障法》，1965 年颁布《老年人法案》，1974 年出台《社会福利法案》，此后政府还出台了《医疗保障法》和《健康照顾计划》，各州也出台了老年人监护法。为了老年人能够更好地享受社区养老，还在土地使用、交通出行、住房供给等方面强化了法规与扶持。

（四）美国社区养老功能强大

在美国，居家养老也是一种主要的养老方式。然而，美国人对“家”的理解，不在于房子的产权，或者是否与家人同住，“家”更多的是可以安身的房子。因而，美国式的居家养老，很多是老人在退休之后，搬离原来的住所，而住到有养老服务配套设施的社区公寓或护理院，接受居家的养老式服务。这种观念有助于拓展我国国民对居家养老的认识。美国养老社区可以追溯到殖民地时期的社会慈善机构，从最初收容照顾鳏寡孤独的人和穷困水手，到现代化的养老服务社区，满足美国人退休后三四十年的晚年幸福生活需求。

美国养老社区的发展，也是源于人口老龄化的压力。在第二次世界大战之前，老年人的数量和比重还很有限，因而老年社区建设没有受到重视。1945 年美国老年人口首次突破千万人大关，比例达到 7%，标志着美国进入老龄化社会。由此带来很多的社会问题。据 1960 年的人口统计，在 60 岁以上的老年人中，有 1/4 的人居无定所，剩余老年人中有 30% 居住条件非常恶劣，甚至无法居住，这种情况引起政府和社会的关注。19 世纪后期，恰逢美国经济繁荣，政府财力充足，加之养老地产潮的推动，使得养老社区的发展进入繁荣阶段。例如，1954 年开发建设的杨格镇（Youngtown）养老社区，20 世纪 60 年代开始兴建的“太阳城”养老社区，都是典范之作。特别是前者开创了美国养老社区有年龄准入限制的传统。美国养老社区细分化的特点非常突出，由此可以为老年人提供多样化的居家养老服务。

（五）美国社区养老功能细分精准

1. 年龄定位

美国养老社区可分为：①服务 55 岁以上较为年轻的老年人的养老社区，主要是提供休闲生活服务，如“养老新镇”“养老村落”“养老营地”等。这些养老社区的体育、娱乐设施良好，高尔夫球场是标配之一。②服务高龄人群的养老社区，侧重医疗保健服务，如集合式老年公寓、持续性照护养老社区等。一般配备专业性的医疗护理设施设备，以及适合老年人的建筑设计和生活设施布置，最大限度地实现通行无障碍。

2. 医疗护理

美国的养老社区分为生活自理型、生活协助型、特殊护理型和持续照护型。这些养老社区提供的照护内容和护理程度逐级加深。为了保证医疗护理服务的标准，美国联邦政府对养老社区的开设和运营进行了严格的规定，要求除生活自理型社区之外，其他养老社区的开办必须经过政府的授权。政府对养老社区与专业护理机构的合作，医疗服务的质量和水准有严格的监管。不同类型的养老社区，形成适应老年人身体发展状态的不同服务链。老人可以根据自己的身体状况，选择合适的养老社区，在各种类型养老社区可进行搬迁，从而全过程地满足老年人养老的需求。

3. 居民构成

美国的养老社区形成按照兴趣进行分化的特色。运动爱好者、园艺爱好者、文艺爱好者、马术爱好者，甚至退休教师、退伍军人等都可以找到符合自己兴趣爱好的养老社区进行居住。近年来，在高校附近还出现一些校园附属养老社区，借助高校设施和文化氛围吸引具有文化爱好的老年人群入住。

4. 服务内容

美国的养老社区能提供多种形式的服务，包括：①全托制的“退休之家”，负责出行安排、打扫房间、就餐、组织活动等；②日托制的“托老中心”，老人入住期间一日三餐不用操心，还可以做自己想做的事，如制作手工艺品、阅读、交往等；③组织“互助养老”，推动老年人结伴、互助养老；④提供上门服务，家庭护理员上门照顾孤独老人、伤残人士、长期病患者等。美国养老社区的分化，为满足老年人居家养老多层次、多样化的服务提供了保障，使得美国居家养老享有世界“品质养老”典范的称誉。诚然，在居家养老的理解上，中国与美国是不一样，但美国细分化的养老服务值得借鉴。

二、美国社会化养老的多元主体供给体系的形成

（一）企业承办，商业运营，政府监督

美国的社会化养老是由企业承办，采取商业运营的方式，由政府监督。美国政府对老年人实施全面医疗照顾。1981 年美国政府开始推行社区服务计划，通过医疗服务的手段为符合条件的老年人提供家庭护理服务。在美国，居家养老服务供应方行政隶属于州高龄化政策室和社区高龄化事务所，从而形成了自下而上发展的社区自治模式。1997 年美国颁布《平衡预算法案》，通过 PACE（Program of All-inclusive Care for the Elderly，中文译为“长者护理全包计划”），为弱势的老年人提供长期的服务与照顾。PACE 模式是美国的一个针对老年人的医疗护理救助项目，它的对象是需要护理院级别的照顾但能够在社区生活的老年人。在医疗保障方面，美国政府只对老年人提供医疗保险，专门针对 60 岁及以上老年人的医疗项目。PACE 是在老年医疗保险基础上发展起来的，规定参加者必须在 55 岁以上，并且居住在 PACE 服务区内，被州政府的相关机构鉴定为体弱多病，符合入住护理院的老人。商业运营、政府监督、企业承办的特点：一是适合到护理院居住的老年客户可以选择在社区里接受长期的照顾服务；二是通过多种学科的专家组成的团队来进行个案管理服务；三是整合成人日常健康中心提供的各种医疗服务。PACE 主要解决了慢性病老年人需要长期照顾的困难，为他们提供长期有效的医疗照护服务，这项计划使那些体弱多病的老年人可以居住在自己的社区，尽可能保持生理和心理健康，同时使他们能保持一种独立、有尊严、有质量的生活状态。

（二）居家照护服务

在为老年人提供医疗保险服务的基础上，美国政府在社区内为老年人提供一系列的居家养老照护服务。资金来源主要是医疗保险和医疗救助每个月给符合条件的老年人所支付的救助资金。符合医疗保险条件，但不符合医疗救助条件的参加者自行支付服务费中的差额部分。社区内居家养老照护服务项目一部分是政府提供的免费照护服务，收费的照护服务项目由个人付款或在各种保险计划中支付。以医疗保险为基础的服务内容项目，为老年人提供了一个全方位的照护服务计划，并且为老年人提供了所有相关医疗照护服务，其中包括初级医疗照顾、看护服务、急性照顾服务、住院治疗、护理院照顾等，以及对老年人提供的预防性的、恢复性的、治愈性的和护理性的照护服务。项目以外，美国的社区居家养老服务内容非常丰富，服务内容涵盖很多方面，包括个人照料、杂务服务、家庭健康扶助、病历管理、成人日间照顾等项目。在社区内不仅设立了家庭保健中心，为在自己家中居住的老年人提供一些简单的日常生活及护理方面的服务，而且还设立了老人活动中心，活动中心除提供养老午餐外，还组织文化娱乐、教育旅游等休闲活动。政府还为在社区内居住的居家老人安装电子应急系统，用于处理老年人突发的紧急情况。

（三）美国家庭护理员制度

美国家庭护理员制度支持了居家养老模式，真正有品质、有保障的养老必须做到物质保障、照料保障、医护保障和精神保障“四位一体”。家庭护理员介于家政服务员与专业护士之间，主要工作就是照顾住在家里或住宅式护理中心的孤独老人、伤残人士、长期患病者等。例如，在纽约每个区都设有一个护理中心，护理员由该中心管理、调配。护理中心根据老年人的健康状况与自理能力，决定护理员在服务对象家的工作天数。一般情况下，老年人健康情况尚好，又有自理能力的，每周安排 3 天，护理员每天上班 8~12 小时；如果出现急病或意外伤害，护理中心会调整护理员工作的天数；对于健康情况不佳、又没有自理能力的老年人，每天均有护理员陪伴在他们身边。每天护理员到达服务对象家上班时，即在那里打电话向护理中心报到，说明已经到达服务对象家。同时护理中心的管理人员还经常到服务对象家了解护理员的表现，并征求服务对象对护理员与护理工作的意见与建议，对于业绩好的护理员及时予以表扬与奖励，对于表现差的护理员给予适当的批评、教育或处罚。护理员工资一般为每小时 6~12 美元，工资由护理中心支付，服务对象不需要付费。

（四）美国养老社区类型多样

在美国，养老社区一般分为四类：生活自理型社区、生活协助型社区、特殊护理社区，以及持续护理退休社区。一般地，社区与医院和专业护理机构均有紧密合作。其中，生活自理型社区主要面向年龄在 70~80 岁、生活能够自理的老人。生活协助型社区主要面向 80 岁以上、没有重大疾病，但生活需要照顾的老人。社区提供包括餐饮、娱乐、保洁、维修、应急、短途交通、定期体检等基础服务，并可通过付费方式享受其他生活辅助服务和用药管理及阿尔茨海默病（老年痴呆症或老年失智症）的特殊护理。特殊护理型社区主要面向有慢性疾病的老年人、术后恢复期的老年人及记忆功能障碍的老年人。社区内设有专业护士，提供各种护理和医疗服务。持续护理退休社区面向那些退休不久、生活能够自理、但不想由于未来生活自理能力的下降而被迫频繁更换居所的老年人。为了实现对入住老年人的持续护理服务，此类社区一般是生活自理单元、生活协助单元与特殊护理单元混合。

养老社区的四种模式，生活协助型社区在过去几年发展最快。目前，全美共有1900处持续护理退休社区，但82%为非营利性组织所有，其中，相当一部分是从传统养老院转型而来的。对于营利性的养老社区运营商来说，生活协助型社区的占比通常在50%以上，而持续护理退休社区占比一般不到10%。

第四节 发达国家社会化养老多元主体供给经验的启示

通过梳理英国的社区照顾模式、日本的护理保险制度、美国的细分化社区建设、荷兰生命公寓模式和德国的同居式养老模式，我们可以看出，在养老服务供给过程中，社会中各个主体都应当发挥其特有优势，承担相应的权责，才能平衡养老服务供给主体的利益。西方发达国家养老服务多元供给主体协同发展模式为我国今后养老服务主体的建设和发展提供了诸多可借鉴的经验。

（一）政府主导下的社会化和市场化

从西方发达国家的实践经验出发，我们可以看出政府已经跳出养老服务供给的圈子，由服务的直接供给角色转换为服务的购买者和监督管理者。一方面，政府在养老服务供给过程中发挥主导作用的前提与基础上，通过制定法规政策规范养老服务供给制度，使其不断制度化、规范化，在供给过程中能够有法可依；另一方面，通过监管等方式，在养老服务供给市场出现不合理之时，能够通过行政手段进行规范、引导，而不是直接参与到服务的供给过程中，这样能减轻政府的负担，也提高了养老服务供给的质量水平。最后，通过购买服务的方式，在养老服务供给市场中引入竞争机制，能很好地激励企业、社会组织不断优化自身提供养老服务的能力，使老年人享受到更优质的服务。政府的职能决定了政府必须在社会化养老服务中承担其应承担的责任和义务，养老服务的社会化和市场化都是以政府居于主导地位为基础。但是，治理理论中的多中心主义是以政府与民间组织的合作伙伴关系为基础。从发达国家和地区养老服务社会化的实践经验来看，政府已经从过去养老服务的直接生产和供给者逐渐转变为养老服务的购买者和监督者，政府在社区养老服务体系中主要起政策的制定和推动、资金的支持、监督管理及资源整合的作用。另外，政府与非营利组织的合作伙伴关系也增强了社会组织参与养老服务业的积极性、主动性，同时也体现了社会福利事业社会办旳理念。

（二）推动养老服务机构市场化发展

市场化运作在西方社会由来已久，鼓励商业性质的养老服务机构发展意味着将市场运作引入城市养老服务供给之中，通过借助市场的力量，老年人能够享受到更加高水平、高效率的养老服务。从日本的护理保险制度可以看出，在改革之前，日本本国福利服务是由地方政府经批准后经营供给，在护理保险制度推出后，市场中的营利性组织、私人企业等都可提供老年护理服务，这样不仅使服务供给主体多样化，能够满足日益增长的养老服务需求，还可使老年人有更多可供选择的项目。

（三）非营利组织广泛参与

福利多元主义不仅要求在提供养老服务供给时需要引入市场角色，还要求政府部门来主导福利服务的配置，以便改善政府烦琐冗杂的福利供给过程，把福利服务供给的成本降低，并提升服务的质量。“福利多元主义强调国家并非是福利的唯一提供者，应引导非营利组织提供养老服务”[5]。从西方发达国家的养老服务改革进程中我们可以看出，将社区养老服务的供给权力化及管理责权下放给社区或非营利组织，能够有效缓解并降低政府的管理压力和财政压力。由于非营利组织的志愿性和非营利性，与市场机制不同，它通过扩大养老服务的社会参与程度，为养老服务供给注入了更多新鲜的血液，能更好地满足老年人多样化的需求并与政府形成良好的伙伴关系。西方社会福利的发展在福利多元主义和多中心治理理论的影响下，逐步走上了混合型福利供给的道路，非营利组织在养老服务领域发挥着举足轻重的作用。由于发达国家民间组织的发展时间较长、规模较大、发育健全且专业化程度较高，目前发达国家的很多民间非营利组织都承担着社区养老服务的具体实施工作，政府与非营利组织之间也形成了良好的合作伙伴关系，部分社区养老服务通过外包给一些非营利组织，不仅缓解了政府压力，提高了服务供给效率，而且也满足了老年人日益多样化和多层次化的养老服务需求，进一步扩大了社区养老服务的社会参与力度，也为社区养老服务注入了新的活力。

（四）长期稳定和专业化的服务队伍

无论是东方还是西方，养老服务供给的原则之一是要求以人为本，因此拥有一支稳定且专业的服务人才队伍十分重要。“专业化的人才队伍能提高养老服务供给的高效性和靶向性，形成促进养老服务高质量供给的循环驱动力”[6]。发达国家志愿组织发展起步早，机构建设较为完善，因此形成了较为稳定和专业的养老服务队伍。由于发展时间长，国外的各类志愿活动有广泛的群众基础，因而能够不断吸引新的志愿者参与到养老服务事业中。国外政府十分重视社会养老服务专业人才的培养，很多大学设置了社会工作相关专业，为社会养老服务培养具有专业素养的从业人员，使社会对于养老服务人才的需求得到满足。因此，加强从业服务人员的专业性与稳定性对于我国发展社会化养老服务具有十分重要的借鉴意义。人才队伍建设是社区养老发展体系实施的基础，西方发达国家十分重视建构社会服务的专业人才体系，并为社区养老服务的开展提供了强大的专业支持。人口老龄化和高龄化的发展，老年人身体机能下降，使得有特殊专业护理需求的老人越来越多。从国外社区养老和社区照顾的经验可以看出，专业素质高、知识技能水平强的养老服务专业护理人员是保证高质量高水平的社区养老服务的前提，在整个社区养老中，专业化的服务贯穿始终。发达国家也历来重视对养老服务从业人员队伍的规范和培养，在对养老服务人员的专业培训、技能培训、从业资格和考核等方面都有严格规定，同时大学开设社会工作专业，为本地的社区养老工作培养了大批高素质、专业化的人才。众所周知，中国香港的社工制度是非常发达的，香港对社工有一套规范的注册、职级评定及晋升制度，目前香港万余名注册社工中，有约 1/2 以上在民间组织中工作。除此之外，发达国家庞大的志愿者群体组织也带动了社区养老服务工作的开展，志愿者的参与也为社区养老带来更多的生机和活力。国外志愿者机构发展历史较长，志愿者组织也形成了长期稳定的服务队伍，并不断吸引着新志愿者的加入。目前我国的社区养老服务中，建立社区养老服务人才体系，造就一支专业化、职业化的社区老年服务人才队伍显得尤为迫切。

（五）健全规范的养老服务法规体系

进入 21 世纪后，全球“银发”浪潮席卷而来，原有的养老服务供给体系已赶不上老年人日益增长的福利需求。发达国家和地区逐渐引入了多元化供给主体的养老服务方式，推动了养老服务多元供给主体的普及，其经验和基本做法借鉴如下。首先，从政府的角度看，一方面，作为“公益人”的政府应为老年人提供最基本的公共服务，保证老年人的基本生活照料；另一方面，政府应从政策上给予民间机构和私人力量以充分的发展空间，以弥补老年人服务需求的不足。同时要建立和完善各项管理和监督标准，引导社会力量向健康的方向发展，保证养老服务发展的顺利成长。在这方面，中国香港和美国的经验值得我们借鉴。其次，从老年人本身的需要来看，以家庭养老为载体，在老年人居住的社区为老年人提供服务，既满足了老年人落叶归根的心理需求，又照顾了老年人的身体状况，让生活半自理、完全不能自理的老年人也有机会享受到生活照料和精神慰藉，体现了一种人文主义的关怀。因此，英国式的社区照顾模式就成为我们借鉴的模板。最后，从经济的负担来看，老年人的增长超过了现有政府的负担能力，致使政府无法满足老年人增长的需求。为了分担政府的负担，缓解养老服务资源供需紧张，在政府的主导下，日本、中国香港都引入了市场化的竞争机制，为老年人提供可供选择的必要的生活服务。

发达国家和地区的社区养老服务实践均非常重视与社区养老服务相配套的立法工作。从英国和中国香港的经验来看，推行的各种社区养老制度都是以完善的立法为保证，有了法律的保驾护航才能走上制度化和规范化的道路。英国政府就多次颁布相关的政策法令确保社区照顾在养老服务中的法律地位，如《社区照顾白皮书》《国家健康服务与社区照顾法令》等。此外，美国也为老年群体建立了专门的立法保障体系，自 20 世纪 30 年代至今，美国政府已出台了多部与老年人相关的法律。大体可分为两类：一是“普遍适用性”的法律条款，即凡是达到法定年龄的老人均可享受规定的各项权利；二是“选择适用性”条款，这是特殊老年群体才能享受到的权利。因此，“立法先行”仍旧是老年人养老保障中不可动摇的基本原则。

（六）进一步完善我国老年人养老保障体系

首先要完善我国老年人养老保障体系。日本和美国进入老龄化社会时的社会保障体制已相当完善，而且发达国家进入老龄化社会时，其国内的经济水平已经很高，人们的收入也相当可观，已经是“人未老，国先富”的状态。而我国则是“人先老，国未富”的状态，所以要应对老龄化，发展居家养老照护产业，必须先完善养老保障体系。其次要加强政府对居家养老照护服务产业的政策支持。借鉴日本养老产业的发展经验以及结合我国的现实国情，不管是政府办的居家养老照护服务还是企业办的居家养老照护服务产业都需要政府政策及法律法规的引导。政府着重在观念引导、政策制定和监督方面发挥作用。在我国居家养老照护服务产业发展初期，最关键的是发挥好政府的主导作用，政府应该制定发展规划，出台扶持政策，落实财政资助，进行协调监管等。政府相关优惠政策对建立市场规范和产业标准，保障老年人合法权益，推动居家养老照护服务产业化运行有促进和“灯塔”的作用。最后要加强对居家养老照护服务产业化的发展，从国外养老产业的发展过程来看，养老不是社会的负担，并且居家养老照护产业还孕育着巨大的商机。它不仅是一项社会福利事业，还是一项极有发展前景的新兴产业。从美国和日本居家养老照护服务产业的发展来看，老年人的护理保险制度的发展对促进养老产业的发展有很大的促进作用。

（七）大力发展长期护理保险制度

长期护理保险制度是健康保险的一种，是一种当被保险人由于年老患病、伤残或身故，以及失去生活自理能力时，侧重于提供经济补偿和护理服务保障的制度。长期护理保险主要是承担老年人家庭护理等费用。长期护理保险制度的建立有助于推进养老服务事业的发展和保障失能人员基本生活权益。提高失能人员保障能力，探索建立长期护理保险制度。一是做好长期护理保险顶层设计，适时建立长期护理保险框架和制度体系，重点解决重度失能人员基本护理保障需求，促进长期护理保险制度可持续发展。要明确各级政府为推进的主体，建立起党委领导、政府主导、部门联动、社会参与、齐抓共管的工作机制，形成合力。二是在国家层面加快长期护理保险制度作为法定“第六险”的立法进程，并且将它纳入正在制定的医疗保障法的重要立法内容，实现长期护理保险制度推进有法可依。三是建立筹资机制，由财政部门牵头，建立起财政各相关部门资金统筹、社会慈善资金捐赠和个人缴费相结合的多元化筹资机制，彻底破解目前仅由医疗保障部门推动和过度依赖医保基金进行推动的窘境。明确保障范围，建议参照国家待遇保障清单，研究制定长期护理保险待遇清单，厘清与医疗照护家政服务的边界，明确可支付和不可支付的范围。四是加强监督监管，对资金筹措、资金支付进行监督监管，提供服务的机构和评估机构都需要监督监管，确保长期护理保险制度真正成为中国特色医疗保障制度体系当中又一张民生新名片。

总之，我国的养老服务体系还处于规划与构建期，但是为了保证养老服务体系的顺利成长，借鉴发达国家和地区的经验，养老服务供给主体多元化已经成为一种必然趋势。我国目前不具备日本和美国的社会经济条件，假如单纯地依靠市场商业化的模式来运作老年照护服务，那么我国能真正享受到照护服务的老年人少之又少。所以单纯地依靠市场、企业来运作的养老模式在我国是行不通的。要使我国的老年人能真正享受到各项养老保障，实现真正意义上的老有所养，就必须整合国内的优势资源，依靠政府、社会和家庭，共同分摊养老成本。在结合我国的实际情况，并借鉴日本、美国等发达国家经验的基础上，规避国外养老存在的一些弊端，就会形成一种新兴的养老产业模式。这种模式主要借助政府和社会养老保障体系等各方面力量，把市场、社会、企业和家庭等各个方面的资源整合在一起，为老年人提供优质和低成本的养老照护服务。我国目前的市场经济发展的需求及我国人口老龄化日益严峻的发展趋势，决定了我国的养老产业的发展必须是融合多种优势资源，才能使我国居家养老照护产业规模化运行，才能更有力地促进经济的发展，并提升我国的养老水平，才能真正意义上实现我国老年人“老有所养，老有所乐”的根本目标。

综上所述，西方和亚洲发达地区在社区养老服务社会化探索上也经历了一个长期的历程，多样化的社区养老服务供给模式、多元化的社区服务供给主体、配套完善的制度法规体系和专业化的服务队伍等都为优质社区养老服务的提供建立了良好的制度和机制保障。

发达国家和地区在社区养老方面可供我们借鉴的实践经验还很多，特别是在社区养老服务的多中心供给上，在福利多元主义和治理理念的影响下，他们较早地实现了政府在社区养老中的角色转型。在我国社会福利社会化理念的指引下，在探索适合我国国情的社区养老服务供给中，我国势必也将加大非营利组织和市场在社区养老服务中的参与力度，探索社区养老服务市场的多中心运营，逐步促进社区养老服务体系健康、可持续发展。

参考文献

［1］吴玉韶. 中国老龄事业发展报告（2013）［M］. 北京：社会科学文献出版社，2013.

［2］熊亮，罗杰，陈岳堂. 我国失独群体“社区+”精准扶助模式构建研究——基于国外社区养老服务实践的启示［J］. 湘潭大学学报（哲学社会科学版），2021，45（4）：85-91.

［3］李玥，赵春江. 城市社区养老模式国际经验借鉴及路径选择. 东北农业大学学报，2016，14（2）：39-44.

［4］Campbell JC，Ikegami N. Long-term care insurance comes to Japan［J］. Health Affairs，2000，19（3）：26-39.

［5］袁妙彧，方爱清. 积极老龄化视角下的新型社区养老院模式构建［J］. 学习与实践，2018，2：109-116.

［6］韩烨，冀然. 消费水平、就医关注与养老模式偏好——论医养结合制约因素的破解［J］. 兰州学刊，2022，6：128-142.

第七章　社会化养老供给主体多元化融合机制分析

第一节　社会化养老供给主体多元化融合机制困境分析

社会化养老服务供给主体不是单一的，而是多主体、多中心和多元化的，包括政府、社会组织、企业、家庭和其他组织机构等，它们在一定的法律与政策制度下共同行使服务供给主体的权利和义务，从而形成一种相互协作、彼此一致的协同关系，形成一种相互作用、相互融合的服务供给主体机制。然而，多元供给主体之间如何深度融合[1]是社会化养老服务结构优化的目标，也是目前推进社会化养老服务亟须解决的困境问题。因此，对社会化养老供给主体多元化融合机制困境进行深入分析成为政界和学界的当务之急。

一、多元供给主体目标差异较大且缺乏一致性

（一）各供给主体服务专业项目不清晰

社会组织依然处于初期建设阶段，存在许多管理及规范问题。养老服务供给结构呈现出供给主体结构协调性发展缺失、供给方式上的服务定位不清晰及供给内容上的精准度低等现象[2]。在许多社会组织参与进社区养老服务供给中，不同的社会组织有不同的服务方向，如日间照料中心主要关注老年人的日常生活照料，社区党群服务中心主要关注老年人的心理健康及开设老年人课堂，但在对各服务主体进行访谈调研时发现，在实际的服务供给中，各服务主体缺少根据自身的组织性质及专业方向制订特色的服务项目，因为各自职能定位不清晰存在服务功能上的重合。不同的组织机构会同时关注老年人的健康、文化娱乐需求，如老年人日照中心及社区党群服务中心同时举办健康讲座、生日会等娱乐活动，互相抢夺老年人资源等尴尬局面，这种社会资源的浪费使社区养老服务形成一个非良性竞争环境。同时，一些社会企业同非营利组织共同竞争政府社区养老服务项目，在项目提供上缺乏个性差别及服务竞争力，使一些社区养老服务机构的性质无法辨别，如有的社区日照中心是社工介入，而有的是由社会企业开办，在项目的服务上未形成统一的标准定义。非营利组织因缺少专业家居服务及健康医疗人员，造成在老年人日常照顾上产生诸多健康危机；同时社会企业因为缺少专业的社工团队而造成在精神娱乐服务项目上无法得到高质量保障。在这种分散且不协调的养老方式供给下，老年人服务内容缺乏长期可持续性规划，快乐养老的目标难以实现。供给主体的职责定位不清晰，部门之间缺乏有效的协调发展与合作，从而导致多元化主体协调不足[3]。

（二）各供给主体缺乏职能定位

供给主体的职能分工与定位有待厘清[4]。受历史因素影响，政府一直处于管理支配者

的地位，虽然在改革开放后政府的职能发生转变，开始在一些领域内简政放权，但其依然把控着社会的主要资源及分配机会。民间社会组织作为承担部分公共服务的重要载体登上历史舞台后，有效的加快了推动政府职能转型的进程。政府作为非营利组织的强力孵化者及重要财政支持者，在政策法规及评估审核中对非营利组织都有较大的约束作用，我国大部分社会组织从创立伊始就与政府有着千丝万缕的联系，在项目运作及组织管理上带有官僚主义色彩。除此之外，社会组织的工作方式延续传统的行政管理方法，成为执行上级下达任务的工具，而非达到真正意义上的为社会公众服务。这就容易使社会组织的自愿性变成了疲于应付各种行政任务，陷入"举步维艰"的发展状态，制约了社会组织的长远可持续发展。政府与其他养老服务供给主体间的关系定位仍较模糊，责任划分不清晰[5]。

（三）各供给主体存在利益博弈

随着市场经济进一步发展，公众的权利意识进一步增强，市场中各种利益集团力量博弈越来越频繁。大量的利益或非利益主体卷入了利益博弈中，博弈变得复杂，利益更难以调和。多方供给主体和多元利益博弈，也容易出现市场混乱和社会失范。供给不足与失衡的原因则是不同供给主体为谋求自身利益最大化而导致的利益博弈行为[6]。从利益相关者理论视角分析，社会化养老各供给主体包括政府、企业、老年人、社会组织、农村社区、家庭子女等利益相关者，各供给主体不同利益诉求和行为导向造成了目前社会化养老的现实困境。具体来讲，政府层面"错位"与"缺位"并存；老年人有效参与不足与农村社会保障水平低下并存；企业重视经济利润，轻视社会责任；社会组织力量资源有限，难以提供养老功能；社区发育程度不足与有效供给不足并存；家庭子女担责能力减弱，缺少补充机制等几个方面。

二、多元主体参与度和资源投入动力不足

政策落实不力，养老主体资源分配不均衡

政策执行往往偏离政策规定[7]。政策的执行直接决定了养老服务供给体系能否持续发展，更决定了提供的资源及服务的质量与覆盖范围。我国政府的行政体制呈现自上而下的特性，一项政策的落实是非常复杂的过程，甚至会引起相关联的效应，而地方政府也有决策偏好，可能无法真实、科学、有效地满足养老需求。

第一，公办与民办养老机构定位不清。二者的职能定位不清，服务对象错位，供求失衡问题日益明显[8]。由于性质特殊，政府为公办养老机构提供了良好的发展资源，如土地及建筑资源，管理体系建设和资金支持，并同时发挥公办机构优势，提供价格低廉的养老服务，在养老服务市场上有一定的竞争优势。但养老服务市场机制尚未完善，公办机构并未按照市场竞争规律发展，这种差距造成了民办养老机构受到不公平待遇的同时也阻碍了公办机构市场化运营的发展。同时，拥有大量公共资源的公办机构，服务对象可能不全是生活不能自理的"三无"老人，一部分生活能够自理的社会老人抢占了养老资源，造成养老资源分配不公不均。虽然我国一直鼓励社会力量参与养老服务的发展，但民办机构的发展政策不明朗，土地、财政、税费等均存在政策难以落地问题。因此，需要明确公办养老机构的定位，避免挤占民办机构发展空间[9]。

第二，养老资源在公办和民办养老机构之间分布不均。养老机构资源分布不均[10]。由于养老资源分配不均衡，民办养老服务机构的建设投入往往被放在次要地位，给予民办机构扶持补贴的力度不够大，补贴较少。近年来，养老服务行业推行投资主体多元化，民办养老机构得到了迅速发展，形成公办、民办机构共存、共同发展的局面，但从总体上看还存在诸多困难和问题。虽然政府倡导利用社会渠道去筹集资金，如社会捐助和福利彩票，但大部分民办资金还是依赖政府拨款，离开政府拨款，资金来源便成为很大问题，导致养老机构发展缓慢。

第三，城乡养老服务发展不均。城乡养老服务发展不均的问题比较突出，城市养老服务发展较为迅速，而农村养老发展则相对较为滞后[11]。例如，在居家养老服务方面，从中央到政府都在共同推进，但是城镇发展明显优先于农村。依照《关于全面推进居家养老服务工作的意见》，大力发展居家养老服务，积极推进城市社区居家养老服务，试点成功之后积极向农村社区推广经验。在相关政策指引下，各地的居家养老服务政策偏重于城市居家养老，农村居家养老的政策力度不够。因此，各地区多以城市社区试点为研究对象，农村居家养老则发展较晚，城市试点数与农村试点数存在很大的差距。

三、多元主体参与行动缺乏协调性

政府、市场、家庭、社会组织等多元主体共担社会化养老有助于保障失能老人的生活品质。但是，政府、家庭、市场、社会组织等多元主体供给的目标非一致性、动力不足、行动缺乏协调性和资源投入缺乏整合性，导致多元主体财务供给缺乏效率，需要构建由核心主体机制、责任分担机制、相互渗透机制和法律保障机制构成的四维机制，实现多元主体融合状态，提升多元主体财务供给的效率。

主体参与度低，资源投入的动力不足，是老年人养老需求得不到满足，生活品质得不到保证的根源。政府、家庭、市场、社会组织参与行动缺乏协调性，资源投入缺乏整合性。在现行制度下，虽然家庭没有能力持续地保证老年人养老资源的供给，但家庭仍然是社会化养老多元供给主体的主要承担者，也是无限责任者。政府的角色仅限于在家庭失灵时，通过生活救助等形式对失能老人提供经济补偿，政府起着事后补偿责任或兜底责任，显然政府是社会化养老多元供给主体的有限责任者。市场具有逐利性，社会组织是志愿行动者，社会组织仅能起到通过自身服务供给平台直接或间接提供财务供给，缓解社会化养老多元供给主体负担水平的作用，担当着社会化养老多元供给主体的补充角色。不同主体在社会化养老多元供给主体中担当的角色、承担的责任有差异，没有形成多元主体的共同协调机制，导致社会化养老多元供给主体参与行动时具有离散性，各种主体财务资源没有能够达到统筹规划、整合利用状态。因此，应强调多元主体之间的紧密配合和协调性[12]。

四、多元主体资源投入缺乏整合性

随着老龄化趋势的加剧，养老服务需求激增，养老资源紧缺。社会化养老作为一种新型的养老方式，因其运行成本低，且服务多样化、常态化，成为一种战略选择，但由于社区养老资源供给主体之间各自为战，缺乏沟通，重复性供给和供给盲区共同存在，社会化养老服务资源缺乏整合与协调，处于碎片化、分离化和短缺化状态，而解决这种资源分散式的社会化养老必须依靠多种养老资源整合的社会保障模式。

（一）养老资源分离化

我国养老实践经过几十年的不断发展，养老服务供给取得了较大成效，如服务内容由物质供给向精神关注拓展、服务方式由单一服务向多样服务拓展、投资渠道由政府投入为主的单一化向社会力量参与的多元化拓展等。然而，我国养老服务供给的发展仍然不能满足老年人日益精细化的养老需求，养老供给仍存在不足。多元供给主体之间缺乏协调性，多元主体协同供给的现实问题难以有效解决[13]。随着服务型政府的建设及公共服务市场化的不断深入，大量公共服务以合同的形式向社会进行外包，社会上供给的养老服务丰富多样，社会化的养老服务供给主体分为政府、非营利组织、市场、社区、家庭等，但这些供给主体各自为政，供给沟通不畅。养老服务与医疗服务的分离化运作影响了养老服务质量[14]。

（二）养老服务供给力量不足

目前我国健康养老产业的发展并不完善，存在养老服务供给不足、服务水平偏低、资源分布不均的问题[15]。除了政府以外，其他养老服务供给主体力量单薄，单独提供服务的能力不足。养老服务形式单一，养老服务体系和老龄产业发展严重滞后，中国的养老产业刚刚起步，还有很多难题需要解决。例如，虽然“十二五”规划中明确提出“9073”养老模式，即90%的老人依靠居家养老、7%的老人依靠社区养老、3%的老人依靠机构养老，但居家养老模式依旧传统，居家养老健康管理的信息化和互联互通等问题仍未有效解决。截至2021年，中国每千名老年人拥有的养老机构床位还不到40张，不仅低于发达国家每千名老年人 50～70 张床位的平均水平，也低于一些发展中国家的水平。社区和居家养老服务发展缓慢，区域、城乡之间养老服务发展不平衡。服务队伍职业化程度不高，养老服务专业人员相对缺乏。因此，加快发展养老服务业任重道远。

（三）重复性供给和供给盲区共同存在

社会养老服务资源供给沟通不畅，直接导致养老服务资源重复性供给和供给盲区共同存在。在这种资源缺乏整合与协调及分散化供给的情境下很难实现城市社区养老精细化，很难实现社区老年人自养与他养的结合，不利于城市社区养老发挥最大程度的作用。城市社区养老资源整合是基于老年人分散养老向一体化养老、社会化养老转变而提出的，是将不同来源、不同层次的养老服务资源进行优化配置的动态过程，有利于弥补养老资源不足，提高养老服务质量，实现老年人老有所为，同时有利于社区建设与公民社会建设等。对养老服务资源进行整合，能够对分散在各供给主体的养老服务资源进行整体规划、整体设计，根据社区及老年人的需求，精准配置，实现服务资源数量的增加和结构的优化。养老服务资源整合是应对目前我国社会老龄化严峻挑战、解决养老资源紧缺的最佳路径。

通过上述分析，资源整合是系统论的思维方式，强调资源的优化配置，着眼于系统的整体性和整体优势的动态过程。社会化养老服务资源整合的目的是养老服务的供给主体通过选择、汲取、配置不同来源、不同层次的养老服务资源，实现优化配置，提高养老服务资源利用率和使用价值，最终达到养老服务资源数量的增加和结构的优化。

第二节　社会化养老供给主体多元化融合的基础条件

推动养老事业多元化、多样化发展，积极应对人口老龄化，是适应经济发展新常态和全面建成小康社会的任务。党的十八大以来，习近平总书记曾在不同场合多次强调，要积极应对人口老龄化，大力发展老龄服务事业和产业。社会化养老是一项综合体系和复杂工程，需求多样化、投入多样化、要素多样化，推动养老多元化供给主体深度融合成为当务之急。

一、政治上要达成共识

随着老龄化速度的加剧，老龄人口日益增多，截至2021年底，全国60周岁及以上老年人口为26 736万人，占总人口的18.9%，其中65周岁及以上老年人口为20 056万人，占总人口的14.2%。中国已经进入老龄化社会，到2030年左右，中国将成为超级老龄化社会，人口老龄化形势严峻。同时，家庭结构不断向小型化、少子化发展，家庭养老功能式微，面对快速涌现的众多老年人及其日益多样化的需求，面对特殊老年群体如社区失能、失智、失独及贫困老年群体的大规模增加，传统的、单一的以家庭为主导的养老服务模式日益捉襟见肘，多元主体并存的养老服务供给模式开始显现，在城市社区居家养老实践中不断发展壮大，逐渐形成了以居家养老为基础、以社区服务为依托、以机构养老为补充的“三位一体”养老服务模式。其中，社区日间照料和养老驿站是社区居家养老的主要表现形式，是介于居家养老和机构养老之间的过渡形态，其托养服务承担了一部分机构养老的职能，其生活照料和照护服务是家庭养老功能的延伸。社区居家养老是一种“居家养老+社区养老服务”的养老模式，其核心是社会化的养老服务供给体系，是政府、社会和家庭等多元主体功能补充互济的现代工业社会养老支持体系，以养老服务供给主体多元化、层次化为主要特征，其主体不仅包括政府，还包括社会（社会组织、社区力量、市场）、家庭及个人。

在多元化的养老服务供给主体中，国家越来越强调社会力量在养老服务中的作用。2000年，《中共中央 国务院关于加强老龄工作的决定》指出“家庭养老与社会养老相结合，建立和完善老年社会服务体系”，自此养老服务业开启了社会化的进程。2006年，全国老龄委办等十部委联合发布《关于加快发展养老服务业的意见》，首次提出了养老服务业的概念，表明了养老服务从社会服务业向现代服务业转向，开启了养老服务市场化的进程。2013年，国务院发布《关于加快发展养老服务业的若干意见》，进一步完善了居家养老服务体系的提法，明确了养老服务体系中既要坚持以政府为主导，也要发挥社会力量等多元主体的作用。2016年，国务院颁布的《关于全面放开养老服务市场提升养老服务质量的若干意见》指出，到2020年将全面放开养老服务市场，养老资源向居家社区服务倾斜。2017年，民政部等部门联合印发《关于加快推进养老服务业放管服改革的通知》，进一步调动社会力量参与养老服务业发展的积极性。2018年，国务院取消养老机构设立许可，进一步放开养老服务市场，激发养老服务业创新活力。2016年5月27日，习近平总书记在中共中央政治局第三十二次集体学习时指出，推动老龄事业的发展必须坚持党委领导、政府主导、社会参与、全民行动，表明社区居家养老服务采用一种党委、政府、社会和全民行动的多元治理模式。

（一）中央政府与地方政府政治上的一致性

中央政府及地方政府的关系是构建多元主体参与社区养老服务机制的基础，其定位的合理性对各级政府间的互动框架构建起决定作用，同时这也影响到养老服务资源的有效分配及使用。因此划分好中央政府及地方政府之间的权利及责任是很重要的。根本利益的一致性将在一定程度上降低中央政府与地方政府的博弈程度[16]。目前我国政府体制改革及政府转型将中央政府权力下放到地方政府，但是如何有效下放权力及上级政府如何有效监督成为关键。一方面，在提供养老服务过程中，老年人需求是一项重要信息，而这项重要信息只有地方政府才能收集到；另一方面，政府资金资源也是需要考虑的一项重要因素，因此处理好中央政府与地方政府的关系尤为重要。在实行某项养老服务之前，地方政府应做好预调查工作，搜集资料，考察该地居民是否需要某项养老服务，并且根据各地方实际情况，判断养老服务的可行性，上报到中央政府，作为中央政府出台政策制度的参考依据。当然，地方政府也可根据自身经济发展状况等因素，出台地方性的养老服务政策。另外，地方政府的权力授予需要配合中央政府的监督与激励。中央政府应杜绝地方政府信息隐瞒、谎报养老服务发展情况以骗取财政资源的现象。因此在制定养老服务监督管理制度时，既要认真考虑到地方政府参与养老服务的积极性，又要建立一套奖惩机制，对于违反规定的，按照制度对地方政府进行责罚。

（二）地方政府及职能部门之间政治上的共识

地方政府及职能部门之间要达成共识，关键的是如何处理好责任分担问题。对地方政府而言，提供社区养老服务可能涉及医疗卫生、民政、财政等相关部门，因此各部门的合作成为必然。而政府按照职能来划分部门，对部门进行考核激励，造成排外性。政策的实施往往是多个政府部门合作博弈的结果[17]，因此地方政府能否构建有效的激励机制，是构建多元主体参与社区养老服务机制的关键。

（三）政府与非政府之间政治上的共识

政府与非政府之间的合作可以有效地解决公民参与养老服务事业的问题，因此研究政府与非政府部门间的关系具有重要意义。政府与非政府主体通过协商达成共识，从而使合作治理成为一种解决跨部门跨域公共问题的有效手段[18]。社区养老服务包含医疗保健等专业服务，但政府缺乏专业能力，所以非政府主体是提供社区养老服务必不可少的主体成员。政府在发挥主导作用的同时，可向非政府提供参与平台与渠道，将部分资源或权力分配给非政府主体或采取政府购买服务的方法，积极引导多元主体的参与，挖掘非政府主体的潜力，鼓励其参与社区养老服务。

（四）非政府主体之间政治上的共识

非政府主体之间的关系更多取决于双方的共同利益偏好，非政府主体包括社会企业、非营利组织、家庭。首先，社会企业与非营利组织间的关系。社会企业与其他主体相比，具备一定的资金优势，但缺乏专业化的服务能力，而非营利组织有强大的社会组织资源及志愿者资源，但有时会出现资金短缺，所以这两者可以相互弥补不足，在社区养老服务中发挥作用。其次，非营利组织与家庭之间的关系。家庭是社区养老服务的基本保障，但对于医疗护理等专业服务则束手无策，因此可发挥非营利组织的专业化功能，帮助家庭成员更好地为老年人服务。

二、多元供给主体之间实现利益共赢

多元供给主体参与社会化养老服务的过程应强调各供给主体之间的合作，这是因为参与主体在共同努力下可实现加成效果，极大提高社会化养老服务的整体水平。

（一）提升老年人主动性，维护养老权益

一方面，老年人是最终的享受服务者，因此他们有义务、有责任参与到养老服务中，以自己的方式参与养老服务。另一方面，老年人参与养老服务可以减轻老人的孤独感和失落感，可以鼓励老年人发挥余热，从养老服务管理中恢复自信，更可以得到精神慰藉。例如，在香港，有些老年人虽然到了退休年龄，但他们仍然精力充沛，更有足够的时间，因此，非政府组织更愿意召集这类人群积极投身社区照顾，为有需要的老年人提供养老服务，与此同时，这类人群也得到了精神上的满足，对他们而言，离开工作岗位并不代表他们丧失贡献社会的价值。

（二）优化养老服务体系运行机制

自改革开放以来，我国社会化养老服务取得了长足的进展，作为社会化养老的标志，机构养老发展迅速，规模不断扩大，基础养老设施也逐渐增加，社会化养老环境也日益改善。但是，过去养老服务大多关注老年人的基本需求，极少关注老年人的特殊需求。因此，实现政府、社会企业、非营利组织与家庭的合作，发挥各自优势，弥补各自缺陷，对完善我国社区养老服务体系的可持续发展具有重要意义。

（三）各主体间的合作博弈分析

通过上述对于各主体间合作利益的分析可知，多元主体合作有利于养老服务的持续发展。但是，无论是政府、社会企业、非政府组织、家庭都是理性的，总是基于自身利益最大化原则采取行动，因此他们在合作过程中可能存在障碍，主体间合作利益可能无法实现。多元主体在价值主张、利益诉求等方面具有明显的分散化和差异性特征，从而产生多元主体之间的博弈问题[19]。归纳起来，社会化养老服务中的合作困境主要体现在以下几个方面。

1. 政府与老年人间的博弈

近年来我国大力推进社会化养老服务建设，但是当前我国政府的社会化养老建设将重点停留在基础设施建设及环境规划等方面，而对于老年人的社区养老服务方面，只是被动地从地区提交的建设改革报告等中获知情况，缺少对社区养老服务发展的监督及与老年人间沟通的主动性。从老年人角度考虑，当社区养老服务需求不被满足时，他们便会把希望寄托于政府，希望政府能为他们解决问题。但是，老年人有时并没有维护自身利益的意识，当政府也不能满足他们的需求时，他们也只能接受事实并抱怨政府的不作为。政府与老年

人间的矛盾由此产生。

2. 政府、社会企业、非营利组织间的博弈

养老服务是一种公共服务，因此这种服务是无偿的或低偿的。自我国开展养老服务以来，政府已向参与养老服务的社会企业提供减免税收或费用补贴等优惠政策，但由于扶持力度不够，导致社会企业很难维持日常运营，间接地打击了社会企业参与社区养老服务的积极性。而政府与非营利组织间关系也是十分复杂的。非政府组织具有志愿性特征，它的宗旨是向需要帮助的人提供无偿或低偿服务或救助，但由于部分非政府组织缺乏专业能力，向老年人提供社区养老服务存在障碍。另外，政府对非政府组织的扶持也仅仅局限于减税免税等经济补偿政策，缺乏对其服务能力的考虑，影响整体实施效果。总之，政府、社会企业、非营利组织、家庭并非是独立主体，他们是社区养老服务体系的重要组成部分，相互影响推动社区养老服务的整体运行。

三、责任划分要清晰

（一）清晰界定政府职能

政府在社会化养老服务中负责总体性的规划与指导，并不参与养老服务的具体实施。政府职能的定位和界限缺乏明确规范，致使政府职能出现越位、缺位、错位情况[20]。政府承担的责任主要体现在制定法律法规和政策规划、提供资金保障、建立服务评估监督机制、培育志愿者服务等方面。

1. 建立健全社会化养老服务政策法规

政府的权威性说明了除政府之外，其他主体任意一方均无制定政策法规的权力，然而，由于只有首先在法律上确定各主体的职责与权利及其他相关内容，才有可能保证多元主体参与机制的顺利进行。因此，各级政府及相关部门应加快建立与完善有关社区养老服务的一切政策法规及具体实施细则等，制定相应的规范制度，确保社会化养老服务标准化和可持续性。

2. 提供可靠资金保障

尽管当前政府对于社会化养老服务的资金投入已明显增加，多数居民对政府资金投入方面也持肯定态度，但由于享受服务人群具有人口数量多、需求层次多、周期时间长的特点，目前的投入资金并未起到稳固发展的作用。社会化养老服务的参与度不高的原因之一是存在资金障碍问题。因此，作为主体之首，政府有必要为社会化养老服务解决资金障碍，政府应向有意愿参与社会化养老服务的社会企业给予一定的资金补贴，或是减收或免收其房租、水电等费用。所以，政府在制定和完善社会化养老服务的相关政策法规的前提下，完善资金投入机制，增加政府的财政投入，其中资金投入既包括对社区养老服务设施建设的投入，也包括对社区老年人补贴的资金投入。当然，由于政府的财政支出有限，并且需要资金投入的项目过多，政府在增加对社区养老服务财政性资金投入的同时，应重视考虑实行多渠道筹集资金的模式，减轻自身财政负担。

3. 建立社会化养老服务评估监督机制

建立养老服务的多方评估监督机制，保障老年群体在养老事业中的知情、参与、表达和监督的权利[21]。政府应建立社会化养老服务机构的评估机制，或采取委托第三方评估的方式对服务机构进行评估，明确各项养老服务的服务标准、服务流程、服务人员的工作职责及评估标准，使服务机构提供的各项社区养老服务标准化、可量化。与此同时，政府在建立服务机构评估机制的基础上，应建立社会各方对于社区养老服务的监督机制，扩大监督主体范围，尤其是加强社会监督，确立相关监督流程，实现监督工作有章可循、有据可依。

4. 大力培育志愿者服务

不可否认，志愿者在社会化养老服务中的参与已得到了普遍认可，这足以表明志愿者可为老年人提供服务，因此号召更多志愿者参与社区养老服务是非常可行的。然而，志愿者在参与社会化养老服务过程中难免会遇到障碍，政府所需做的便是努力清除这些障碍，如政府应对养老服务志愿者的管理制度化及规范化，通过广泛宣传，提高居民参与意识，或采取一些措施激励志愿者的参与。

（二）注重社会企业与非营利组织的真正参与

由于社会企业带有营利性色彩，其提供的服务往往是以有偿为主，无偿为辅。社区养老服务的项目主要有日常照顾服务、医疗护理服务、精神文化服务、日间照料服务、老年法律救援服务等，以营利为目的的社会企业更倾向于提供日常照顾服务、医疗护理服务与日间照料服务。另外，社会企业的参与可促进社区养老服务的产业化发展。社会企业存在于市场，市场具有优化资源配置的作用，可采取优胜劣汰的方法快速提高养老服务的供给效率与水平。与此同时，社会企业的参与极大增加了社区养老服务的资金渠道，对养老服务的产业化发展有推动作用。非营利组织具有满足老年人多元化服务需求、服务价格低廉等优势，因此其参与社区养老服务的重要性不可忽视。非营利组织在社区养老服务过程中的责任体现在向老年人提供专业化的养老服务。非营利组织是社区养老服务的直接生产者之一，它的参与既可用于基本社区养老服务，同时可用于扩展性社区养老服务。非营利组织提供的基本社区养老服务，主要是以政府购买服务的方式进行，服务基本都是免费的。而非营利组织提供的扩展性社区养老服务，既可以采取政府购买服务的方式，也可采取自营的方式向老年人低偿提供。

四、多元供给主体之间功能互补

发挥比较优势，形成结构互动、功能互补、机制互联的多元主体共同参与公共服务的供给机制[22]，架设政府与社会民众之间的桥梁。

（一）发挥政府主导作用

第一，首先强化顶层设计。根据国家有关文件，结合地方实际，将发展社会化养老服务业纳入各级地方政府经济社会发展长期规划，科学制定健康养老产业发展规划，明确发展思路、总体目标和重点任务，同时进一步组织和编制社会化养老推进阶段、区域布局、专项规划等，从总体上形成定位清晰、统一衔接的社会化养老产业发展规划体系。第二，建立工作联席会议制度。强化政府统筹、部门紧密协作，建立由地方政府牵头，发展改革委、财政、民政、税务、医疗等多个部门组成的工作联席会议制度，明确部门职能任务，加强各部门间的横向联系，定期召开会议，及时协调和解决社会化养老产业发展的问题。

第三，完善配套政策。一是制定土地供应制度。在年度用地计划中优先安排保障养老机构建设用地，要把环境优的区域规划为养老机构用地，要多采用无偿划拨土地或低价出让土地的办法。二是实行税费减负政策。落实国家对养老事业的全部优惠政策，还可以制定一些地方优惠政策，吸引更多外资进入，如对养老机构提供的养老服务免征营业税，对非营利性养老机构自用房产、土地免征房产税、城镇土地使用税，对符合条件的非营利性养老机构按规定免征企业所得税；对养老机构提供养老服务，减半征收有关行政事业性收费；按居民生活用水用电收取养老服务机构的水电费等。三是建立健康养老产业发展专项基金。对符合条件的养老服务机构、养老服务设施、养老服务项目给予一定的资金支持。四是简化项目审批程序，大力改善政府审批服务，开通健康养老产业项目审批“绿色通道”，简化审批程序，加快项目推进速度，营造效率与效益齐头并进、公平公正、高效有序的发展环境。第四，创新发展模式。一是加大健康养老产业与其他产业的融合发展，如康养旅游、康养地产、康养社区建设等。目前“保险+康养”模式已渐成规模，较好地促进了健康养老产业的发展，要充分总结其发展经验。二是加大政府购买服务力度，直接出资向服务主体集中采购服务，或是向养老服务人员提供财政补助。三是大力推进“公办民营”模式，引进国内外优秀行业的企业管理经验和经营理念，提高公办机构的管理水平和服务质量。第五，建立政府目标考核体系。政府要把加快养老服务体系建设作为重要的民生工程，纳入年度重点目标计划和考核范围，随时掌握最新动态。同时加强行业监管，建立公开、平等、规范的准入、监管、退出机制；制定和完善养老服务质量、服务资质、服务规范、服务设施、服务安全卫生、服务环境监测、服务产品等标准。

（二）充分发挥市场的主体作用

充分发挥市场在资源配置中的决定性作用，逐步使社会力量成为发展养老服务业的主体。加大对民办养老机构的扶持力度，建立公开、平等、规范的养老服务业准入制度，积极支持以公建民营、民办公助、政府补贴、购买服务等多种方式发展养老服务业，鼓励民间组织、企业或个人采取独资、合资、合作、联营、参股、租赁等方式创办养老机构，加快形成以中、高端养老服务为重点，满足各类老年群体多层次、多样化服务需求的养老服务新格局。当前，应重点帮助解决制约民办养老机构发展的 4 个瓶颈问题。一是破解用地难问题。进一步细化支持养老服务业发展的用地政策，增强政策的针对性和可操作性。同时，按照养老产业发展规划，安排与之相适应的用地指标，合理确定地价，不宜简单按商业用地价格出让土地。在规划新建住宅小区时，应按照现行政策规定，预留一定的土地用于建设相应的配套养老设施。同时，应围绕盘活存量资产做文章，充分整合和利用企业厂房、商业设施、医院、学校、招待所等老旧或闲置设施和场所，在此基础上改造和完善相关配套设施。二是破解融资难问题。积极探索建立财政资金、保险资金、信托基金等多方共同参与和利用国家开发性金融融资优势，以及地方政府组织协调优势相互结合的养老产业投资基金，为推动民办养老机构发展提供专项资金支持。利用国有担保公司平台，加大对民办养老机构的信贷担保力度。积极利用财政贴息、小额贷款等方式，降低融资成本。鼓励民办养老机构开展连锁经营，支持其通过发行债券、企业上市等方式进行直接融资。三是破解经营难问题。进一步完善和落实民办养老机构的营业税和所得税及水、电、气、通信等公用事业收费减免政策；适当提高床位补贴、运营补贴、护理补贴、高龄津贴等标准，降低运营成本。支持民办养老机构投保责任保险，可考虑给予适当补助，降低企业运营风险。四是破解用工难问题。对养老机构专门引进的高端管理人才给予购房、子女入学、个人所得税减免等优惠政策；将养老护理员纳入公益性岗位，政府给予工资补贴；加强养老服务专业技能培训，并纳入政府出资培训范围或给予企业相应的专项培训补贴；加大宣传和扶持力度，鼓励更多的人员加入养老服务志愿者队伍。

（三）大力发展非政府组织

非政府组织是政府转移社会福利领域的有力主体，它能为政府分担很多公共事务，实现“小政府、大社会”的格局。非政府组织可作为沟通桥梁积极向政府反映公众需求，提出合理建议，从而影响政府政策的制定及社会问题的解决，起到组织实施、监督管理、质量评估的作用。组织实施是指当政府采取向非营利组织购买养老服务时，非营利组织才是真正的组织、管理、实施主体，目前武汉已推行政府购买养老服务的方式。对于监督管理与质量评估，非营利组织的监督管理主要是通过与政府合作来实现的，发挥中介作用，提供改进建议。

（四）强调家庭的基础作用，鼓励社区居民互助

传统意义上的养老是指家庭养老，其强调子女有义务承担父母的养老责任，随着社会发展与家庭结构的变化，家庭养老观念不断退化，社区养老服务的多元化主体逐步形成，但这并不代表家庭已完全摆脱养老的责任。事实上，家庭子女是老人最为亲密的人，他们向老年人提供的情感上的关心和支持往往是其他主体不能代替的，而这种关心也可能是老年人最需要的。

要完善协同治理体系，充分发挥好除政府之外的力量在社会化养老中的作用，实现政府、企业、社会组织、家庭等多元主体的分工协作与功能互补，发挥好多元供给主体多方合力的作用，从而形成政府为主导、市场为主体、社会组织参与、家庭作为补充等多元主体协同治理的良好局面。

第三节　社会化养老供给主体多元化融合机制类型与选择

一、社会化养老供给主体多元化融合机制类型

根据养老服务过程，社会化养老供给主体多元化融合机制可分为需求表达机制、多元合作决策机制、服务供给机制和服务绩效评估机制。在需求表达阶段中，老年人作为消费者，通过社区、社会组织等信息载体表达服务需求；在多元合作决策阶段，老年人、政府、社会组织、市场、志愿者共同参与居家养老服务项目的决策；在服务供给阶段，通过购买养老服务，老年人接受养老服务；在服务绩效评估阶段，通过第三方评估机构反馈评定结果，对服务承接者进行监督，改进服务质量。

（一）需求表达机制

社会化养老根植于社会基层，基层具备实时掌握老年人对居家养老服务真实需求情况

的优势，还可以整合社区中各种闲置资源、设施。社区、社会组织和政府部门在需求表达机制协同合作体现为：第一，社区组织在政策制定前期对所在辖区的老年人进行调研，收集老年人对居家养老服务真实需求信息，并将信息反馈给政府相关部门，政府相关部门根据社区提交的材料制定服务需求，选择具备相应资质的居家养老服务供给方签订合同，以提供居家养老服务；同时负责在社区内传递和更新居家养老服务信息，反馈居家养老服务质量。第二，目前我国养老服务资源类别丰富，政府根据社会状况会适时调整或更新相应的养老政策，“养老顾问”可帮助老年人精准表达服务需求、简介社区现有居家养老服务内容，推荐各类老年人相应的服务，确保居家养老服务资源与个人需求达到最大限度匹配。

（二）多元合作决策机制

政府委托专业机构使用访谈、调查问卷、实证调研等方式对老年人居家养老需求进行全方位评估，经过系统分析和统计得到有效需求结果，政府部门在分析居家养老服务的需求结果和参考相关政策文件的基础上，根据政府的未来整体工作规划、年度财政资金预算，对居家养老服务供给对象、范围、服务主体、资金上限等指标做出科学界定。首先，政府部门通过政府门户、政府采购网站、微信平台和公共服务交易平台等途径公布本年度政府购买居家养老服务的项目，与具备承接资格的候选人达成合作关系。其次，政府邀请行业专家、民政负责人和老年人代表对候选人进行资格评定。再次，根据评定结果对服务承接者进行综合考察，并将供给主体的信息向社会公示。最后，确定居家养老服务供给主体，政府与供给主体签订服务合作协议书，供给主体根据合作协议书向老年人提供相应的居家养老服务项目。

（三）服务供给机制

在养老服务供给过程中，养老服务的社会化、市场化成为满足当前老年群体多层次需求的必要发展路径。在服务供给机制中，可以从政府主体、社会组织、市场主体、志愿者四个方面展开具体论述。

1. 政府购买服务

政府部门预先在官方渠道发布本年度居家养老服务购买内容、资金预算和竞标条件，进而使用公平公正的选拔方式，让各主体进行竞标，通过竞选的候选人有资格参与居家养老服务供给。在实践中，广州市海珠区是一个典型的成功案例：海珠区政府选择合格和具备相关资质的社会组织共同参与居家养老服务的供给，成立社区居家养老服务中心，以无偿或低偿的方式为老年人提供服务。政府采用社会化合作建设模式和外包服务、社会力量参与合作等方式，向社会符合购买资格的主体购买专业化服务，推动公建民营和居家养老服务资源的优化建设，精准匹配老年人多样化的养老需求。

2. 社会组织提供专业化服务

社会组织是承包政府购买居家养老服务的重要主体，同样也是居家养老服务的供给主体。其负责政府购买居家养老服务的供给、管理和培训居家养老从业人员的工作。社会组织根据老年人的养老需求，不断开发各种新型养老服务，对从事一线基层服务的护理员进行专业医疗培训，与高等院校、医疗机构合作对从业人员进行医疗技能培训，使其不再局限于提供简单的护理服务，同时社会组织可以与社会志愿者团体合作开展活动，为辖区的老年人提供专业的养老咨询服务。

3. 市场主体提供多元化服务

市场机制对养老事业是大有裨益的，把一部分优质的市场资源纳入养老服务中，可以弥补养老服务资源的不足。处于政府购买服务政策以外的老年人对高层次养老服务的需求催生了市场化养老服务。据了解，“泰康之家”养老社区在北京、上海、广州和成都等地开展了以医养结合为特色的养老社区服务，为满足老年人高层次、多元需求提供多层次选择。市场主体可以根据老年人自身需求，制订相应的养老服务，推动居家养老服务的精准匹配。并且企业作为市场的重要组成部分，通过慈善捐助、生活物资捐献和成立“企业志愿服务队”等途径，鼓励职工积极参加社区居家养老服务志愿活动。

4. 志愿者提供“敬老储存”服务

志愿者组织作为有别于政府和市场的非营利性组织，在社区养老服务中也已成为不可替代的重要参与者。志愿服务工作人员为老年人提供日常生活起居照顾服务、医疗卫生服务、生活用品配送服务。“敬老储存”服务是一项在尊老敬老背景下开展的，目标是为社区老年人提供长期稳定的居家养老志愿服务。有意参与志愿服务的社区群众或学校和企业团体可以在“敬老储存”机构注册为志愿服务者，并获得“个人志愿服务记录卡”。该记录卡登记成员参加志愿服务的项目、工作时长和时间地点，志愿者在退休后可使用该记录卡上累计的积分来换取相应的居家养老服务。

（四）服务绩效评估机制

社会化养老服务的供给能否缓解老龄化的问题、能否取得理想的社会效果，需要政府部门实时关注并对社会化养老服务过程中存在问题进行完善。目前主要通过引入第三方专业评估的方式，对社会化养老服务承接方的供给绩效进行等级划分。政府、社会、使用者等多方评估主体应结合科学指标体系对社会化养老服务承接方的服务质量进行全方位监督和评估。通过服务绩效评估能够了解消费者对居家养老服务的满意度，据此完善绩效评估的指标内容。政府根据最终评定结果，对于考核评分高、公众赞许度高的主体，可在未来年度加大运营资金补贴，设立专项发展资金等培育扶持；对于服务质量评估欠佳的居家养老服务承接主体，取消承接合作关系；政府通过制定严格的准入退出评估机制来选择居家养老服务的参与主体，以确保提供高质量的居家养老服务。

二、社会化养老供给主体多元化融合机制选择

一般来说，各主体参与社会化养老服务的动机源于对利益的追求或出于维护和保障公共利益的需要。但各主体的利益诉求是多样的，这导致各主体具有不同的满足点，于是对社会化养老服务需求，不同的主体采用不同的供给机制。因此，动力机制的构建需要建立协同目标，进行诱导，制订激励机制，并获取社会认同。

（一）树立共同目标

在之前的论述中，社会化养老服务的改革一般分为三个阶段，并指出社会化养老服务协同供给的最终目标是实现养老服务的有效供给。也就是说，不管各个主体追求的立足点是什么，最终所追求的应该是有效地进行社会化养老服务供给，并基于此获取主体本身需

要的利益、资源。社会化养老服务的协同供给需要政府、自治组织、企业性质组织、社会组织、家庭和公民的广泛参与。但在现实中，各主体本身利益是驱动其参与社会化养老服务供给的关键因素，也就是对于与自身利益密切相关的积极参与，反之则不关心。根据博弈经济理论和理性经济人理论，任何企业都是利益最大化的追求者[23]。而过于追求个人眼前利益往往会导致参与养老服务的功利化及各主体之间服务的碎片化，难以形成多元协同供给机制。因此，要建立共同目标，将各主体谋求私人利益转变为社会化养老服务协同供给研究。对于社会组织，建立使命和增加信任是重要的激励方式。社会组织具有非营利性和自愿性，由于其组织和服务能力较为低下，现实生活中部分民众和政府对其认同度不是很高。因此，一是可以通过将社会使命与个人目标相结合，通过适当的精神奖励调动其积极性；二是可以通过开展评优、等级评选等活动进行激励；三是通过社会媒体大力宣传其理念、工作，获取民众信任。对于企业组织来讲，追求利润是企业组织的本质，在社会化养老服务供给中，可以通过荣誉激励增加企业美誉度，为企业带来社会声望，促使其获得更多的利益。另外，可以通过竞争激励促使企业在服务中降低成本，提高服务质量。对于家庭和公民，采取直接物质奖励和精神奖励是重要方式。公民和家庭最看重是社会化养老服务的结果，也就是参与服务为自身带来的利益。因此，对于一般民众，可以根据个人贡献给予一定物质奖励，同时对优秀家庭和个人给予荣誉奖励和资金补贴。

（二）提高社会认同

无论是个人还是其他主体，其参与社会化养老服务活动需要得到社会的肯定和认同。现代治理理论认为人们愿意发挥个人才智和创造力努力工作，由此获得组织和社会认同。马斯洛需求层次理论认为，人们有尊重需要，希望社会承认个人的能力和成就，得到稳定的社会地位。心理学上认为人的行为受个人内在需要和外部环境影响。因此，参与社会化养老服务协同供给中获取社会认同是一项非常重要的心理动力。社会的支持和认同促使参与主体工作上的积极性和获取心理上的成就感。一方面，各主体在养老服务供给中通过协同行动，达成共识，获得各方的认同和支持；另一方面，通过各方媒体平台宣传其服务内容、宗旨和成绩，以及实行信息公开制度、搭建沟通交流平台等，通过市场调研和民众问卷调查等方式及时获取民众的养老需求，改进工作方法，提供及时、有效、健康的养老服务，最终获得社会的认同。

三、社会化养老供给主体多元化融合运行机制

（一）制定一致的养老服务目标

在居家养老服务供给领域中，目标就是实现契合老年人的高质量、多元化的居家养老需求。因此，在多元主体参与供给过程中，都应该以契合老年人现实需要作为首要的工作任务。首先，政府部门应学会如何集中力量“掌好舵”并非“划好桨”，充分利用政策的优势来整合社会力量参与到服务供给中去，为各主体开展居家养老服务制定高效、透明的条例和规则，营造一个相对公平的合作氛围。其次，社区组织增强“话语权”，利用其扎根于基层的优势，了解老年人的需求偏好，及时反馈到政府部门。再次，社会组织应更好地发挥专业服务的定位，从单纯的“服务提供者”向“政策建议者”转变，充分利用在居

家养老服务领域中取得的成功实践经验，向政府提出具有政策指导意义的对策建议，促使政府制定的相关的政策文件更接地气。从次，通过引入灵活机制增加市场活力，让企业履行好企业社会责任，发动职工自愿参与志愿服务。最后，政府与基层组织积极开展居家养老志愿服务建设，有助于街坊邻居的互助精神建设和发展。

（二）健全相关法律法规

社会化养老服务协同供给机制的实现，相关配套政策必不可少。应加快老年人权益和养老服务建设的立法，从全局的角度完善各项社区养老保障政策，制定各项支持社区养老的政策法规。应该将具体的养老服务政策纳入整个社会发展的宏观轨道上，如社会化养老服务设施用地和养老项目的配套法规、社会各主体相关行为和职责管理规范、相关税收优惠政策、资金筹措和管理规范等。同时，需要进一步对社会化养老服务协同供给进行长远规划，明确其具体的目标、原则、重点和具体的工作要求。在此基础之上，积极推动制度创新，如创新养老服务市场运行制度、社会主体奖励扶持制度、政府财政投入制度等，以实现社区养老服务机制的可持续发展。

（三）整合社区资源

协同供给机制的实现需要充分有效地利用各项资源，满足老年人各项服务要求。需要对涉及的社会化养老各项资源，如养老服务相关设施、养老机构资源、医疗服务资源、社会各主体的服务资源、社区空闲空间资源等进行统一规格和调配，形成一个整体性的资源调控体系，对社区资源进行有效配置。同时，需要加强与外界的资源交流和交换及如与社区外高校、企业和社会组织共建合作联盟，实现资源交换及资源的循环利用，为社区老年人提供优质的服务。

（四）建立专业化的社会化养老服务队伍

养老服务队伍的建设不仅要实现多元化，引入社会各方力量，更重要的是实现服务队伍专业化。一方面，需要积极采取措施降低服务成本，让更多的老年人有条件享受到养老服务，如可以建立下岗及失业群体数据库，优先从中选择人员提供养老服务。另一方面，对服务者按照不同要求进行专业技能和知识培训，实行技术等级认证制度和职业资格制度，服务者按照技能和知识等级从事相关服务工作；在实际工作中不断改进工作方法，积极提高服务者的待遇和福利，不断提高服务者的专业化水平和服务能力。

（五）严格监督服务流程

在社会化养老服务多元主体参与的过程中，各参与主体应该抱着合作共赢的态度展开合作。首先，政府应确立法律规章界定参与主体各自的职责关系，订立具有法律效用的服务契约，确定各主体的职责和任务。其次，在社会化养老服务协同供给环节中，为遏制各参与主体在遇到问题时相互推脱，应设立行业委员会，根据各自承担的职责和任务，确定问题首要负责人。最后，政府通过举行项目咨询会，让社会组织、企业、大众有机会参加社会化养老服务项目的讨论、评估工作。政府应该拓展接纳信息的方式，听取来自民众的建议，切实了解社区老年人养老需求偏好，并据此来修正现有政策。

第四节　社会化养老供给主体多元化融合的四维机制

一、核心主体确定机制

社会化养老供给多主体融合不是一个自发的过程，也不是依靠行政强制执行的过程，而是由核心主体确定、责任分担、相互渗透和法律保障构成的四维机制共同作用，形成社会化养老供给多主体融合状态。在社会化养老多主体供给中首先要确立具有主导地位的核心主体。在目前“强国家—弱社会”格局中，由于多主体掌握资源的重要程度和稀缺程度存在差别，以及各主体资源提供的能力不同，建立在资源依赖关系基础上的各主体呈现出责任、能力、权力的不对称，需要确立政府具有主导定位的核心主体。核心主体具有引领作用和示范作用，是责任、权力、资源三者统一的集合体，即由法律规定的政府是社会化养老供给不可推卸的责任者，具有其他主体无法替代的地位。政府具有调节社会资源满足失能老人长期照护需求的政治权力，也是社会化养老供给的主要承担者。显然，核心主体的地位是其责任、权力和资源相匹配的结果，家庭、市场、社会组织完全不具备核心主体条件，政府却具备社会化养老供给的责任、权力、资源相匹配的核心主体条件。政府具有调节社会关系、提取资源及以特定方式配置或运用资源的权力，一方面，政府可以凭借政治权力通过财政普惠、财政补贴，或建立长期照护社会保险制度，最大限度、最大范围承担社会化养老责任；另一方面，政府可以凭借政治权力规范其他主体的责任，通过法律制度固化各主体的权利和义务，规范各主体行为。另外，通过建立长期照护保险制度，发挥其风险分散的主要功能。人口老龄化较为严重的德国、法国、日本、韩国通过推行长期照护保险制度成功地化解了养老资源不足的困境，同时长期照护保险制度成为社会化养老资源多元化供给的主要方式，也是较为可靠、持续的融资渠道。对于没有参加长期照护保险制度的老年人，政府可以通过财政性照护救助给予陷入困境的失能老人提供资金补贴。政府的责任就是搭建长期照护保险制度框架，提供长期照护财政救助，监督长期照护财务供给制度的实施，以及评价制度实施的效果。

二、责任分担机制

责任分担机制是社会化养老供给多主体融合的基础。主体的责任分担是“角色、能力”的综合体现，即对家庭、政府、市场、社会组织各自的角色与资源供给能力进行界定，确定各主体在社会化养老供给中的责任边界，各尽其责。政府在社会化养老供给中的责任是由政府主导的核心地位决定的，政府通过长期照护保险制度搭建社会化筹资渠道，解决大多数老年人收入较低的现状问题，破解老年人参与社会化养老过程中资金不足的窘境。市场的角色和责任是通过商业长期照护保险搭建市场化筹资渠道，通过私人照护服务市场的竞争来降低照护服务价格，为老年人提供市场福利，不断提升失能老年人财务补偿水平。社会组织的角色是发挥自身优势，为失能老年人提供公益性的照护服务、技术支持，或通过社会组织的筹资渠道为失能老年人购买照护服务。

（一）保障家庭在养老服务多元供给中的基础作用

家庭养老是中国的传统养老方式，家庭在生活照料、精神慰藉方面仍然发挥着重要作用[24]。从我国现阶段的经济水平来看，我国养老的主要方式仍然是传统的家庭养老，这种方式在全国具有普遍性。但从根本上来说，这种养老方式被普遍采用和接纳，并成为大多数社会人的自觉行为，与政府行为关系密切。可以说，政府的支持和倡导，甚至出台强制性的规范措施加以落实是家庭养老发挥关键作用的重要因素。家庭养老强调家庭成员对老年人的赡养责任和义务，但是从国情来看，随着传统家庭模式的变化，家庭养老功能日渐弱化，需要国家的支持和保障才能持续发挥和巩固基础性作用。

1. 加强孝道文化的宣传与教育

在全社会弘扬孝道，赋予孝文化在新时期农村社会养老新生命力，既要完善养老教育，又要做好文化传承。注重提高赡养父母的主责意识和行为能力，使他们对父母心怀感恩，尽责担当，切实承担起对父母尽孝的义务。最切实可行的就是将家庭、学校及社会教育相结合，弘扬孝文化，传承孝道美德，在全社会形成敬老孝老的良好氛围，在家庭中确立长幼尊卑和良好的道德品行，以期在农村养老服务多元主体中突出家庭养老作用。

2. 多方面激励和帮扶

政府应从管理者的角度为主动承担养老责任的家庭提供各类政策性保障。如在经济方面，对于自觉照料老人的家庭户给予从事种植或生产经营补贴，或给予从事相关活动的税收减免或提高遗产继承比例等，或最大限度提高自觉照料老人家庭户的服务意愿。例如在住房方面，政府可以落实政策在农村宅基地方面提供便利，以激励自觉赡养老人家庭户，落实保障农村老人赡养的住房条件，在当地有经济适用房、廉租房申请指标时，优先对三代或多代同堂家庭进行供给，这样可以显著提高子女与老人的共居比例，让老年人连同家庭户“住有所居”。如在照料方面，基层政府可以通过村级自治组织对自觉赡养老人的家庭户给予生活的关心和必要的帮扶。在文化方面，基层政府应鼓励利用“四德榜”宣传在孝老爱亲方面涌现出来的先进典型和积极开展“好婆婆”“好媳妇”等评比活动，让孝老爱亲成为社会共识。

3. 分情况对待

为更好地发挥政府保障家庭养老服务供给的职能，政府应将有限的人力、物力、财力用在最需要的地方。对于经济基础较好、家庭成员较为完整的家庭，政府仅需在特殊时间节点提供一些必要、及时的帮助即可。对于特殊困难家庭，如“五保户”，政府需要落实精准帮扶措施，兜底保障老年人的日常生活、保障必备的物质基础。对于低保、贫困户、失能半失能老人等特殊群体，可以通过邻里之间相互协作，部分购买服务等方式为其提供服务。

（二）加强社区在养老服务多元供给中的依托作用

社区服务在养老服务体系中发挥着关键作用[25]。社区养老服务的发展与完善可以缓解家庭养老服务的压力，丰富和提升老年人的物质和精神文化生活，让老年人居住在家就可以享受到日常照料、精神慰藉等多种服务。政府尤其是基层政府应采取多种措施积极发挥社区在养老服务多元供给中的依托作用。一是依托社区完善日间照料中心的建设和完善社区多元服务资源体系。基层政府应加强资金补助和政策引导，采取多种投资方式，鼓励建设以社区为基础的日托设施和老年护理设施，提高服务水平，扩大社区日托设施的养老服务覆盖面和受众范围，让更多的老年人可以就近接受服务。二是赋予社区养老更多权限和独立自主权。目前，社区养老服务提供者多依托当地政府，自主的财权和事权有限，而老年人的需求日渐多元化，当地政府要在现行基础上建立农村社区养老专项基金，每年为社区养老建设安排专项公共财政预算支出，广泛收集并注重上级文件精神，在符合相关政策的基础上积极争取上级财政支持，高标准打造农村社区养老服务设施场所。同时社区方面要积极吸引养老服务行业从业者投资，出台优惠政策吸纳社会资金参与农村社区养老的建设。三是强化社区与政府部门的资源共享。社区需要及时了解社区范围内老人及其家庭的基本状况和服务需求，也需要实时对接政府相关福利条件，在当前大数据时代背景下，建立居家养老实时信息数据平台显得尤为重要。实时信息数据平台的实现得益于政府相关民生部门的资源共享，并及时反馈于社区组织，让社区有针对性地提供服务，满足农村老年人的多元养老服务需求。

（三）发挥机构养老在养老服务多元供给中的支撑作用

机构养老在满足老年群体多样化的养老需求方面发挥重要作用，对于构建新型养老服务体系的影响深远[26]。充分发挥机构养老的重要支撑作用，有助于弥补在社会化养老服务中的短板，有助于巩固和拓展社会化养老阵地，激发养老活力，有助于社会化多元养老服务体系的完善。一是发展壮大养老机构规模和设施建设。基层政府要鼓励养老产业发展，对民办养老服务机构，要在资金、税收等方面给予养老产业优惠，引导社会资金进入养老产业，实现养老产业的创新发展。二是改善、提高现有养老院、敬老院及其他养老机构养老服务水平。基层政府应对辖区现存的养老院或养老机构进行摸查，掌握运行现状和存在的问题，从而有针对性地制定改善措施，保障现有养老院运行有序和发展良好。同时，对辖区现存的农村老年文化活动室或闲置的校舍、民房等设施进行摸底并登记在册，逐步通过财政补贴等形式加以利用，改建成农村居家养老服务站，最大限度地降低建院、入住、养老成本。尤其是当前医养结合养老模式盛行，实现医疗资源和养老资源的优势互补，相互融合，使老年人不仅得到周到的养老服务，还能获得专业的医疗救助，十分有必要，基层政府应大力推广和配套政策实施，促进医疗资源整合，改善农村养老机构服务的水平。三是要提高养老从业人员的专业技能水平，提升养老服务的专业技术水平。目前，农村养老机构存在服务人员不足、专业化程度不够的问题，应发展建立专职服务队伍并提高其服务质量，通过一定的专业培训，掌握一定的护理技能，提高服务质量。可以根据农村的实际情况，在乡镇、农村按一定比例聘用社会工作专业人才，分配到各养老公益岗位，或是成立专业妇女队伍，由政府组织职业技能培训班对从业人员进行培训，从而提高从业者的业务水平，既增加了就业机会，又解决了当前农村养老服务队伍人员缺乏的问题。

三、相互渗透机制

供给主体的相互渗透机制是各供给主体借助情感、技术、资源、政策等手段与其他主体渗透融合。各主体之间的相互渗透可以形成我中有你、你中有我的格局，使主体之间产生利益、行动的一致性。各供给主体要相互融合，突破固有界限，注重共享共建，满足需求主体的多样化、个性化需求[27]。政府通过政策、资源手段向家庭、市场和社会组织渗透，以引导家庭、市场和社会组织为老年人提供社会化养老供给服务。个人或家庭通过向市场购买私人照护保险、照护服务，购买政府举办的长期照护保险，接受社会组织的资金或服务，个人或家庭渗透到政府、市场和社会组织之中。市场可以通过提供照护技术、照护服务、私人照护保险渗透到政府、个人或家庭和社会组织之中。社会组织通过政府购买其提供的公共服务，为个人或家庭提供经济援助和照护服务，为市场提供技术支持等而渗透到政府、家庭和市场之中。

为了推进社会化养老服务多元主体协同参与，促使协同机制效用最大化，需要促使各主体加强交流与合作，增加主体间的凝聚力，增强彼此信任感。政府与市场、社会共同承担养老服务责任是社会化养老服务事业发展的趋势[28]。一是在社会化养老服务多个实施主体之间建立协同关系，包括信息、信任、协商调解等。对于各方主体来说，各方所擅长的领域和坚持的理念必然有所不同，在“求同存异”的原则下共同完成当地社会化养老事业。而要达成这种目标，其中重要的莫过于供给主体之间相互信任，只有各方相互信任，才能达到“众人拾柴火焰高”的理想目标。但是，各主体之间代表的营利方式和模式不尽相同，这样不可避免地会发生利益冲突。因此，政府应该担起主导责任，建立各方主体协商机制，在发生利益冲突时，调和各方矛盾，以“按劳分配”原则合理地支配收入，从而实现多元主体协同合作完成农村养老事业的目标。二是加强三方之间的合作、互补与协作。通过无偿的低成本服务促进合理使用资源，为不同经济水平的农村老年人服务。其中，对于经济状况不佳、生活水平无法基本保持的老年群体，由政府为其购买养老服务；家庭经济水平一般的老年人群主要购买低成本的服务；经济条件好的老年人群主要由市场提供有偿服务。三是搭建社会化养老服务综合平台。政府发挥主导作用，聘请专业技术人员，开发相关数据统计软件平台，通过各种平台全面收集地区养老现状及地区老年人所需要的养老服务，有针对性地提供人性化、全面的养老服务。及时掌握反馈信息，让老年人可以通过电话、探访等形式及时反馈信息，了解养老服务的整体运行情况。

四、法律保障机制

法律保障机制是社会化养老供给各主体行使权利和履行义务的制度规范。社会化养老服务只有在相关政策和法律的保障和政府的大力支持下，才能充分利用社会资源、人才，汇集各方力量向老年人提供福利、保健、医疗等综合性服务，以适应不同身体状况的老年人的需要[29]。社会化养老供给是收入再分配的过程，是各主体的利益关系调整，需要国家通过制定法律对各主体的权利和义务加以规范，以保障养老服务供给可持续性。因而法律要规范政府作为核心主体的责任和义务，规范政府、家庭、市场和社会组织在社会化养老供给中责任边界和责任分担方式，协调各主体在相互渗透过程中利益、行动一致性。社会化养老供给从多主体分离到深度融合，是一个不断渐进的过程，需要建立一个由政府、市场、个人或家庭、社会组织等多主体相互分担责任的保障机制，实现社会化养老供给多主体的融合。

良好的法律制度能为养老服务供给体系的建立和运作提供良好的制度保障，同时还能促进多元主体的协调统一，养老资源的优化配置。独立的监督评估机制确保各主体之间有序共存，维护养老服务市场秩序。首先，完善养老服务体系法律法规。我国自 1996 年颁布了《中华人民共和国老年人权益保障法》以来，养老服务供给逐渐被提上议程，随着时代的进步，政府几乎每年会出台有关养老服务产业的相关意见与办法。但要真正保障老年人权益及养老产业的发展，还是需要从法律层面入手。制定与养老产业及老年人日益增长的需求相配套的法律法规，只有在法律的规范下，政府出台的政策、办法、意见才能贯彻落实，做到有法可依。2016 年 9 月 1 日《中华人民共和国慈善法》正式实施，这是我国历史上第一部由国家制定的慈善法，这部法律有着划时代的意义，使我国慈善事业有了法律的保障，开始步入发展的正轨。该法明确规定：慈善组织在建立运营过程中，运营结构、方式和规模都应当按照法律法规规定的标准来进行，具体来说就是要按照统一的会计制度和核算标准接受审计部门监督等。这部法律的出台是慈善组织健康运营的基础，同时也是提高养老服务质量的前提。其次，构建第三方监督评估机制加以监督管理。前文提到养老服务是准公共产品，面对市场失灵和志愿失灵的可能，因此要使养老服务健康发展，必须要建立健全独立的第三方评估机制。第一，监督评估机构应当建立动态的评估模式，对养老主体提供的服务项目的任何一个环节都应当实时关注，每一个环节也都应有相关监督办法和准则。动态监管的优势在于能及时发现在养老服务供给中的问题并进行研究，又能清晰找出出现问题的主体不规范的操作，给予及时的指导与纠正。第二，独立的第三方监督评估通常是由专业权威的机构或组织组成的，由他们制定养老服务供给的业内标准，通过建立专家智库随时更新养老需求，通过定期的培训和经验及学术交流，不断提升评估体系权威性。通过“输出—评估—反馈”和“自检—自改—自升级”的内外部评估机制，同时监督评估机制中包括对政府的监督。在供给养老服务方面由于政府地位特殊，有资源和权力优势，但也不能规避责任和义务。

参考文献

[1] 曹信邦. 中国长期照护财务供给多元主体的融合机制研究［J］. 中国行政管理，2019，9：107-112.

[2] 贺薇. 居家养老服务供给结构的现状与优化［J］. 湖北大学学报（哲学社会科学版），2020，47（6）：155-165.

[3] 郭海英，刘晖. 生命健康共同体视域下社区“体卫融合”发展困境与推进策略［J］. 体育文化导刊，2022，9：52-58.

[4] 宋方青，李书静. 比较视野下的中国公共法律服务建构［J］. 人民论坛·学术前沿，2021，24：121-125.

[5] 唐健，彭钢. 从模糊失衡到多元均衡：福利多元主义视域下农村社会化养老主体责任反思与重构［J］. 农村经济，2020，8：91-99.

[6] 孟凡强. 农村公共体育产品的特征及供给问题思考［J］. 武汉体育学院学报，2010，44（11）：11-17.

[7] 郭磊，胡晓蒙. 基本养老保险政策区域不均衡研究［J］. 甘肃行政学院学报，2021，1：115-123，128.

[8] 江政隆. 完善财政保障机制 推进养老服务体系建设——以武汉市为例［J］. 财会月刊，2018，9：164-166.

[9] 葛延风，王列军，冯文猛，等. 我国健康老龄化的挑战与策略选择［J］. 管理世界，2020，36（4）：86-96.

[10] 刁鹏飞，臧跃，李小永. 机构养老的现状、问题及对策——以上海市为例［J］. 城市发展研究，2019，26（8）：98-103.

[11] 蒋军成，袁野. 乡村振兴战略下我国农村互助养老路径优化研究——基于乡村合作金融与养老融合

的视角［J］. 广西社会科学，2021，11：27-32.

［12］陆杰华，韦晓丹. 老龄社会新形态下城市老年群体社会治理模式的变革［J］. 江苏行政学院学报，2021，2：65-73.

［13］赵奕钧，邓大松. 人工智能驱动下智慧养老服务模式构建研究［J］. 江淮论坛，2021，2：146-152.

［14］张栋，张琪. 我国养老服务体系运行的局限性及再定位［J］. 商业时代，2014，19：96-97.

［15］张家彬，张亮，纪志敏. 大健康产业的发展桎梏与纾困路径［J］. 江淮论坛，2022，2：59-64.

［16］周婷婷，马芳. 中国府际关系及其经济功能：回顾与展望［J］. 投资研究，2021，40（12）：4-25.

［17］曹玲静，张志强. 政策信息学的发展与前瞻［J］. 图书情报工作，2021，65（21）：38-50.

［18］蔡岚. 合作治理：现状和前景［J］. 武汉大学学报（哲学社会科学版），2013，3：42-49，128.

［19］宋亚辉，陈荣昌. 整体治理：算法风险治理的优化路径［J］. 学习与实践，2022，7：35-45.

［20］王灿友，苏秦. 基于 TISM 模型下社区居家养老模式实施障碍的影响因素分析［J］. 现代城市研究，2022，8：24-29.

［21］蒲新微，孙宏臣. 互助养老模式：现状、优势及发展［J］. 理论探索，2022，2：54-60.

［22］胡春艳. 公共服务如何跨越"数字鸿沟"［J］. 人民论坛，2020，23（8）：62-64.

［23］毛志宏，窦雨田. IPO 制度激励对企业盈余管理的影响研究——熵平衡匹配法的研究证据［J］. 当代经济研究，2022，10：116-128.

［24］杜鹏. 中国特色积极应对人口老龄化道路：探索与实践［J］. 行政管理改革，2022，3：13-18.

［25］林宝. 党的十八大以来我国养老服务政策新进展［J］. 中共中央党校（国家行政学院）学报，2021，25（1）：91-99.

［26］杨发祥，李卓航. 深度老龄化背景下机构养老服务的结构性瓶颈——以上海市为例［J］. 华东理工大学学报（社会科学版），2014，40（1）：11-16.

［27］朱燕菲，周蔚. 有效终身学习体系的组织构架探究——基于供给侧综合改革视角［J］. 成人教育，2019，39（3）：1-6.

［28］吉鹏. 社会养老服务供给主体间关系解析——基于委托代理理论的视角［J］. 社会科学战线，2013，6：184-189.

［29］赵向红. 社会化养老服务发展思路与路径探索——以无锡市为例［J］. 社会科学家，2015，3：44-47.

第八章　社会化养老供给主体多元化融合的制度架构

多元主体参与社区养老服务效能整合机制如图 8-1 所示。

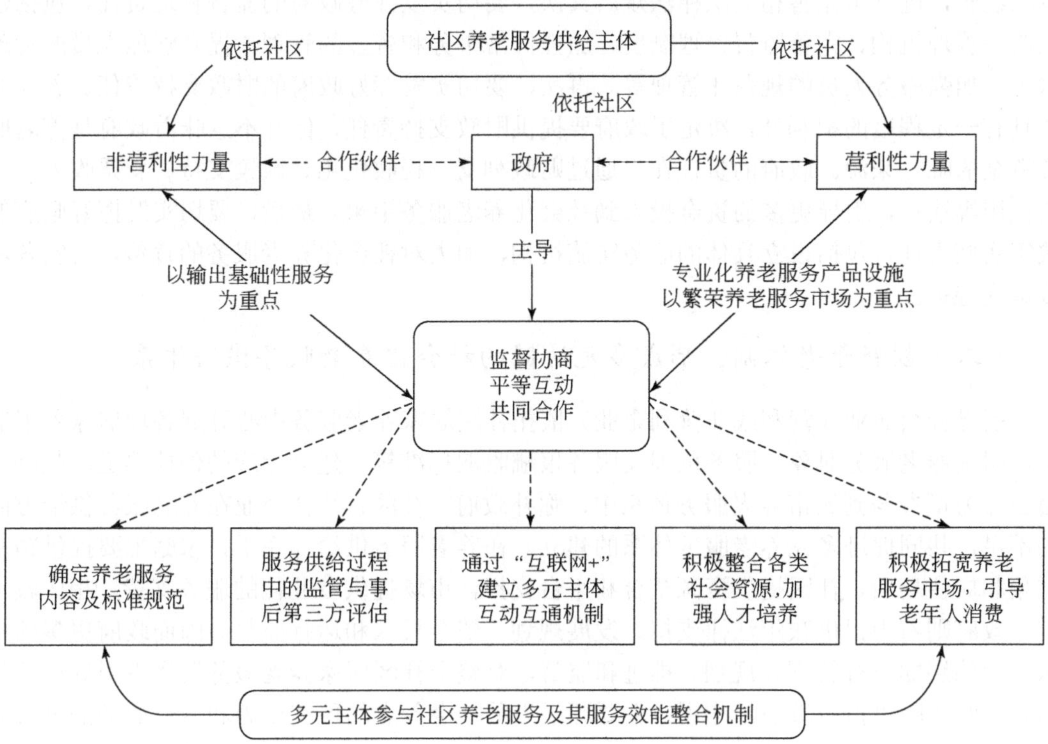

图 8-1　多元主体参与社区养老服务效能整合机制

第一节　政府制度安排

一、深化行政管理体制改革

政府是社会的公共管理者和服务者，在掌握信息及资源方面，相对于非政府单位及组织，政府具有明显的优势地位，这使得政府在推动养老体制改革和创新方面具有先天的责任和义务。在传统的养老服务体系中，政府既是养老体系的构建者，也是养老服务提供者。政府仍扮演着“既掌舵又划桨”的角色[1]。在推进社会化养老模式的进程中，政府需要加快职能转变，由传统的服务提供者，转变为城市养老服务的规范者、监督者。政府职能转变，需要做的工作包括如下几个方面。

（一）厘清政府的责任定位，切实发挥政府的引导职能

厘清政府的责任定位，切实发挥政府的引导职能就是要建立养老服务科学的领导组织体系，明确各部门的职责，并构建完整、合理的问责机制，这是推进社会化养老服务的当务之急。首先，要切实发挥好政府的政策、法规制定责任。做好顶层设计，当前急需建立全国性和地方性的社会化养老服务指导文件，为具体实施提供依据。在具体的制度设计时，坚持以老年人为中心的原则，厘清各主体参与社会化养老服务的责任。同时还需要借鉴日本的经验，进一步完善相关法律法规。其次，要切实发挥好政府的监督管理责任，包括建立监督管理机构、完善监督管理制度、加强日常事务和资金的管理，提升管理人员的管理水平，加强服务人员的规范化管理等。再次，要切实发挥好政府的财政支持责任。养老服务具有一定程度的福利性，决定了政府要提供财政支持责任，但并不意味着政府是养老服务资金的唯一来源。政府的责任在于通过财政列支、税收优惠、政策支持、彩票收入、土地征用等途径，引导更多的资金投入到社会化养老服务中来。最后，要切实发挥好政府的政策实施责任，包括设立具体的服务实施机构，加大对社会化养老服务的宣传，落实各项政策支持等。

（二）创新养老体制，形成多元协同的社会化养老服务供给体系

引导社会企业（营利或非营利企业）依托社区居家养老服务中心开展各项居家养老服务，明确养老服务对象、服务范围及服务报酬收取标准等。建立相应的便捷渠道，鼓励社会公益力量参与到城市养老服务体系中，弥补政府、社区、社会企业在养老服务供给方面的不足，共同促进多元养老服务体系的建立。在养老服务供给体系中，家庭主要提供精神慰藉和居住场所，社区提供资源整合和平台支撑，市场提供专业化的服务支持。相比较而言，政府则着力提供政策法律支持、发展规划、资金投入和运行监督。因而政府更多的是从宏观的层面进行管理、规划、推进和监督，对整个社区居家养老服务发挥着引导性的作用。政府之所以担负着引导作用，主要源于当前社会养老的现实压力和养老服务的准公共产品性质。首先，从缓解现实的社会化养老压力来看，社区居家养老是可行之策。一直以来，都是家庭担负着主要的养老责任。然而，随着家庭小型化，以及年轻人离开家庭外出工作，独自居住，使得家庭的养老功能日渐式微。而现阶段，养老机构的供给能力非常有限，其中既有发展滞后的原因，也有利润较低的困境，还有民众认同的观念因素。在这种情况下，社区居家养老具有比较的优势。但是当前社区整合养老资源的能力有限，亟须得到政府的支持。其次，从养老服务的性质来看，目前我国严峻的养老形势与计划生育国策的推行有很大关系。而且养老服务本身是带有福利性质的准公共产品。社区居家养老服务是面向社区全体老人的，接受服务的老人越多，虽然投入成本会增加，但是产出的效应会更大。因而从接受服务的单个老人而言，其边际成本是递减的。换句话说，社区居家养老服务具有非竞争性、非排他性的特点。政府有责任介入社区居家养老服务，以此保障老人享有公共利益的权益。

（三）破解政府的越位、缺位和错位问题

在当前，各级政府正积极履行职责，参与到社会化养老服务之中，在短期内取得了很

大的成效。然而，这并不能掩盖政府在发挥引导作用的过程中，存在上述现象。政府在养老服务体系中存在越位、缺位、错位等问题，支持与保障养老服务发展的有效制度供给不足[2]。所谓“越位”，是指超越了自身的权限，承担了过多的非政府职能。一是表现为包揽了社会组织的部分职能，如一些本应该由社区承担的文化活动，由社会组织承办的科普活动、慈善活动以及志愿者活动等；二是表现为关系越位，将政府职能部门与非政府的社会组织之间指导与协助、服务与监督的关系，变为领导与被领导、命令与服从的行政隶属关系。政府的越位不仅导致自身负担过重，而且抑制社会组织的发展。所谓“缺位”，是指政府未能扮演好自身角色，履行自身职能。一是表现为服务投入缺位，或者没有将养老服务纳入预算，或者投入严重不足，或者投入随意分散；二是表现为服务管理缺位，政策碎片化、制度不健全、管理体制混乱；三是表现为对社会组织的培育和扶持缺位，缺乏相关的政策扶持和资金资助。所谓“错位”，通俗地讲就是“该管的不会管”，是指政府部门对于自己该管的事情，却没有能力去管好，乱用权力、乱搞一通，也就是“乱权”。一是表现为机构养老服务存在供需错位，空置现象严重，服务质量参差不齐；二是部分社区提供的服务可能又并非老年人所需要的，养老服务内容的供需错位造成了养老服务资源的浪费；三是政府在社会化养老服务过程中还存在职能定位模糊问题，政府并没有结合社会化养老服务的具体需求，明确政府承担的主要责任范围，也没有结合社会化养老服务实际需要制定相应的法律规制。

二、构建多元主体之间的合作关系

（一）推进养老机构嵌入，激发市场的参与活力

在很多人的理解中，社会化养老模式似乎只在于发挥家庭和社区的作用，而与市场无关。事实上，适当的市场化因素进入社区与家庭，融入居家养老服务之中有助于满足老年人更高层次的、更加个性化的需求，因而并未排斥市场的参与。一方面有利于弥补居家养老社会化不足的缺陷，提供更为专业的、多样化的服务；另一方面也为养老机构寻找到新的市场增长点，形成竞争机制，促进养老服务产业的发展。市场性的居家养老服务作为福利性的居家养老服务的补充，进一步丰富了社会化养老服务的内容体系。而且只有当更多的市场主体和社会组织投入到居家养老服务供给中时，居家养老服务生产方式和产出的“多元化”就成为可能[3]。当前，市场参与养老服务已然成为一种趋势。如在美国，市场化的养老服务机构早已渗入到社区和家庭，对居家老人提供家务服务、紧急响铃、法律咨询、入户探望、家庭保健等服务，构成居家养老服务的主要框架。我国也可以借鉴这一做法，在一些家庭和社区无法提供的服务上实现适度的养老服务市场化。也就是说，养老服务市场化是社会组织以竞标的方式从政府那里取得养老服务活动和项目的承办权，按照约定派送合适的服务者提供服务，接受政府的委托，审定老年人的经济、身体状况，确定服务对象、享受顺序和补贴标准等。然而，社会组织更为重要的职责是与政府在老龄化问题治理上形成良好的合作关系。换而言之，在合作治理过程中，社会组织不再仅扮演直接养老服务提供的角色，而且通过发挥其影响力与政府共同参与居家养老服务的决策、咨询、实施、评价与监督，政府与社会组织是相互代理或相互代表的关系。

然而，就目前而言，在社会化养老服务方面，社会组织的力量还非常薄弱，表现为：

社会力量参与居家养老存在观念偏差，部分人认为养老是家庭或社会的责任；对社会组织提供的养老服务认同度不高，有些人甚至认为是子女不孝或无能尽孝的无奈；当前从事养老服务的社会组织发展滞后，缺乏足够的政策支持和资金支持；从事养老服务的人员素质偏低，专业化的人才是制约养老服务供给能力的关键。通过上述分析，要提高养老市场的参与活力，一是指导社会组织完善内部控制制度、制定绩效考核制度、建立养老服务投诉机制，提升社会融资能力，提高服务质量，培养和储备专业服务人才等；二是提升社会组织参与社区居家养老服务的社会认可度。运用传统媒体和新媒体营造社会组织的良好形象，宣传居家养老社会化的观念，开展志愿活动拓展社会组织的影响。

（二）实施增权赋能，提升自助、助人的水平

社会化养老服务的供给主体不仅包括政府、市场和社会，老人及其所来自的家庭也是服务的供给者。从这个角度而言，老人及其家庭，和政府、市场及社会一样，都是社会化养老服务的共同生产者。“共同生产”即是指公民与公共服务供给者共同参与公共服务生产的现象。从这个角度而言，老人及其家庭不仅是服务的接受者，更是服务的生产者，在面向自己的养老服务中也发挥了积极作用。不仅如此，在共同生产的过程中，老人及其所来自的家庭拥有和政府、市场以及社会同样的地位，也就是说共同参与老龄社会问题的治理，介入公共决策。“更为重要的是，共同生产不仅是一个对公民具有教育意义的过程，更能够将此前在社区中未能组织化的居民们动员起来”[4]。老龄化及少子化的加剧，是老人及其家庭参与社区居家养老服务共同生产的现实根源。受计划生育政策的持续影响，我国家庭呈现明显的小型化特征，老年人所占的比重越来越多，而出生率越来越低，这就使得家庭没有足够的资源（包括人力资源和物质资源）来支撑养老的职能。而目前社区养老和机构养老的能力有限。在这种情况下，老人只能加强自我照料、老伴之间的相互照料，以及老人之间的抱团照料。在这个过程中，政府的一个重要职能是发挥良好的支持作用，提高老年人的自我照料和相互照料能力。老人所来自的家庭尽可能地挖掘养老资源，寻求家庭系统的支持。

根据 Alford 的研究，生产意愿和生产能力影响着老年人参与养老服务的共同生产[5]。换而言之，当公民具有良好的生产意愿且有足够的能力参与共同生产时，共同生产行动即可出现，但当该两种要素不能同时得到满足时，共同生产的形成就会遇到障碍。就生产意愿而言，来自于生产的目的是直接为自己服务，或者换取将来对自己的服务，也来自于参与共同生产活动的积极体验。就生产能力而言，取决于老年人及其家人的身体健康状况、经济水平、时间、知识及能力等。因此从促进老年人及其家庭自助、助人的角度出发，应该努力宣传荷兰的健康衰老理念、德国的同居式养老理念，尽可能地帮助老年人及其家人降低共同生产的参与障碍，提高共同生产的参与能力，强化共同生产的参与意愿，提高共同生产的参与意识。其实质是尽可能地对老年人及其家人进行增权赋能，以提升自助、助人的能力。

三、加强制度保障建设

坚持依法治理，健全养老服务体系建设的制度保障[6]。实现社会化养老供给主体多元化融合的基础条件是加强社会化养老制度保障建设。通过法律制度规范和壮大社会组织，

提升社会的供给能力显得尤为重要。其一，构建社会组织承接社区居家养老服务的契约性关系。以契约的形式，规定养老服务供给的内容和标准，确保服务的质量。其二，大力支持社会组织参与社区居家养老服务。包括完善法律法规，健全流程和标准，加大税收优惠力度，制定有效的评估机制，为社会组织参与社区居家养老服务提供法律保障、流程指导、税收优惠、评估指引。完善养老服务运行机制及法规，在多元养老服务体系中贯彻实施各项扶持政策，健全法律法规可以有效保障参与城市养老各主体方的权益，并规范养老服务供给过程中的各项流程和服务标准，此外，政府需要建立各种优惠扶持政策，并确保其贯彻实施，以促进多元养老服务供给的稳定性、可持续性。

第一，建立必要的法律法规。法律法规的作用在于约束社会化养老供给方的行为，保障各方的权益不受侵犯，同时为养老服务中出现的矛盾纠纷处理提供法律依据。第二，建立长效的监督和评估机制。将社会化养老服务对外开放，并不等于政府放任养老服务而不管，而是要激活民间力量，促进养老服务质量的提升。政府在这个过程中，需要监督各项养老政策的执行，并对社会企业提供的养老服务进行评估，确保多元体系中的各主体方的行为都在合理、合法范围内。第三，建立有效的激励机制。根据不同岗位职责，建立科学、公平的绩效考核体系，将绩效与个人收入挂钩，充分调动养老服务管理人员和护理人员的工作积极性。第四，制定各项扶持政策，并促进财政补助政策落实。社会化养老具有回报率较低、对社会资本吸引力不高等特点，参与社会化养老的社会企业运营往往处于微利状态。因此，通过建立各项扶持政策，尤其是财政补助政策，可以增加养老服务对社会企业的吸引力。其中，扶持政策可以包括降低社会企业参与养老服务的门槛、降低各项税费、简化各项手续或流程等。

养老服务体系建设是一项复杂的、系统性的工程，要使整个体系发挥作用，离不开健全的保障机制。以南昌市社会化养老服务为例，其机制不健全表现在以下几个方面。第一，缺少监督机制。社区居家养老服务中心是政府主导建设，并通过服务中心向老年人提供各种养老服务。由于近2年的居家养老服务中心的快速扩张，出现相关的监督机制不健全，进而出现服务中心管理效率低下、工作消极怠慢，从而影响了养老服务质量。第二，缺少激励机制。激励是调动个人工作积极性的重要手段，激励机制的缺失，对于社区居家养老的影响表现有以下几方面。首先，影响居家养老服务中心工作人员的积极性。养老服务供给是一项极需耐心和细心的工作，如果缺少合理的激励手段，如完善的绩效考核机制，势必会影响管理人员和护理人员的工作积极性，从而无法向社区老年人提供满意的服务。其次，缺少激励机制影响社会公益力量参与养老服务供给的积极性。公益组织参与养老服务完全是出于个人自愿的需要，按照马斯洛需求层次原理，这种“尊重的需要”和“自我实现的需要”可以通过精神激励的方式予以肯定，使这种自愿行为更好地发挥。最后，缺少激励机制影响专业护理人员队伍建设。要引进专业的养老服务人才，就需要构建完善的绩效考核机制，让个人感受工作环境的公平和发展空间，如果这种激励机制缺失，使优秀人才难以加入养老服务事业中。

第二节　家庭支持系统

家庭作为天然的养老单位，可以为老人提供一个既有历史经验又有现实基础的理想选择。在我国传统社会中，由家庭为老人提供赡养服务被视为一件天经地义的事情，家庭是整个养老体系的基石。随着工业化、城市化的发展，以及人口流动的常态化，我国家庭养老功能逐渐弱化。尤其是自20世纪80年代以来计划生育政策的强力推行和社会养老观念的持续强化使得我国家庭结构发生了很大改变，年轻人的养老观念也发生了很大变化，家庭养老观念逐渐淡化，家庭保障也变得越来越不可靠。但是，在我国即将进入深度老龄化的背景下，社会化养老服务的严重不足、家庭养老的天然优势与中国几千年的养老文化，共同推动着家庭养老的回归与重塑。家庭养老对分担国家的养老责任、满足老年人多样化养老需求、促进家庭和谐、推动社会进步等具有独特优势。养老的根基在家庭，老有所养美好愿景的实现有赖于家庭的积极作为。因此，从强化家庭养老功能的角度出发，国家需要从之前支持个人为主转向支持家庭为主，从教育、经济、就业、人力、法律等方面，构建全方位的家庭养老政策支持体系，实现老年人老有所养、老有所依、老有所乐。

一般情况下，父母是子女最紧密的支持者。家庭支持也可以是来自其他家庭成员及除家庭成员外有互动关系的人群，如家庭的朋友、邻居等。老年人的生活质量受到家庭支持者的生理心理状况、生活质量、应对方式等的影响。从人际交流的角度，家庭支持系统也可以被认为是社会支持系统的一部分，家庭在社会网络中获得情感支持、工具性协助（福利服务）、信息支持和社会陪伴，意味着家庭可以通过资源、服务、政策、财政补助等多种途径得到帮助，用以提升自身功能。家庭是社会关系的基本构成单位，早期家庭支持多为社会支持研究中的一部分，后期家庭支持研究多借鉴社会支持领域的理论和方法。从社会支持系统的角度，社会支持来源分为非正式支持系统和正式支持系统两大类。成功的家庭支持得益于完善的社会支持和促进系统，家庭支持系统也被认为包括非正式的家庭成员、社会团体等对家庭的支持，以及正式的组织，如政府、福利机构、医疗机构、立法等的支持。

“西方社会学经典理论——结构功能主义，对于中国老年人家庭支持系统的形成、变迁与重塑具有较强的解释力”[7]。结构功能主义是指侧重对社会系统的制度性结构进行功能分析的社会学理论，形成于第二次世界大战后。主要代表人物为美国的帕森斯、默顿等。由社会有机体论和早期功能主义发展而来，主张用功能分析方法认识和说明整个社会体系和社会制度之间的关系。结构功能主义认为社会生活之所以能维持下去，是因为社会找到了一种手段（结构）去满足人类的需要（功能）。其一，从理论的概念要素角度，结构功能主义以“系统”作为基本概念范畴，强调以整体而非单维视角审视社会系统及其子系统。老年人的家庭支持并非单一孤立的社会行动，其包含人力、经济、政治、文化、伦理等多重要素，亦是结构功能主义所指向的互动整合的功能系统。其二，从理论的分析工具角度，结构功能主义以AGIL功能模型为分析框架，致力于探讨维系社会系统存续、稳定与均衡的多维因素。AGIL 功能分析图由美国哈佛大学教授帕森斯提出。在帕森斯高度抽象的理论框架中，任何行动系统都必须满足4个最基本的功能要求，即功能模式，这4个功能分别是：①适应（adaptation），指系统必然同环境发生一定关系，为了能够存在下去，系统必须拥有从外部环境中获取所需资源的手段；②目标达成（goal attainment），即任何行动系统都具有目标导向，系统必须有能力确定自己的目标次序和调动系统内部的能量以集中实现系统目标；③整合（integration），即任何行动系统都由部分组成，为了使系统作为一个整体有效地发挥功能，必须将各个部分联系在一起，使各个部分之间协调一致；④潜在模式维持（latency pattern maintenance），在系统运行过程暂时中断即互动中止时期，原有的运行模式必须完整地保存下来，以保证系统重新开始运行时能照常恢复互动关系。基于此，针对老年人的家庭支持作为社会功能系统，亦可从家庭资源、家庭结构、家庭文化等维度分析其存在与发展的功能要素基础。其三，从理论的解释范围角度，结构功能主义不仅从静态层面阐述社会系统维系与稳定的条件及机制，还从动态层面分析了社会冲突与变迁的根源及机制。结构功能主义的理论逻辑，与老年人家庭支持系统的生成、危机与重构的社会现实相契合。基于结构功能主义理论视角，社会系统是具有一定主体结构、互动关联与功能效应的复合体系，各组成部分各自运作、协调互动、彼此影响，达到动态平衡，并突显整体效能。支持主体、支持客体、支持动机、支持内容等相关结构功能要素叠加组合，相互适应，构成了结构功能主义视域下的老人家庭支持系统。从支持动机看，血缘亲情、经济利益与伦理道德构成了老人家庭支持系统的动力源泉；从支持来源看，配偶支持、代际支持与亲属支持构成了老人家庭支持系统的主体结构；从支持内容看，经济支持、服务支持与心理支持构成了老人家庭支持系统的功能表征。老人家庭支持系统中的各行动者基于不同动机与需求，彼此互动，相互协调，逐渐形成相对稳定的社会行动与社会功能体系。

一、家庭人力支持

发展和支持家庭养老，必须在人力资源上给家庭以足够的支持。除鼓励子女亲力亲为照顾老年人外，还需整合社会资源，充分发挥社会组织、志愿团体的作用，鼓励其他社会力量参与对老年人的照顾，弥补家庭养老人力资源的不足，为家庭照料成员提供喘息时间。随着我国社会工作事业的发展，专业社会工作者的优势越来越明显，国家应创造条件支持社会工作者走入家庭。一则社会工作者可以为家庭成员讲授养老、护理知识，提供照护培训；二则他们可以调解老人与子女之间的误会和矛盾，使老人更宽厚、仁慈、包容，子女更耐心、细心、尽心，使老人和子女之间相互尊重，和谐相处。同时，还需完善志愿者服务制度，在充分保障志愿者权益和安全的前提下，鼓励其进入家庭，为有需要的老人提供照料服务。养老是两代人甚至三代人之间的事情，我们还应从鼓励生育、改善家庭结构方面，夯实家庭赡养的人力基础。在政策支持方面，儿童福利制度尚需完善，通过健全托幼、儿童教育等公共服务降低育儿成本，解除生育家庭的后顾之忧。此外，国外的一些做法也非常值得借鉴。例如，德国为应对新的人口问题，提高人们的生育行为，出台了一系列与家庭相关的友好政策，范围涉及社会政治经济生活的诸多方面，形成了内容庞杂的家庭支持体系。

我们可以借鉴德国的家庭友好政策，支持家庭的人力资源增长。老年人家庭对老人养老现有的支持力主要考虑老年人自身每月退休金和养老金收入，子女、孙子女合计对老年人的财务支持总额等方面。人力方面所反映的是老年人实际生活照料的需要和家庭人力投入的情况，其中人力养老负担包括老年人自理能力及照料需求的测量。而在人力方面，养老家庭承载力指标主要考察当前家庭照料能力和所提供照料的质量。潜在养老负担和家庭承载力主要指目前还没有发生，但未来可能成为经济和人力负担的因素，以及家庭成员在需要时进一步提供养老支持的能力。其中潜在养老负担是随着老年人身体机能的衰弱，在可见的未来需要经济、人力照料的潜在可能和强度，主要是由老年人健康状况所决定的，考虑的是退行性疾病可能带来的老年人身体状况下降、老年人一旦患病得到医疗服务的可能性及老年人身体健康情况的整体评价。承载力是家庭应对潜在养老负担的能力，不管家庭形式如何变化，如子女婚后从家庭户中分出，或者因人口流动有部分儿女不在身边，但儿女是老人养老的依靠，因此家庭承载力要反映儿女数量对老人的潜在人力支持；医保状况是老年人患病时获得医疗服务和降低医疗支出负担的保障；全家上一年度总收入反映老年人家庭财务能力，对独居老人收入进行的分析也显示老人填报的全家收入与家庭户收入差异较大，这从侧面印证了在老人心中可以依靠的是由亲缘关系决定的家庭，而不完全受居住形态所限，因此全家上一年度总收入代表了家庭潜在的经济承载力。

家庭人力资本越丰富，失能老人获得照护的概率会越高，而且失能老人获得的照护以获得家庭照护为主。根据交换理论和群体合作理论，为了满足照护需求，家庭成员之间可以进行合理分工：一部分成员提供经济支持，以减轻另一部分提供家庭照护者的压力，激励其提供稳定的家庭照护，实现资源有效配置。而人力资本涉及三种可能，其中同住者人数及同住者劳动能力为家庭照护提供了劳动力保障，而同住者受教育程度则与为家庭照护提供经济保障相关，因为受教育程度高其所从事的职业可能更体面，收入更丰厚，为失能老人提供的赡养资源更充足，也有经济能力让其他家庭成员从劳动力市场中退出，从而专门负责照护失能老人。另外，文化层次越高越可能感知失能老人的精神需求，更理解传统的孝养文化而更愿意照护老人。家庭经济资本越丰富，失能老人得到家人照护的概率反而越低，其中经济支持起中介作用。基于资源配置及机会成本角度，结合失能老人的照护需求，家庭成员会在“给钱”和“照料”之间进行选择，子女用货币购买社会服务已成为常态。即，家庭禀赋一定的条件下，家庭成员基于资源最优配置，可能会理性选择进入劳动力市场，购买正式照护替代家庭照护；也可能选择退出劳动力市场，直接提供家庭照护。对于失能老人来说，家庭经济资本的主要贡献者是同住的家庭成员，其经济条件比较好的时候，很可能对失能老人用“经济支持”替代“日常照护”，即“以金钱换劳动”。特别是经济转型时期，人口流动性较大，而照护老人又属于劳动和时间密集型劳动，除非老人严重失能，一般不会专门安排家人提供照护，子女往往通过经济支持的方式解决父母的生活需求。相反，经济禀赋较低的家庭，家庭成员收入水平较低，照护失能老人的机会成本较低，留下来照护老人是最理性的选择。

二、家庭购买养老服务

社会化养老的实质是养老功能从家庭向社会部分转移，由原先主要靠家庭提供养老资源和服务转变成主要由社区或养老机构提供服务。在这一转变中社会逐渐承担起养老职能，而家庭购买必要的养老资源的过程是“养老社会化的过程”。居家养老服务企业或社会服务机构通过较为低廉的价格、优质的服务逐步赢得老年人及其家庭的信任，打造品牌效应，吸引更多的老人和家庭自费购买养老服务，一批民营养老服务企业及机构在当地广为人知。此外，该政策也激励更多的企业、社会服务机构进入居家养老服务市场，对居家养老服务事业进行投资。家政服务和政府购买的居家养老服务同为专业照护，但筹资方式不同，前者由家庭购买，后者由公共筹资。仅就获取服务本身而言，若家庭照料可以替代家庭购买的养老服务，那么家庭照料与政府购买的养老服务之间也应具有替代关系。更进一步，我们推测家庭会更倾向于使用政府购买的养老服务。毕竟家庭购买社会养老服务需要家庭负担全部费用，而享受政府购买的养老服务则无须家庭付费或只需支付相对较低的费用。由于我国政府购买养老服务尚处于政策制定初期，缺乏数据资料，家庭照料与政府购买的养老服务之间可能存在的关系。

虽然家庭购买养老服务具有很多优势和便利，但鉴于我国目前养老行业的实际情况，相对于居民收入水平来讲，目前的养老服务依然是以家庭/个人购买服务为主，但家庭购买能力有限。2021 年，城镇居民人均可支配收入为 47 412 元，农村居民人均可支配收入为 18 931 元，虽然比改革开放初期有了大幅度提高，但相对于现在的养老消费水平而言依然是捉襟见肘。老年人尤其是农村老年人的收入水平更低，依靠个人能力购买养老服务，在短时间内很难实现。中国新型农村社会养老保险和新型农村医疗保险制度的发展将更多农村人口纳入保障体系，在一定程度上有利于改善农村老年人的生活状况，但这两种保险的给付标准和保障范围城乡差异显著，主要表现为兜底和低保的社会救助功能；高龄老人津贴和贫困老人救助补贴也仅能维持最基本的生活，无力购买额外的养老服务，形成“有供无求”的局面。再者，农村经济发展的滞后性、局限性和老人购买能力不足，使得农村养老服务市场机制失调，养老服务供给主体缺失，又会形成“有求无供”的局面。综上，农村地区财政资金投入不足、经济活力差是制约农村养老服务业发展的关键性因素。

随着家庭小型化的发展，传统的家庭养老面临严峻的挑战，“空巢”老人的数量也日益增多，从 20 世纪 90 年代起，上海率先开展政府购买养老服务，随后北京、宁波、南京、长沙等地也逐渐开展政府购买养老服务，事实证明，用这种购买模式来提供养老服务是行之有效的。总之，在我国当前老龄化的形势下，大力推行政府购买养老服务的模式，整合各方资源，借助专业化的组织提供养老服务，能够有效缓解养老服务供给紧张的状况，并且在一定的监督机制下，使老年人享受到高质量服务，得到切实的好处。但是，我国的政府购买养老服务模式仍处于探索发展中，宣传力度不足，仍有一定的社会组织和民众对于这种购买行为不甚了解。同时，缺乏有效的监督机制和绩效评估手段也会导致该模式失效。

政府购买服务是指通过发挥市场机制作用，把政府直接提供的一部分公共服务事项及政府履职所需服务事项，按照一定的方式和程序，交由具备条件的社会力量和事业单位承担，并由政府根据合同约定向其支付费用。

在整个购买过程中，政府的角色是支付者，而这些机构也就是相应的社会组织，其角色是事务的承办者。如果政府需要执行一项公共服务，并且有一笔钱要用于公共服务，那么政府提供公共服务的方式有两种，其一是政府利用这笔资金，成立一个相应的机构，来提供所需要的公共服务，这种机构在我国常见，即事业单位。然而，通过成立事业单位来提供公共服务的模式存在一定的缺陷，那就是资金的用途首先并不是去提供公共服务，而是要保证单位的运转、员工的工资等费用，余下的资金才能够用于公共服务的提供，利用效率和服务效果不佳。而政府购买服务，即政府直接利用社会已经有的社会组织，将公共服务的经费直接支付给社会组织，由社会组织提供相应的服务，这实际上是一种市场机制。而社会组织购买养老服务，是社会组织购买公共服务的一个方面，是政府向有提供养老服务资质的社会组织支付资金，购买相应的养老服务，服务由社会组织提供。2022 年 3 月 25 日财政部下发了《关于做好 2022 年政府购买服务改革重点工作的通知》（财综〔2022〕51 号），该文件中指出目前我国还存在政府购买服务合同管理不够规范、绩效管理需要进一步加强、购买边界把握不够准确、事业单位政府购买服务改革进展不够平衡等问题。为部署加快推进政府购买养老服务工作，需要进一步加大政府购买服务改革力度、规范政府购买服务管理。

三、家庭支持系统的脆弱性

（一）老年人家庭养老的脆弱性

脆弱性是福利水平的重要组成部分，对脆弱性进行测量及分解有助于分析家庭的福利水平及其决定因素，从而确定最脆弱人群并提高其可持续能力，有助于政策的设计及提高福祉的针对性和有效性。脆弱性评估是一切行动的开始[8]，对探索阻碍社会有效响应的潜在因素，寻找降低脆弱性的方法，以及增强脆弱人群的适应能力具有重要意义。养老脆弱性是老年人家庭由于缺乏一系列养老资本、制度性支持、面临自然和社会风险而导致老年人生活福祉方面的固有特征。老年人生理机能渐弱，家庭角色衰落，社会地位降低，各种劣势的集合决定了老年人是具有显著脆弱性的弱势群体，并且老年人是弱势群体中更脆弱的群体。老年人养老的多层次性与多维度性决定了其具有系统性。家庭作为农村地区最主要的活动主体与最基本的决策单位，是宏观层面上经济社会转型、城乡发展差距、社会福利分层影响微观层面上的直接载体，以"家庭"为单位所形成的养老保障网是老年人养老的基础与支撑。老年人家庭养老保障网的保障能力与养老风险博弈结果的表现形式则是养老脆弱性的显性化。老年人家庭养老保障网的保障能力与保障水平决定了老年人家庭养老脆弱性的高低。家庭依然是当前农村老年人养老资源的主要供给者，强化家庭保障基础是降低农村老年人养老风险，改变其敏感性，降低其家庭养老脆弱性，实现农村老年人家庭养老可持续的重要方向。

目前养老政策主要集中于老年人个体，要想提高农村家庭养老能力，降低家庭养老脆弱性，必须将关注点从老年人个体扩大到与老年人相关的所有家庭成员。在完善针对老年人个体保障政策的同时，关注其他家庭成员作为老年人家庭养老潜在照料者的需求和支持，从而进一步改善老年人的生计与福利。支持家庭将家庭养老的功能重新发挥出来，是降低农村老年人家庭养老脆弱性、实现农村老年人家庭养老可持续的根本。中国社会目前正处于转型期，给农村老年人及家庭的福祉状况带来了更多的动态性和不稳定性，农村养老脆弱性凸显。农村养老脆弱性是由农村老年人的个体特征、家庭特征和保障体系特征等因素决定，使农村老年人生活极易在内部风险冲击或外部风险扰动下而遭受福祉损失或陷入养老困境。改善老年人福祉，避免其陷入养老困境，最重要的是降低老年人养老脆弱性。老年人养老具有多维度性和多层面性，这决定了农村老年人养老是一个系统性问题，而不是一个个体研究。因此，实现老年人养老需要老年人自身、家庭、社会和国家的共同努力，以"家庭"为单位所形成的养老保障网是这种共同努力的载体。农村老年人养老脆弱性的高低取决于这种保障网的保障能力和保障水平。养老脆弱性由多种因素导致。首先是个人特征因素，表现为人口性别、年龄、文化程度、婚姻状况等。年龄大、文化程度低、无偶老人相对来说抵抗风险能力差，养老脆弱性较高。其次是家庭特征因素。家庭特征因素对于养老脆弱性程度有重要影响作用。作为一种家庭单位的社会经济行为，从农村来讲，家庭拥有的资本总量对农村老年人养老具有决定性作用。而农村家庭结构和功能的变化加大了农村老年人养老的脆弱性。家庭规模小型化、家庭结构核心化导致农村家庭收入潜力降低，农村家庭保障能力下降，农村养老脆弱性增加。再次保障体系是重要影响因素。农村养老保障体系包括传统的土地保障、家庭保障、现代养老保障体系等。从土地保障角度来看，土地作为自然资本一直承担着农村老年人重要的生活保障职能。但随着工业化、城市化和市场化的发展，土地的保障作用正在迅速削减，表现为土地数量减少、土地收入占家庭收入比例减少等。家庭保障是农村老年人养老的重要支撑，家庭的生计资本是农村老年人家庭保障的基础。随着生育率的下降、工业化的快速推进、城镇化的迅速发展、人口的大规模流动、家庭规模的急剧缩小及现代社会价值观念的急速转变，传统意义上作为养老资源主要提供者的家庭，自身的保障功能逐步弱化。最后是养老脆弱性的社会转型因素。中国正经历着人口、社会、经济等多重结构转型交织的重要时期，多重转型所带来劳动方式的转变、社会关系的变化、家庭功能的转移、养老观念的改变对于家庭保障能力的影响不容小觑。因此，养老脆弱性是农村老年人家庭由于缺乏养老资本、制度性支持、面临自然和社会风险等而导致的是以“家庭”为单位的养老保障网的保障水平、保障能力与养老风险博弈的显性化结果。农村养老实质上是农村老年人可持续生计的实现问题，降低农村养老脆弱性需要实现农村老年人的可持续生计，从而改善农村老年人现有的家庭支持政策。

（二）家庭自我保障功能弱化

中国经历人口与社会的双重变迁，家庭自我保障能力和发展能力在不断弱化、外化和社会化，家庭生计资本的匮乏导致家庭无法为家庭成员提供传统意义上的有力支持，尤其是老年人家庭的需求更为迫切。老年人家庭对社会政策和公共服务的需求是强烈且持久的。探寻社会化解决途径最有效的手段便是建立健全系统化的家庭支持政策。同西方家庭支持政策的兴盛和家庭政策研究的繁荣相比，我国的家庭支持政策及其研究相对滞后。我国直接或间接涉及家庭支持的政策大多专注于问题家庭，对于老年人家庭的家庭政策提及甚少。相对于普通家庭，老年人家庭的生计与福祉问题具有脆弱性及多样性特征。与西方国家不同，家庭在中国不只是生产与再生产的经济单元，还是秩序单元、教化单元和福祉单元，并负有社会化和保护其成员的责任。在人口与社会双转型的过程中，政府对家庭模式实施了强制性干预，并对家庭关系和功能进行了功利化的操作，使得中国家庭在制度层面被高度工具化，却缺乏有效的政策支持家庭自身的发展。《国务院关于印发“十四五”国家老龄事业发展和养老服务体系规划的通知》（国发〔2021〕35 号）明确提出支持社区养老服务机构建设和运营家庭养老床位，将服务延伸至家庭，由此将家庭政策的完善与改革提上议程，社会政策和公共服务对象正在从“个人”向“家庭”扩展，因此家庭政策的完善和改革势必成为关系中国经济社会可持续发展的关键要素之一。中华人民共和国成立伊始，家庭作为“私”成为“公”的对立面，城市的单位和农村的人民公社是个人福祉的主要来源。改革开放以来，政府开始强调家庭重要性的同时减少对家庭生活的干预，并形成一套包括影响人口发展、提供家庭保障和促进性别平等等内容。我国的家庭政策研究目前尚处于探索阶段，从政策手段上而言比较零散，缺乏系统性的政策框架。脆弱性在老年人研究方面的应用，为探讨农村老年人家庭养老脆弱性奠定了基础。农村养老问题既要考虑宏观层面经济社会转型、城乡发展差异、社会福利分层的外部风险冲击，也会受到微观尺度上家庭与个体内部风险扰动的影响。个体或家庭的异质性是导致农村老年人家庭养老状况差异化的重要原因。宏观层面人口与社会变迁在微观层面带来的重要后果之一是家庭结构的变化，这对依赖家庭养老的农村老年人影响尤为深远。家庭结构和特征是分配与结合家庭养老资源的关键性条件因素。配偶与子女影响老年人养老资源，居住安排则是养老资源可及性的重要因素。农村老年人家庭养老资源的研究有助于对其养老脆弱性水平与差异的剖析。

第三节　市场供给系统

一、大力发展各类养老服务市场主体

2015 年 11 月，“十三五”规划建议进一步指出，要全面放开养老服务市场，通过购买服务、股权合作等方式支持各类市场主体增加养老服务和产品供给。同时，北京、江苏、浙江、辽宁等地政府在土地、税收、信贷、财政等方面给予养老产业发展政策支持，调动投资者的积极性，探索养老产业发展路径。这些政策措施的出台，对进一步加快推动我国养老产业发展起到了重要的保障作用。在一定条件下，市场也可以供给公共产品，实现多种供给机制。社会资本投资养老服务业，能够提高养老服务业的内在活力和市场竞争力，促进供给主体多元化，扩大市场供给规模，增加养老服务的有效供给。通过供给侧结构性改革，进一步激活社会资本，调动其投资发展养老服务业的积极性和创造性，形成公平竞争的市场环境，将有助于扩大养老服务业的市场供给规模，延长养老服务业的产业链，促进养老服务业的产业化进程，使养老服务业的规模经济效应更加突出。另外，通过建立养老服务供需平台，推动养老服务与老年人需求无缝对接等，可以降低养老服务业的成本，更好地满足老年人的养老需求，从而让老年人群真正享受到供给侧结构性改革的红利。

尽管近年来养老服务业市场化取得了较为明显的成效，但社会化养老服务市场主体小散弱、有效供给不足、养老服务发展不平衡不充分、服务质量不高等问题依然存在，社会化养老服务业发展还比较滞后，社会化养老服务业在市场化发展过程中仍然存在一些亟须解决的问题。首先，社会化养老服务业体制机制存在堵点。目前关于促进养老服务业发展的宏观政策环境已初步建立，但政策落地的“最后一公里”还存在一些体制和机制的障碍，基层治理能力有待改革。在基层实施中存在知晓率不高、认识不统一、执行不力、监管不到位等现象。无论是企业申请补贴还是政府购买服务，均面临程序烦琐、时间冗长等问题。在政策顶层设计方面，养老服务市场缺乏充分竞争，没有形成合理的市场竞争机制；医养紧密结合配套制度不健全，养老机构取得医保及医疗定点资格困难；长期护理保险政策尚未大面积实施。其次，养老服务供给与需求不平衡不充分。日益增长的养老服务需求与供给不平衡不充分的问题越来越突出，成为新时代制约我国养老服务市场化发展的痛点和难点。养老服务供给与需求的结构性矛盾日渐突出。目前全球老年用品有 6 万多种，但我国仅有 2000 多种。养老服务供给质量不高，老年人在精神慰藉、情感支持等方面的需求得不到满足。养老服务供给侧结构性失衡。截至 2021 年底，全国共有各类养老机构和设施 35.8 万个，养老床位合计 815.9 万张，以养老床位测算，按照国际通行的 5%的老年人需要进入机构养老的标准，我国至少需要 1000 多万张床位，因此还存在较大的缺口。随着我国老龄化、高龄化的加剧，失能、半失能老年人的数量还将持续增长，照料和护理问题日益突出。最后，市场主体弱化，养老服务产业市场活力不足。目前我国养老服务市场缺乏专业化、现代化的养老服务龙头企业的示范和带动。

培育和壮大养老服务提供主体，形成多元化、多层次、专业化的养老服务供给局面。在明确政府职责、充分发挥政府“兜底线、保基本”作用的同时，需要充分运用市场和社会资源，大力培育养老服务市场主体，全面发展养老服务市场，推动形成多元化、多层次、专业化的养老服务供给局面，满足不同老年人多样化的养老服务需求。第一，在体现公益职能的基础上积极推进公办养老机构公建民营改革。在确保实现公办养老机构提供兜底性、福利性养老服务的同时，积极推进公办养老机构改革，提升公办养老机构的运营活力和效率。有序推进公办养老机构转制成为企业或开展公建民营改革，在“十四五”期间，适当降低政府运营的养老机构床位数占比，提高市场运营的养老机构床位数比重。在公建民营改革的过程中吸引社会资本投入到建设和运营过程中。通过各种支持政策吸引市场资源投入，实现专业化的管理运营。第二，大力发展市场化的民办养老机构，提升其管理运营和服务能力。对于民办养老机构，应该充分体现市场化导向，引导民办养老机构提供差异化、多层次的养老服务，促进竞争性市场的发育，提高民办养老机构的营利能力与收益。对于民办养老机构，应该充分体现市场化导向，开展市场竞争，提升营利能力与经济效益。避免民办养老机构服务提供的完全同质化、功能单一化，避免过于低端化与过于高端化，应该根据不同老年人的需求和收入能力，提供大众化、差异化、多层次的养老服务，提高民办养老机构服务的精准性与可及性。在加强政府对民办养老机构全方位支持的同时，要增强民办养老机构发展的独立性和“造血”功能，避免陷入长期依赖政府的被动发展局面。政府在支持民办养老机构的过程中，应该实现生存运营型投入与发展型投入并重。

二、规范养老服务市场主体行为

政府、市场、家庭、社会组织等多元主体共担社会化养老服务有助于保障失能老人有品质的生活。但是，政府、家庭、市场、社会组织等多元供给主体的目标非一致性、动力不足、行动缺乏协调性和资源投入缺乏整合性，导致多元主体养老服务供给缺乏效率，需要构建核心主体机制、责任分担机制、相互渗透机制和法律保障机制构成的四维机制，实现多元主体融合状态，提升多元主体养老服务供给的效率。

（一）规范市场主体行为的意义

通过规范养老服务主体行为来提高养老服务质量水平。从宏观来看，当前我国养老服务市场的提供主体可以分为营利与非营利两类。非营利性养老服务的主要提供者负责社会养老和政府救济，通常是政府资助的公共养老机构或社会福利组织。然而，营利性养老服务提供者主要依靠市场进行资源配置，以市场需求为导向升级产品性能，创新服务理念。其产品或服务的价值通过所获得的利润完全或部分满足持续经营的需要，这类服务的提供主体主要为民办养老机构或社区养老服务中心。根据国家法律和政策的规定，民办养老机构可通过各类方式提供养老服务来获取利润并以此扩大其经营规模。因此，很难避免一些养老服务机构因为不合理的利润动机，只顾最大化经济利益而不顾社会责任，导致养老服务质量水平低下，损害老年人合法权益，危害老年人身心健康。民政、消防、工商、物价等政府机关和社会组织应依法对养老服务行业经营和退出等环节加强监督和规范管理，落实养老服务业的监管责任，严格按照国家法律、政策，严格规范养老服务的主体行为，保障养老服务质量。

（二）现阶段市场主体行为的特点

在现阶段，由于养老事业的双重属性和市场发育的不完善，在市场力量难以参与或者不愿参与的地方，政府仍需要发挥主导作用，加强对涉老企业的扶持和涉老金融的监管，以便形成良好的市场秩序，到一定阶段，政府部门可以退往幕后，将服务的实施让位给市场主体。标准化、规范化、规模化是居家养老服务的三大生命线，而目前居家养老服务市场的主体普遍呈现小、散、乱的状态，而有规模、规范化的服务主体非常缺乏，所以需要政府主管部门进行大力培育，通过为企业穿针引线，推动社区和养老服务主体形成合作关系及创业引导等孵化手段，支持居家养老服务企业的成长和发展。要推动养老服务业市场化发展，从一定意义上讲是简政放权、建立市场机制、培育市场主体、激发市场活力。

（三）规范市场主体行为的具体措施

深化“放管服”改革。完善市场体制机制应进一步推动“放管服”改革，科学规划养老服务市场布局，推进养老服务体系成熟定型，制定养老服务市场制度，改革完善医养结合政策，扩大长期护理保险制度试点，规范养老服务市场行为，创新养老服务市场监管模式，维护良好的市场秩序，以推动我国养老服务发展市场环境不断改善。深化供给侧结构性改革，培育养老服务市场，深化养老服务业供给侧结构性改革的最终目的是满足需求，主攻方向是提高养老服务供给质量和效率，努力为老年人提供符合消费需求、方便可及的养老服务：一是全面提升居家养老的服务品质。中国90%以上的老年人选择居家养老，居家养老仍将是未来主流的养老模式，重点发展生活照料、康复护理、健康教育、精神慰藉等上门服务。广东省探索建立全方位多层次“互联网+”智慧养老模式，建立特殊群体老年人“关爱地图”，向老年人提供“大配餐”服务，提供助餐、助洁、助行、助浴、助医等适合老年人的上门服务项目，基本建成“一刻钟”居家养老服务圈。二是丰富多层次供给体系。坚持市场化原则，建设多层次协调发展的养老服务供给体系，扩大有效需求和培育多元化供给主体，多渠道增加优质产品和服务供给，支持养老服务多业态发展，促进适老产品升级，推进养老服务发展水平逐渐由低端向中高端迈进。三是大力发展养护型、护理型和临终关怀型养老机构。国家卫生健康委员会老龄健康司数据显示，2021年我国约有1.9亿老年人患有慢性病，失能失智的人数约为4500万人。养护型、护理型成为养老机构发展的主要方向，因此要有效提高护理型床位总量和占比。2020年，养老床位中护理型床位占比不低于30%，2022年，养老机构护理型床位占比不低于50%，基层医疗卫生机构护理床位占比达到30%。

第四节　社会组织补充系统

一、非营利性养老服务社会组织

（一）非营利组织的定位

早在20世纪50年代，英国的一个研究委员会曾提出非营利部门是一种具有试验性质的组织，可以凭志愿者的理想去做国家不宜去做，而追求自立目的的企业又不愿意去做的那些事情。《集体选择经济学》一书对非营利组织的出现给出了三方面的原因：一是人们不满足于政府提供公共产品和服务，即克服“政府失灵”；二是人们对营利组织提供公共服务中出现的“合约失灵”极不放心，即克服“市场失灵”；三是为了克服政府支持随社会捐赠而减少的情况，即吸收社会资源的“资源优势”。“非营利组织在提供公共服务中对社会需求的灵活（接近群众、行动无须层层上报、层层决定）、高效、回应性及低成本（使用志愿者或低薪的专业工作者），恰恰是政府的弱点，能及时迅速解决社会中出现的小矛盾，而不用等到矛盾的扩展和激化，人性化和不计利润的特性则是非营利组织相对于营利组织的优势所在”[9]。正是由于上述非政府非市场的性质，非营利组织在公共产品的供给中具有得天独厚的先天优势。第一，非营利组织是具有运作功能的实体，能够提供养老服务，实现公共职能。它们更贴近老人的生活，当出现问题的时候，能够迅速做出反应，进行创新，是更灵活和更个人化的输送公共服务的渠道。第二，非营利组织有助于填补政府用于养老福利方面的资金不足的问题，能够通过社会捐助，动员社会各方面资源参与养老服务供给，包括资金资源和人力资源，构成良好的社会资本。第三，通过组织活动，非营利组织积极动员志愿者的力量，促成庞大的社会人力资源，倡导社会信任和互惠，促进人们尊老养老的道德意识，也是提高公众参与和维护社会稳定的重要因素。第四，非营利组织具有实体经济功能作用，能够创造大量的就业机会。第五，面向社会弱势群体的非营利组织，致力于扩大社会公平，缩小各种社会群体之间的差距，能够代表弱势群体发出声音，表达意见，引起政治和社会上的关注，在一定程度上起到社会安全阀的作用。第六，非营利组织的运作增加了资源的透明度和合理性，社会广泛参与，相关的活动都是在社会监督下进行的，因此能够较好地避免贪污、浪费等现象。

（二）非营利组织与政府的关系

康晓光对国家与民间组织的地位及其关系演变阶段进行了预测[10]。他认为国家与民间组织的地位及其关系演变很可能要经历三个阶段。第一阶段，政府居于绝对主导地位，民间组织受到政府的控制，双方是国家合作主义体制。第二阶段，政府处于相对主导地位，民间组织变为半官半民的性质，发挥“第三行政系统”的职能，双方是准国家合作主义体制。第三阶段，在中国共产党的领导下，政府改革取得成效，政府成为高效运转的政权组织形式，民间组织获得充分的自治，双方积极合作，是社会合作主义体制。从福利机构与政府关系的演变过程中，我们也可以看出以下特征：第一阶段已经过去，目前正处于第二阶段的转型期，第三阶段也正是行业所提倡的理想关系模式。福利机构与政府之间合作关系的转变是融合模式的基本条件。福利机构与政府的关系还与其性质有关。政府办与社会办两类养老福利机构目前处于两类完全不同的制度环境中，在注册登记、业务主管、内部的管理与决策、对外联系、社会支持等主要方面都有所差别，存在双轨制。融合的另一层含义是淡化这种差别，使二者处在同一起跑线上。

（三）非营利组织的资源

一般认为，非营利组织存在的本质是能够动员社会资源，达到服务于公众的社会目的。与政府依靠权力强制性征收税费，企业依靠营销主动性获取利润的方式不同，非营利组织基于志愿性原则，可以凭借各种方式获得资源，其发展更是依赖于多种资源获取方式的组合。总的来说，非营利组织的资源主要包括三个方面：公共部门支持、社会支持和各类收费。公共部门支持主要是指政府的拨款和购买合同等；社会支持包括国内国外非营利组织的支持，企业及社会个人的慈善捐赠等；各类收费主要包括会费和服务收费等。另外，志愿者所奉献的时间、技术、才能等，也是非营利组织的宝贵资源。

二、慈善性养老服务社会组织

协调公益慈善组织在社区开展的各项志愿活动。公益慈善组织参与社会化养老服务，需要在养老服务中心的统一安排和协调下进行。就服务中心而言，需要做到：第一，建立社会化养老服务中心的信息沟通机制。沟通机制可以基于信息化平台，例如，定期向社会发布一些志愿岗位信息。此外，可以在服务中心设立志愿者接待室，接待公益慈善组织或个人的来访咨询。第二，建立失独失能失智老人档案，及时掌握这些急需照料的老人信息，然后根据志愿者的专业技能，进行志愿者与老人的帮扶配对，做到让适合的人提供最需要的服务。第三，协调公益慈善组织开展各种社会活动，例如，安排老人参加健康咨询活动，或组织各类文艺活动。

参考文献

［1］吕钶. 乡村振兴战略下农村体育治理的实践逻辑与因应策略［J］. 北京体育大学学报，2022，45（2）：64-73.

［2］辜胜阻，吴华君，曹冬梅. 构建科学合理养老服务体系的战略思考与建议［J］. 人口研究，2017，41（1）：3-14.

［3］姚俊. 居家养老服务市场化：何以可能与何以可为［J］. 兰州学刊，2017，8：152-160.

［4］张云翔. 居家养老服务中的共同生产研究——以上海花木社区乐巢项目为例［J］. 浙江学刊，2016，1：135-140.

［5］Alford J. Engaging public sector clients：from service-delivery to co-production［M］. London：Palgrave Macmillan，2010.

［6］孙计领，刘尚君，索浩宇，等. 社会治理视角下科技发展支撑养老服务的理论思考［J］. 人口与发展，2022，28（1）：50-58.

［7］易艳阳，周沛. 危机与重构：AGIL 框架下的农村残障老人家庭支持系统［J］. 南京农业大学学报（社会科学版），2019，19（5）：86-95，157.

［8］Moser SC， Ekstrom JA. A framework to diagnose barriers to climate change adaptation［J］. Proceedings of the National Academy of Sciences of the United States of America，2010，107（51）：22026-22031.

［9］张洪武. 分工、共同体与社会团结的纽带［J］. 宁夏社会科学，2015，4：19-24.

［10］康晓光. 中国财富分配三大差距的演变及其控制（下篇）［J］. 云南民族学院学报（哲学社会科学版），2000，4：5-9.

第九章　促进社会化养老供给主体多元化融合的政策建议

第一节　加大多元主体资源整合的力度

资源整合是指对不同来源、不同层次、不同结构、不同内容的资源进行识别与选择、汲取与配置、激活与有机融合，使其具有较强的柔性、条理性、系统性和价值性，并创造出新资源的一个复杂的动态过程。资源整合是企业战略调整的手段，也是企业经营管理的日常工作。整合是要优化资源配置，要获得整体上的最优。

一、多元主体外部资源整合

多元主体外部资源整合是对外围企业的业务或对产业上下游的关联业务、优势资源之间进行的调整合并过程，以达到增强企业竞争实力，加强产业控制力。

（一）整合政府资源

在社会化养老中，政府有许多资源，如政策资源、设施资源、土地资源等，但政府的“优势”并不是直接提供服务，而是宏观管理（规划、监督、评估等）、政策推动及“兜底工作”（对部分弱势老年群体，如“三无”老人等给予保障，或者将其送入公办养老院机构养老，或者发放服务券，使其享受居家养老上门服务）。直接提供服务要靠社会力量，包括社会组织、企业、社区、志愿者等。目前，各地在社会化服务供给上普遍采用政府购买服务的模式，地方政府对于推动社区养老投入逐步增加，从地方财政支持、政策制定、基础设施建设、服务模式探索等方面来看，政府购买服务的模式取得了不错的效果。因此，企业开展居家养老服务时，一定要研究当地政策，积极运作，将居家养老服务纳入政府采购范围，在场地租金、获赠设施设备等方面与政府对接好。

（二）整合社会资源

进行社会化养老，重担在于社区，社区所承担的事项是极复杂的，由于资源的限制，社区提供的养老服务存在局限，如养老服务内容单一、养老设施缺乏、医疗保健供给不足、服务人力资源不足等。而社会能够弥补这一缺陷，在资金筹集上，政府鼓励社会部门统筹、慈善资金扶持，为社区养老提供资金资源；社会能够为社区养老培养和提供具有专业技能的志愿者，补充专业化的养老服务人员；非营利组织能够作为监督者或者评估者对社区养老服务进行监督与评估等。目前主要有两种社会资源整合的模式，一种模式是加盟单位模式，即居委会与社区相关服务单位结成联盟，为老年人提供服务，价格上对老年人实行优惠，为同类服务中价格最低。另一种模式是社会志愿者模式，居委会积极争取社区外部志愿者，外部志愿者定期或者不定期为社区老年人提供相关服务。

（三）整合社区资源

广义的社区资源是社区赖以存在和发展的一切资源的通称，既包括街道居委会自有资源，也包括社区单位资源；既包括服务设施资源，也包括人力、科技和信息资源；既包括现有资源，也包括潜在资源；既包括非经营性资源，也包括经营性资源。各社区的优势资源是不相同的或者是具有差异性的，有的社区拥有优质的生活照顾资源，有的社区拥有丰富的志愿者资源，有的社区拥有优质的医疗资源，有的社区拥有法律服务资源等，但由于属地管理的限制，各社区之间的优势资源很难在各社区之间进行优化配置，应对这些差异性的社区优势养老服务资源进行整合。此外，各社区也应积极整合社区内非正式志愿者资源。政府对于社区养老服务的扶持性政策，虽然很难根本性解决作为公共服务的社区养老服务供给不足这一问题，但是却为社区养老的发展创造了一定的条件。如果把关注点从政府对养老服务的直接补助，转向地方政府为提升老年居民生活质量所做的更多政策努力，就可以发现有利于推动居家养老发展的各种政策、制度和场地资源。

（四）整合周边养老机构与医疗资源

对于社会化养老而言，借助养老机构的资源，可以增加社区老年人的福利，毕竟养老机构的服务更加专业化。对于部分养老机构（自身还有一定服务余力的养老机构）而言，把一些服务资源适当向居家养老“辐射”（如养老机构的餐饮服务，除了满足本机构老年人需求外，针对附近的社区老年人，开展送餐服务；如一些还有空间的养老机构利用“剩余的”空间面向社区开设托老所，解决有需要的社区老年人白天入托等），也可以增大服务面，获得一定的经济收益。目前我国不少养老机构处于“吃不饱”状态，向居家养老适当“辐射”服务，可以缓解自身困境，实现持续发展。另外，居家养老服务企业可以对接老年病医院等专科医院、周边的综合型医院、社区卫生服务中心等专业医疗资源，将家庭医生服务、上门护理服务、日常保健咨询服务为老人链接到家门口。

（五）整合老年人自身资源

老年群体自身作为“社区养老服务”的一种资源，在以下几个方面具有优势。其一，数量优势和时间优势。随着我国人均寿命、健康状况的改善，社区内部拥有大量身体健康的活跃老人，这些老人相比其他群体拥有更加充足的时间参与各项社会活动。其二，社会阅历与观念优势。老年人群有较为丰富的人生阅历，在各种事务的处理上拥有更丰富的经验，并且老年人群在成长经历、思维方式、人生观念上有更多的同质性，容易形成认同。其三，利益相关性优势。老年人自身需要经历身体退化、活力丧失的过程，每一个服务者也将进入被服务者的行列，每一个奉献者也将成为受益者。在这个过程中，群体的参与就有了更为紧密的利益纽带。其四，区位优势。老年人群因为身体的脆弱性，所面临的问题往往具有更强的突发性和不可预计性。依托社区内部资源，老年人群“互助网络”的建立更能针对老年人群身体脆弱性这一特点提供有效的介入手段。

因此，整合老年群体自身资源，能有效提高社区养老目前存在的老年群体社区养老的参与率、接受度、信息传递效率等，也能发挥区位优势，有效利用老年群体中的有效资源，如医疗保健、心理咨询、文化建设等专业技能服务，更好地促进养老服务的开展，符合社区养老服务供给低成本高收益的目标。而老年群体资源的有效整合，离不开专业的社区社会工作人员，运用专业社会工作的知识和技能是有效整合的关键。

综上，社会化养老服务资源的整合步骤与途径如下。首先，链接街道、各单位退管办、社区民政人员、社区卫生站，结合日常工作对孤寡、独居、双老、空巢老人进行广泛探访，建立基本信息、日常生活方式、健康状况的综合信息档案。根据老年人身体状况、社会支持网络、社会生活参与度进行分类，划分为需重点跟进的高危老年群体、需保持一定关注度的半活跃老年群体，以及需发动其社区参与的活跃老年群体。其次，链接社区文化站、老干部活动中心，为老年群体提供适应的文化活动与健康知识讲座，为老年人的社会参与、相互联系提供一定的参与平台与空间，以各种形式增进老年群体之间的社会交往。再次，在老年群体中广泛宣传政府关于社区养老服务的各项政策，组织与动员志愿者群体对社区老年群体进行关注。宣传的目的在于，让更多的老年人享受到政府相关政策；关注的重点在于，政府购买的社区养老服务项目所提供的服务未能顾及的领域与人群范围。最后，发挥社工机构在社区动员、组织建设、资源整合方面的优势，培养老年人社区领袖，建立本地化的老年人互助组织，探索社区互助的养老模式。

二、多元主体之间的资源整合

内部资源整合是通过组织和协调，把企业内部彼此相关但却彼此分离的职能，整合成一个统一的管理系统，进行整体协调调配。从当前的社会化养老运行情况看，现阶段养老资源存在较为明显的浪费现象，即养老资源并未得到充分利用。当前，在社会化养老过程中，各养老主体特别是社会力量所掌握的养老资源尚不能实现其自身价值，即其分散状态使不同养老供给主体所掌握的养老资源并没有充分发挥其应有的功效。因此，将分散的资源集中起来，实现“1+1>2”的效果，是资源整合的最终目标。

（一）建立信息共享机制

建立信息共享机制可以采取以下方法：一是政府可以建立贫困家庭信息发布制度，帮助其他养老供给主体，尤其是企业、慈善组织能够及时、充分地获得老人家庭信息。二是鼓励慈善组织、家庭与社区向政府提供养老家庭的需求信息。三是利用政府及其他供给主体的信息共享，建立综合性的养老信息管理系统——既包括政府的养老信息，也涵盖其他主体的养老信息；既包括不同主体提供的各类养老资源，也涵盖贫困家庭的养老需求。

（二）建立部门联动对接机制

首先，建立社区养老信息综合服务平台，建立有效的信息对接、业务协调、知识库等中介，对养老需求信息进行有效收集及合理转介，从而实现养老的联动对接。其次，发挥社区在联动对接机制中的重要作用。社区在社会化养老服务过程中除了要发挥收集需求信息的功能，更要发挥养老需求与供给间的转介功能。最后，由政府牵头，成立养老联动协调机构，实现联动机制常态化。在国家层面成立协调机构，从政策角度指导职能部门在社会养老中的活动与对接。省、市尤其是区县级政府，也应当自上而下建立相应协调机构或领导小组，将社会化养老信息共享对接机制落到实处。其中，民政部门应当起到沟通协调的关键性作用。

（三）积极创新社会化养老资源共享载体

“互联网+”为养老体系发展带来了新机遇。互联网便利、互动性强的特征，改变了很多传统产业的运行模式。传统的社会养老体系中，社会上分散的养老资源很难与需求进行合理匹配，从而出现“有养老需求的人不能进入养老机构，有资源的承建人不能进行投资养老行业”的情况。互联网能够很好地将养老意愿和养老需求结合起来，并以合理的方式衔接养老行业不同主体之间的需求方和供给方，如通过搭建社会化养老云平台，将养老需求资源交给养老机构。在养老供给过程中，合作生产过程中的资源整合搭载在合作主体之间的互动上，立足于解决不同利益相关者多元的、分散的利益诉求问题，因此不同主体创建可以实现沟通、对话、交流等互动形式的功能性平台并形成稳定的、常态化的合作机制，对于实现资源有效整合来说不可或缺[1]。也就是说，共同体治理意味着国家、社会与市场等行动主体为应对社会难题以新方式进行互动[2]，协同机制并非仅仅是政府、市场、社会组织或非营利组织、家庭和个人等利益主体活动的简单叠加，而是各主体之间的资源整合、相互依赖形成联合效应。并非多元主体的机械组合或强制性结合，而是治理主体之间的功能互补、行动协调和资源整合[3]。对于每一个拥有资源的主体来说，都有不同的利益需求，资源整合的过程其实可以看作是利益主体之间的一个博弈的过程[4]。通过厘清不同供给主体的职责边界，完善治理主体之间的信息沟通、资源整合、利益协调和实施监督等制度，建立立体化、网络化的社会化养老服务治理体系，可以发挥多元主体的治理能力，实现多元主体的有效治理。从制度设计入手，推进社会化养老服务建设，打破部门界限和条块分割，畅通政府部门内部、政府部门之间，以及政府与企事业单位、社会组织等其他社会治理主体之间的资源整合渠道，建立健全社会化养老服务资源的标准体系和管理制度，加强对人、财、物、信息、组织等资源的整合力度，支持大数据相关企业与社会治理各相关部门、行业领域的业务合作和资源对接。

第二节　明确多元主体的责任定位

一、家庭的基础性责任

家庭养老是由子女承担责任对父母进行物质供养、生活照料和精神慰藉的一种养老方式，其是一种代际间的义务与责任的转移，使以家庭为载体的人类延续功能得以实现与完成[5]。强调家庭养老的基础性责任，鼓励成年子女与年老父母就近居住或共同生活，履行赡养义务、承担照料责任，关心老年人的精神和情感需求。家庭养老主要体现养老责任的代际传递，其内容包括经济供养、生活照顾及精神慰藉[6]。

（一）经济供养

家庭养老依然是城乡居民最具共识性的基本养老观念，责任伦理赋予家庭养老强大的生命力，由传统家庭养老向现代家庭养老的过渡是我国的家本位文化的当代最新发展[7]。家庭中的晚辈通过正当劳动获得收入，将收入的一部分供养退休在家或因其他原因不能获得收入的长辈就是经济供养。在传统的家庭中，养育儿女和儿女赡养父母是天经地义的，也是相对来说比较稳定的一种形式。充分发挥居家养老的优势，鼓励家庭成员主动承担养老责任，明确家庭在养老服务中的基础性责任，推动建立和谐幸福的居家养老供给。实际上在我国大部分地区，尤其是农村，普通老年人的经济供养责任主要由家庭承担，传统家庭养老方式仍然占绝对主导地位[8]。然而，农村家庭为老年人提供的经济供养不足，子女提供的经济支持通常比较少[9]，又由于我国经济水平发展不平衡，在西部和较为落后的广大农村地区，农村家庭甚至存在拖欠或拒付养老费的现象，农村老年人一旦丧失劳动能力，就将面临严重的经济困境，生活易陷入贫困。从经济供养角度看，目前中国在总体上还是以家庭养老为主，而且越是在不发达地区，家庭养老占家庭经济的比重也越大。

（二）生活照顾

留守老人的生活照顾将成为目前和将来农村家庭养老的核心问题，成为农村一大社会问题[10]。老年人的日常生活照料，是老年人家庭养老的重要方面。一方面，在市场经济条件下，年轻人将更多的时间和精力用在工作、学习和提高生活品质上，用来照顾老人的时间和精力有限，家庭养老给老年人提供生活照顾变得越来越困难，老年人的家庭生活照料问题日渐突出，传统的家庭养老模式面临着挑战。另一方面，随着城市化进程加快，除了原有的农村“五保户”和农村老少边穷特殊群体外，又出现了如在城里务工的农民工、农村留守儿童和留守老人及失地农民等特殊群体。城镇化进程导致农村老人和成年子女之间的“赡养脱离”。越来越多的中青年农村劳动力实现了“半城镇化”，即职业非农化、栖居城镇化。然而，他们在短期内却难以跨越身份市民化的制度障碍，流动具有很大的不确定性。农村青壮年离开了家乡和土地，留下了老去的父母。农村出现了“386199”现象，“38”即指留守妇女问题，“61”即指留守儿童问题，“99”即指留守老人问题。根据统计，估计农村留守老人有数千万人。社会迅速变迁、代际人口居住距离和心理距离的拉大，导致“供养—照料—慰藉”三重脱离，很多农村老人被边缘化。青壮年进城后，贫困地区的留守老人，尤其是高龄老人缺乏必要的生活照顾[11]。对老人生活上的照料，既包括相应的医疗保障，也包括对生活起居的照顾。对一般家庭来说，由家庭来负担其成员的医疗费用似乎是天经地义的。普通疾病医疗费用往往由家庭内部负担，大病医疗费用或者内部无力负担的情况下，则向家族其他成员或亲戚朋友转借。

（三）精神慰藉

精神慰藉是指对城市和农村的老人进行心理上的关注和安慰。精神慰藉是家庭、单位、社会乃至政府共同关注老年人心理和精神上的各种需求，给予心灵的支持、鼓励，并且需要用语言表达出来。它不同于物质上的保障，是一种心灵上的慰藉。相比政府的制度性安排，就养老需求中的生活照料和精神慰藉这一方面而言，家庭养老作为家庭代际间责任与义务的有效实现方式则可以发挥独特的功能，因此家庭养老得到了中国文化传统中的代际责任伦理观念支持，在相当长的时期尤其在农村养老保障中起着难以替代的作用[12]。发挥好家庭的基础性责任，努力提升家庭承担居家养老服务的积极性，并促进家庭有效分配照料人力，增强家庭内部精神慰藉，推动幸福友好家庭建设[13]。具体来讲，精神慰藉可以从以下几个方面进行。一是开展丰富的文娱活动。开展各种文化娱乐兴趣课程，如乐器类、手工类、身体保健类课程；增加长者之间的沟通交流，在同辈同伴中找到情感归属感。开展各种节日活动，营造温馨友爱的节日氛围，从而让老年人认知自我，保持生命力。二是开展节目演出活动。日间照料中心组织中心各种兴趣班的学员进行学习成果汇报演出，同时邀请其他文艺社团来演出；通过这样的活动给老年人带去欢笑和温暖，也让他们在自我展示中体验到自我价值与快乐。三是为老人完成微心愿。农村家庭养老建设中要强化子女的家庭养老责任意识，积极倡导尊老孝老文化，重建家庭养老责任伦理[14]。居家服务中心收集老年人的微心愿，如拍全家福、去公园踏春、和好友见面等小心愿，然后链接整合资源帮助其完成心愿；通过为老年人完成心愿，让老年人感受到被重视和被关爱。四是进行老年人个案辅导。心理咨询师通过陪伴、尊重、理解和同情等心理咨询技巧，引导老年人说出心里压抑已久的话，帮助宣泄情绪；通过个体访谈的形式，使老年人感受到自我价值与存在感，树立生活信心。

重视子女的情感和照料价值，构建子女的主体性赡养责任[15]，不仅有利于推进“养儿防老”，建构“双系养老、儿女共担”家庭养老新秩序，重塑新时代以责任伦理为核心的孝老敬老文化，而且有助于提升我国农村老年人的生活质量和福利水平，更有利于树立社会主义家庭新风尚，创新新时代基层社会治理风尚。进一步讲，家庭养老是建立在血缘关系基础上的亲情养老，这是其他任何养老主体所无法替代的，也决定了家庭养老的基础地位和养老责任的特殊性[16]。而且，从社会实际情况来看，即使在中国社会变迁和家庭养老资源缺乏的情况下，目前中国有超过50%的老年人口仍然希望自己的子女承担养老照料责任，家庭成员，尤其是女儿对老年人承担的感情寄托和信任是社会养老服务无法替代的，因此，从这一点看社会并不能完全承担家庭养老的责任[17]。

二、政府的兜底性责任

政府兜底是一种国家的政策工具。当政府作为第三方干预冲突时，为尽快化解冲突而对冲突方进行利益补偿，这就是典型的“政府兜底”式政策工具。政策兜底是指政府通过降低政策门槛，或改变政策适用规定，或制定新的政策，使冲突方享受某些政策。实施社会化养老服务体系，关键是要厘清政府企业的责任，做出明确界定。政府职责主要有三项。

（一）完善养老领域相关法律法规

养老领域相关的法律法规规章尚未健全，在某些领域还存在空白和缺位现象[18]。我国在养老领域的立法相对不够完善，缺乏专门性的法律法规，全国缺乏一个标准性、根本性的法令。针对当前我国社会化养老领域法律法规建设滞后的局面，国家层面应尽快制定养老机构促进法，系统梳理涉及养老机构的法律法规，对社会化养老的性质定位、发展模式、资金来源、运营管理和政府职能等要素进行统一规范，改变当前综合性立法过于宏观、专项立法不够系统的局限。

（二）要公开接受社会监督

坚持事前审批与事后监管相结合，督促和指导社会化养老服务机构规范服务内容，健全各项管理和服务制度，强化内部管理，接受监督检查，形成对社会化养老服务机构的全过程监督管理，对存在的问题和不足采取切实有效的措施并加以改进。明确养老服务监管责任，按照“谁审批、谁监管，谁主管、谁监管”原则，研究制定养老服务综合监管政策，积极构建“政府主导、机构自治、行业自律、社会监督”的养老服务监管体系，推动建立职责明确、分工协作、科学有效的综合监管制度，形成以“双随机、一公开”为基本手段、以重点监管为补充、以标准规范和信用监管为基础的新型监管机制[19]。县级以上地方人民政府民政部门负责本行政区域内养老机构的指导、监督和管理，其他有关部门依照职责分工对养老机构实施监督，切实履行监督管理、行业规范、业务指导职责，建立健全社会化养老服务机构评估制度，定期对民办养老机构的人员、设施、服务、管理、信誉等进行综合评估，并向社会公布评估结果，规范养老服务行为。加强对养老服务供给主体的社会监督尤其是相互之间的评估监督[20]。

（三）建立规范统一的行业标准

让企业有法可循，将社会化养老纳入科学规范、运行有效的轨道。进一步完善国家养老服务行业标准、行为规范和运营管理制度，健全行业监管和社会监督机制[21]。我国尚未形成共同认可和遵守的养老服务业行业标准、服务规范、质量评价体系等，各地的政策也相对更多地关注养老服务的内容和标准，相应制定的社区养老服务数字化的实施细则也很少对养老服务标准等问题进行细化。建立全国统一的养老服务规范和质量等行业标准，重点规定养老服务机构的准入条件，建立养老服务机构分类管理和养老服务监控机制[22]。应当尽快制定医养结合养老服务的行业标准，包括管理规范、养老床位收费标准、医疗保险报销标准等[23]。制定全国统一的不同服务对象、不同服务等级的养老服务行业标准[24]。设立社会养老服务的政府标准与行业标准，提高农村养老服务的规范性，保障农村养老服务高水平供给[25]。

（四）政府对特殊群体实施兜底责任

一是健全城乡特困老年人供养服务制度。对于有集中供养意愿的特困人员要全部落实集中供养。深入实施特困供养服务设施（敬老院）改造提升工程，每个县（市、区）至少建有 1 所以失能、部分失能特困人员专业照护为主的县级供养服务设施（敬老院），基本形成县、乡、村三级农村养老服务兜底保障网络。

二是实行分级分类管理。政府对养老服务的支持是分级分类的，对于低保、失能、失智、孤寡、无依无靠的特殊老年群体，政府必须“应保尽保”，承担“兜底”的责任；对于大多数老人的养老服务，政府主要是提供基本公共服务功能，提供适当的补贴政策。离开了完善的基本公共服务体系的支撑，养老服务很难单独实现，离开了补贴政策，养老企业或许也很难可持续发展。即便是对于高收入人群的个性化服务，也不能完全市场化。例如，医养服务不能完全市场化，对老人的长期照料也需要纳入长期护理保险制度的范围。

三是政府兜底责任是有限的。政府兜底责任是其他责任主体已经履行相关责任后仍无法保证制度正常运行或达不到制度目标时政府最后承担的责任。兜底责任不是无限责任，一方面，政府所能承担的责任应与其能力相适应，另一方面，单位、个人、基金管理者、投资运营者等相关主体的责任越明确、履职能力越强、履职越到位，政府承担的兜底责任就越小[26]。“政府兜底责任”模式是指政府不直接承担养老保险的供款和给付，只承担制度运行入不敷出时的财政兜底[27]。如果由政府兜底承担社会化养老责任，势必导致社会保障开支过大，政府财政供给困难，养老管理机构膨胀和经营效率低下的各类问题，也就不可能实现养老事业的可持续发展[8]。

三、市场主体的竞争性供给责任

市场组织主要承担精神慰藉、权益保障与社会参与类服务的供给责任[28]。按照福利多元主义理论，以“分权”与“参与”为前提，养老服务的供给责任可由家庭、市场、国家与第三部门共同承担，服务的“生产”职能交于政府之外的多元主体完成效率更高[29]。

首先，破除瓶颈，扫清养老服务市场准入的制度障碍。针对市场类养老服务机构设立难的弊端，各地加大简政放权力度，促进企业登记注册便利化。2016年，上海市政府办公厅转发市民政局、市工商局制定的《关于本市养老服务业企业登记管理实施意见》，明确了“三个全面放开”：第一，在举办主体上，自然人、法人和其他组织，以及境外投资者均可依法提出登记申请；第二，在组织形式上，可以采用公司制企业（有限责任公司、股份有限公司）、非公司制企业、合伙企业、个人独资企业等各种形式；第三，在服务业态上，实行分类登记，除养老机构企业、社区养老服务企业外，特别创设了综合养老服务企业，该类企业只需设立分公司或分支机构，即可办理养老机构许可，满足了企业多元化经营的需要。

其次，强化服务，营造发挥市场主体作用的有利环境。按照“寓管理于服务之中、在服务中体现管理”的思路，相关部门向前一步，主动服务，为养老服务机构发展创造条件。例如，湖北省人民政府办公厅印发的《关于全面放开养老服务市场提升养老服务质量的实施意见》提出优化市场环境，促进社会资本参与。推进养老服务业供给侧结构性改革，引导社会力量通过独资、合资、合作、联营、参股、租赁等方式，参与公办养老机构改革，社会力量举办或经营的养老机构床位数占比达60%以上。

最后，品牌化运作，为养老服务提质增效。以开放共赢的理念，积极引入具备较强经济实力、管理能力，具有良好信誉度、知名度的外域养老服务主体，通过发挥品牌示范作用，带动养老服务业发展。上海、安庆等地总结经验，完善社会化、品牌化运营方式，健全管理服务标准，建立由机构、服务对象和第三方共同组成的服务质量评价体系，着力打造一批有全国影响力的养老服务示范企业和知名品牌。

在经济发展处于较低水平时，公共产品完全或主要依赖政府供给，当经济发展达到了较高水平，技术水平、市场条件、制度变迁等因素改变使得某些公共产品公共性减弱，市场供给已经可以替代政府供给并承担部分公共产品供给责任[30]。由于政府资金投入有限，养老机构无法进一步发展和升级改造，导致市场养老服务的供给出现一定的不足，难以满足社会养老服务的多样化、多层次的需求[31]。

四、社会组织的补充责任

社会组织的养老责任是在家庭责任基础上的一种扩展，同时也是对家庭养老责任的一种补充[32]。要求国家、市场、家庭、社会组织等多元主体承担养老服务的供给责任，政府在服务供给中的责任具有无可替代性，但要突出强调“非政府力量”的积极参与，弥补政府撤出后留下的“福利供给真空”[33]。加强社会组织工作人员职业道德和专业技能培训，努力提升社会组织养老服务能力[33]，建立多元化、多渠道资金保障机制，加快设立社会组织发展专项资金、运营补贴资金等，对重点培育的社会组织提供相关的税费减免政策，包括用水、用电、用气按居民消费标准定价，对设备购置、通信网络、一次性床位建设等提供资金支持。一方面，鼓励社会组织为家庭养老户提供医疗照护、个人护理等专业服务，另一方面，积极吸纳民间组织、公益组织、企业机构等主体积极为家庭养老提供医护、康复、保健等多元化服务[34]。在养老模式多元化发展中，社会组织理应是责任主体之一[35]，它适合提供个性化的养老服务，且具有灵活、自由、成本低的优点。要建立起支持社会组织养老的政策体系，一方面，引导社会主体开展形式多样的养老志愿服务，如心理关怀、精神关爱、安全教育、急救技能培训等；另一方面，挖掘老年群体自身服务资源和力量，鼓励老年人参加公共志愿服务或养老志愿服务，培养和扶持老年协会，实现老年人的自我服务和互助服务。社会组织广泛参与，可以有效回应医养结合养老服务多元化的需求，破解单一主体供给医养结合养老服务面临的困境。在市场有效供给不足的情况下，社会组织和社会工作者充当了养老服务供给的补充角色[36]。社会组织提供的公益性养老保障项目具有满足老年人多元需求的灵活性，可以填补政府提供的养老保障制度空白，在一定范围内代替市场养老项目[37]。养老服务发展要建立政府主导、社会参与、市场运作的机制，鼓励社会组织和企业发展养老服务，建立多层次、多样化的服务格局[38]。社会组织既具有公共性，又具有提供差异性服务的能力，因而在养老服务中具有不可替代的重要作用。具体而言，在养老服务中，各级政府承担着“保基本、建机制、强监管”的职责；社会组织特别是公益性社会组织应该当好政府的助手，在政府政策扶持、购买服务等支持下积极为老年人提供养老服务。因此，需要提高社会组织参与养老服务的质量和水平。目前，社会组织参与养老服务业发展仍存在一些政策、体制障碍。首先，社会组织参与养老服务的政策有待完善。虽然 2013 年发布的《国务院关于加快发展养老服务业的若干意见》对支持社会力量举办养老机构进行了相关规定，但现有政策仍然存在对基本养老服务的界定不够明晰、政府与市场边界没有厘清等问题。在实际操作中，对养老机构的税费、土地、融资等优惠政策的落实情况还不理想。其次，政府购买养老服务机制及配套法规有待完善。主要存在的问题：政府购买养老服务的安全监管制度、服务定价和收益管理制度、社会组织治理机制、对社会组织提供养老服务的分类管理制度等还不够完善；政府购买养老服务的相关地方性法规，包括地方政府购买养老服务的范围、程序、经费保障、争议解决方法，以及关于非营利组织的法律地位、税收优惠等有待进一步明确。最后，社会组织参与养老服务的补偿机制有待完善。目前，社会组织参与养老服务的成本核算依据、补偿标准、补贴范围还不够明确，相应的投资回报与经营风险补偿机制还没有建立起来，导致社会组织参与养老服务的积极性不高。针对这些问题，应从以下几个方面破除政策、体制障碍，积极鼓励社会组织参与养老服务。

（一）加快推进政府购买养老服务

在我国养老服务需求总量迅速增加、对公共服务质量要求不断提高的大背景下，通过政府购买养老服务推动养老服务供给主体多元化，已成为突破我国养老服务供给瓶颈的合理路径。通过政府购买养老服务鼓励社会组织参与养老服务，一应完善立法、简化手续，放宽民办非企业单位、社会团体的准入条件；二应进一步规范社会举办养老机构的设立条件、资质认定、优惠政策等，鼓励企业、社会团体和公民个人捐赠支持养老服务业；三应加强对老少边穷地区的养老基础设施建设。社会组织在提供养老服务时，应以老年人需求为导向，利用专业养老服务技术和管理方法，组织专业服务人员，为老年人提供低成本、高效率、高质量的养老服务。

（二）发展“互联网+”养老服务

现在，很多年轻人通过网上订餐，可以足不出户解决吃饭问题，而很多老年人却只能拖着病弱的身体出门购买食品。在互联网时代，不能让行动不便的老年人面对“互联网鸿沟”，而应推动养老智能化，让现代技术造福老年人生活，形成“互联网+”养老服务模式。应鼓励社会组织建立智能化养老服务平台，提供生活照料、健康管理、康复护理、精神慰藉等服务，使老年人能够得到及时、多样、优质的服务。

（三）探索养老服务第三方评估

对养老服务的质量进行第三方评估，可以保证评估的公正性。而且，第三方评估机构有专业人才储备，能够更加从容地处理评估工作中遇到的各种问题，保证评估工作高质高效完成。在养老服务质量评估中，政府部门应把大量事务性工作转交给第三方评估机构，将自己的工作重心转移至优化评估指标、完善评估结果运用等方面，提高政府工作效率和工作质量。

（四）优化社会组织参与养老服务的制度

党的十九届四中全会强调加快建设养老服务体系以完善民生保障制度，强调发挥社会组织作用和加强社会组织制度建设。要激励推动社会组织参与养老服务建设，就必须优化与之相配套的制度环境。

优化社会组织参与养老服务的宏观制度环境。近年来，鼓励、支持、资助、引导和培育社会组织参与养老服务越来越成为政策选择的主流。国家宏观层面要进一步切实转变对社会组织参与养老服务的认知、判断和态度，正确认识和高度重视社会组织的养老服务功能，促进养老服务类社会组织发展的国家顶层制度、政策规划及相关法律制度建设，释放更为“开放鼓励”的制度信号。

优化社会组织参与养老服务的微观制度环境。整体观之，社会组织参与养老服务的直接登记制度在稳妥推进，孵化培育、政府购买等具体管理和监督制度在日益完善，微观制度环境呈现出“渐趋宽松”的特征。要进一步健全完善养老服务类社会组织的登记备案、税收管理、评估等具体管理制度，加强制度间的协同配合，不断激发养老服务类社会组织的活力，促使其成长为养老服务建设的主体力量。

优化社会组织参与养老服务的制度执行环境。各级政府和部门要更新理念，树立协同合作意识，构建政策执行协同机制，加快建设领导协调体系，进一步着力解决社会组织参与养老服务制度执行的体制机制障碍，通过层级协调和部门协作，推动养老政策有效衔接和落地落实。

（五）提升社会组织参与养老服务的能力

实践证明，社会组织的养老服务效果，往往因为自身独立性不强、管理不规范、人力资源不足、经费缺乏等限制而大打折扣，需要对症"治疗"。

树立独立自主参与理念。养老服务类社会组织要增强独立自治意识，强化自主决策和运营管理，积极与其他参与主体构建平等合作的伙伴关系，在打造养老服务共同体中贡献自己的独特智慧。

完善组织管理规章制度。规范健全管理规章制度是加强社会组织内部治理的重要保障，有益于形成自我管理、自我约束、自我发展的良性运行机制。要进一步建立健全财务会计、项目管理、信息公开等各项规章制度，使养老服务类社会组织的各项活动有章可循，不断提升行业自律性和社会公信力。

加强专业人才队伍建设。专业人才队伍建设是促进我国社会组织发展和养老服务建设的长期议题。要尽快推出养老护理员全国职业水平考试制度和评价政策，将养老护理人才纳入卫生人才发展规划，建立人才储备制度等激励措施，提高社会组织和养老服务从业人员工资水平、社会保障和社会地位，增强职业的吸引力。加强养老护理人员的专业化培训。提高社会组织参与养老服务的质量和水平，一项重要工作是加强养老护理人员的专业化培训。实践中，社会组织可以加强与专业学校的合作，对养老机构的护理人员进行专业培训，提高养老照料护理水平。做好这方面的工作，仍是我国养老服务业持续健康发展的重要任务。拓展资金多元筹集渠道。目前，养老服务型社会组织的筹资渠道主要是政府资助和服务收费，必须要走社会化、市场化道路。要积极挖掘个人、企业、政府、基金会等多主体潜力，拓宽服务收费、经营收益、政府资助等多元渠道，为参与养老服务提供资金保障。

（六）创新社会组织参与养老服务的方式

随着养老服务的纵深推进和互联网技术的快速发展，社会组织参与养老服务的方式也要不断创新。

推进政社合作参与。基于资源依赖理论，政府和社会组织因掌握彼此所需的资源而易于形成一种相互依赖的合作关系。创新政社合作参与提供养老服务，关键在于明确两者职责分工，激发社会组织参与活力。政府应着重为社会组织参与养老服务提供制度化保障，加大财政支持；社会组织则应充分发挥专业服务优势和资源动员优势，提供多元性、差异化养老服务。

依托城乡社区参与。社会组织参与养老服务，要充分依托社区公共平台，整合社区养老资源，调动社区内外力量，实现"大社区"对"小家庭"的有效支持，推进建设居家社区机构相协调的养老服务体系。与城市相比，农村社会组织发展明显存在短板，所以，培育和壮大农村社会组织规模是创新农村养老服务方式的重要前提。

借势"互联网+"参与服务。社会组织应主动将信息技术、人工智能、互联网思维与养老服务建设相整合。应鼓励引导社会组织通过建立智能化养老服务平台，制定智慧健康养老产品及服务，推广物联网和远程智能安防监控技术，推进与户籍、社保、医疗等信息资源对接等措施，降低老年人意外伤害风险，提高老年人服务质量。

第三节　搭建多元主体融合的信息共享平台

一、多元主体融合的信息共享平台建设现状

建设多元供给主体融合平台，常态化推进社会化养老多元供给主体协同机制，建立专业化的多元供给主体融合服务网络平台，建设“互联网+”新型养老信息服务平台，促进不同类型养老模式紧密结合，提高成果和专利的转移转化与推广应用，发展政府、市场、社会组织、家庭和个人等多元主体共享养老信息资源、共建养老服务链条、共创养老服务品牌的融合模式。多主体融合首先需要主体与需求者之间、各主体之间的信息互通，而政府提供信息共享平台可以为社会化养老服务供给的主体和养老服务需求者之间搭建相互了解的信息平台，可以使各供给主体全面掌握养老服务需要的内容、数量和消费方式，也可以借助信息共享平台使主体与主体间能够相互了解和掌握各自养老供给信息，“使多主体互动的信息畅通，以达到科学配置养老服务供给资源的目的”[39]。

二、多元主体融合的信息共享平台建设存在的问题

搭建多元主体广泛参与的协同共享信息平台，由于多元主体的供给能力、人员、设备等条件参差不齐，因此依托先进的信息技术，构建多元主体融合的信息共享平台是实现多主体融合有效途径。

（一）不同类型养老服务信息平台差异大，地区发展不平衡

不同类型养老服务信息平台结构、配置差异性较大，系统的稳定性和成熟度有待提高。目前，我国智慧养老产业的发展区域分布并不平衡，优质企业仍然集中在东部经济发达地区，不同气候地区的智慧养老产品差异较大，标准不统一造成了极大的资源浪费，不利于推广设施，制约了智慧养老产业的信息化、规模化扩张。智慧社区建设是我国现阶段智慧城市建设的重要内容，由于各个地区社会经济发展水平存在较大差异，智慧社区养老在地区发展上还是很不平衡的。东部沿海城市和各省中心城市由于经济发展水平较高，智慧社区养老发展比中西部地区更快，即便在东部沿海城市，智慧社区养老只在几个社区开展试点，并没有得到大面积的应用。我国对于智慧社区养老应用还处于初级阶段，很多探索都是试验性的，没有形成非常成熟的经验体系，也没有构建全国通用的模式，难以自上而下布局推广。

（二）养老服务信息平台扩展能力不足，智慧养老平台整合资源能力参差不齐，信息封闭隔离

目前在建的和已建成的养老服务信息平台扩展能力不足，难以方便、灵活地应对业务量的发展和需求变更。前沿科技在智能设备上的发展及应用才刚刚入门，在与老年人有关的信息数据处理、集成和应用方面，尚不可能充分收集、有效分析。能够体现智能的养老产品种类也很少，比较常见的只有智能手机和手环，无法针对不同老年人多样化和个性化需求进行有针对性的供应；与此同时，因开发养老产品技术落后，养老产品很难与养老服

务进行有效的联系，也难以满足老年人的实际需要。

目前，全国很多社区居家智慧养老平台分布于省、市、县、社区各个层级，但多数平台缺乏开发多功能、多元服务的能力，只能用于简单服务信息的收集、发布等，部分有能力开发的平台受诸多因素限制，难以下沉到线下服务端，进行多方面线上线下养老服务的整合运用。平台衔接性不强，无法与医疗、送餐、保洁等进行有限信息资源对接，无法保障产品服务的智慧性和智能性，难以达到预期的服务效果。

目前，国家和政府相关部门制定的养老服务平台标准方面的法规政策文件少，而且缺乏平台的具体操作要求和运行标准，实践性差、指导作用不强，导致各类服务平台之间信息不能互联互通，形成信息隔离；各部门信息不畅、功能堵塞，服务资源得不到共享共用，服务能力低、运行效益差、成本高。

（三）平台缺乏统一的数据标准

地方系统各自为政、独立建设，无论横向、纵向均与相关业务领域、部门以及信息系统间的操作性难以互联互通。目前，我国制定的与养老服务标准有关的法律文件并不多。已经发布的文件很多也只是提出了建设性和指导性不够的意见，通常仅文字上的表述，缺乏科学的解释和操作的标准。在实践中的指导作用性不强。社区居家智慧养老在我国还处于创新试点期。目前出台的与养老有关的法律有《中华人民共和国老年人权益保障法》，针对社区居家智慧养老的法规文件或法律条文还尚未颁布，行政法规层面的文件较少；正在逐步陆续出台的一些相关政策文件，多为指导性意见，不具有法律效力，这让社区居家智慧养老产业的发展缺乏法律法规的保护和保障。同时，政府和社会也对其缺乏监督和监管，这可能会造成两方面较为严重的现象。

一是社区居家智慧养老产业缺乏法律法规许可下的统一市场准入条件、相关产品和服务的标准，造成不同机构不能展开公平竞争，智能养老产品的质量差异大，服务水平参差不齐，市场运作不规范，养老行业正常发展得不到有力保证。例如，浙江乌镇居家智慧养老服务中心工作实施的标准只能简单依据《椿熙堂居家和社区服务标准及规范（试行版）》和《居家养老服务与管理规范》，由于社会和市场上缺乏统一的社区居家智慧养老服务的软硬件建设标准、服务内容及服务标准等，各类服务只能由服务中心自行制定，且自行制定的标准只适用于自身，而无法适用于其他地区的养老机构。

二是社区居家智慧养老缺乏具有法律效力的政策法规的制约和监督，容易导致整个社区居家智慧养老体系运行失控，市场混乱，服务效益低下，服务对象权益得不到保障，行业发展乏力，致使一些社会资本想进入该市场时会有所顾虑，造成投资动力不足，阻碍了社区居家智慧养老更快发展，这是该养老方式发展中的一大短板。

（四）跨机构和部门的业务流程还没有整合，信息数据互联不畅

现在的服务中心只是实现帮助连通120急救中心的呼叫，并没有与120业务紧密整合。智慧社区养老信息系统要与其他的相关系统平台互通才能保证数据的科学准确，在实施智慧社区养老的过程中，社区中老年人口的基本信息、身体状况信息、照护需求信息、日常生活轨迹等信息数据还未全面掌握，系统内平台数据的互通、系统外数据的共享还尚未完全建立，各种信息平台对接困难，智慧社区养老建设推进缓慢。

（五）研究技术不够成熟，专业技术和服务人员缺乏

建设资金是主要因素，由于经费不足，各地在养老信息化方面的投入和支持力度参差不齐，因此信息系统的开发及维护人员极其缺乏，系统的更新和利用率也普遍不高。目前，我国社区居家智慧养老产业的技术链还处于萌芽期，其物联网、大数据和信息安全等关键技术还存在一定欠缺，研究内容也主要局限于智能产品和智能平台，且相对于国外的居家智能养老侧重于技术和应用的开发，我国的核心智能技术储备不足，智慧养老软硬件发展滞后，智能平台的功能研究过于简单化、单一化，缺乏创新性，在信息数据的应用处理方面还无法实现利用大数据对数据信息的充分采集、有效分析和整合，不能做到精确无误，不能保障信息的完全性。

在专业人员方面，智慧养老要求相关技术人员熟练掌握云计算、大数据等信息技术，具备智能系统的操控和信息数据处理等能力；要求相关服务人员具备老年人基本健康医疗护理、心理疏导、突发急救等专业知识，以及能使用智慧养老平台和产品的基本能力。

但现阶段我国专业技术和服务人员数量明显不够，且缺乏专业的技术、服务团队，从业人员普遍技能不足、素质较低，导致无法较为科学有效地接近老人、了解老人、服务老人，难以制订出具体可行的个性化社区居家智慧养老方案，达到社区居家智慧养老服务各方面的要求。

三、多元主体融合的信息共享平台建设路径

提升多元主体合作供给能力建立交互式信息平台，既有利于促进不同主体之间信息传递、共享，也能够增添不同主体之间信息重组与再生增益性的服务供给[40]。一个完整的智慧养老服务系统可以实现全面整合养老资源、融合发展养老生态链、构建售前服务推进体系、售中服务跟踪体系、售后服务评价体系，打通医、康、养、吃、购、行、娱养老七要素的功能；推动“养老+服务、养老+管理、养老+营销、养老+运营”建设，形成政府、运营商、老人、子女、服务商、管家等共同参与的养老新模式。也就是说智慧养老服务系统既适用于居家养老、也适用于社区养老，更适用于机构养老等应用场景。

如今智慧养老平台已成为养老流行趋势，智慧养老平台运用物联网、互联网、移动互联网技术、智能呼叫、云技术、GPS定位技术等信息技术，创建“系统+服务+老人+终端”的智慧养老服务模式，帮助养老机构大幅度提升管理效率，并且涵盖机构养老、居家养老、社区日间照料等多种养老形式，让老人在家就可以享受到专业、智能的服务。

（一）多元主体融合的信息共享平台基础设施层

信息基础设施层是信息共享平台养老建设的技术硬件基础，为信息共享平台养老提供网络、存储与计算资源，并负责协调不同类型异构系统的数据在传输层融合（图9-1），这些资源还包括基于北斗技术的卫星定位系统、基于Zig-Bee等技术的无线/有线传感网络、基于LTE技术的移动数据网络，以及兼容多种类型通信网络的传输系统和通用/专用数据通道。同时，为配合数据中心和通信网络等的建设，信息基础设施层为之配套相应的能源、安全、环境系统。

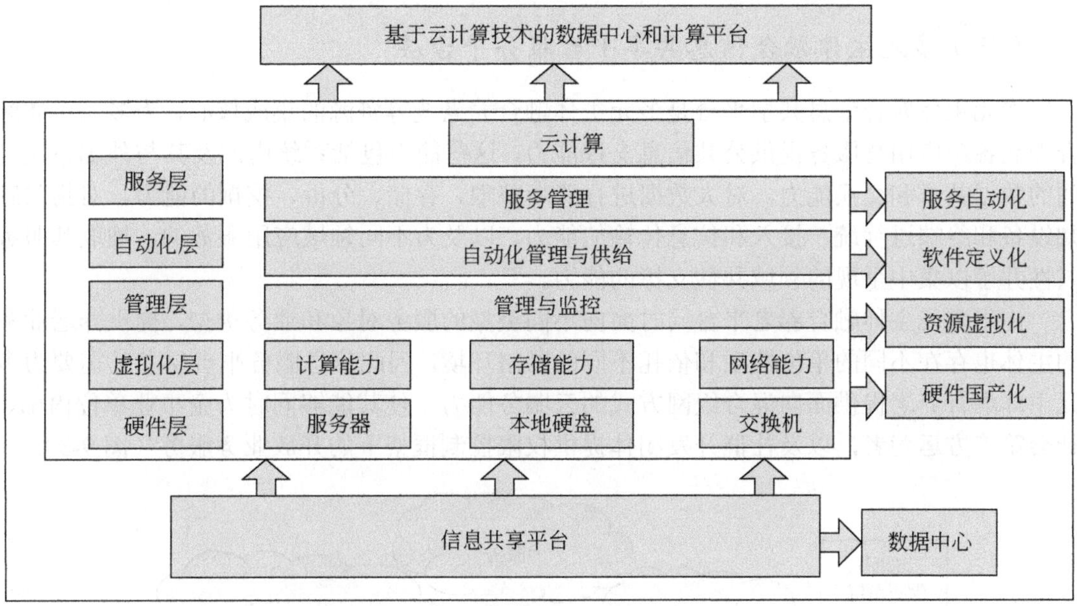

图 9-1　多元主体融合信息共享平台基础设施层

（二）多元主体融合信息共享平台数据资源层

信息数据资源层是“互联网+大数据”养老建设运营的信息资源基础，为系统收集、梳理、整合、分类涉老数据和信息，其内容包括地理空间信息、老年人基础信息、老龄产业相关信息、老龄事业相关信息，并在此基础上，面向应用主题建设业务信息仓库，支撑各类业务系统的建设与运营。信息数据资源层所汇集的信息和数据来源于政府相关部、厅、局、委、办接入的政务数据资源，项目本身建设的物联服务系统感知并上传的物联感知数据资源，以及老龄服务企业、事业单位对接的第三方信息数据资源。

多元主体融合信息共享平台数据资源体系由共享型的基础数据库、操作型的业务数据库和分析型的历史数据库这三类数据资源组成，由于跨领域、综合型业务的发展，面向主题的业务数据仓库也成为该体系的一个重要组成部分，数据资源体系结构形式如图 9-2 所示。

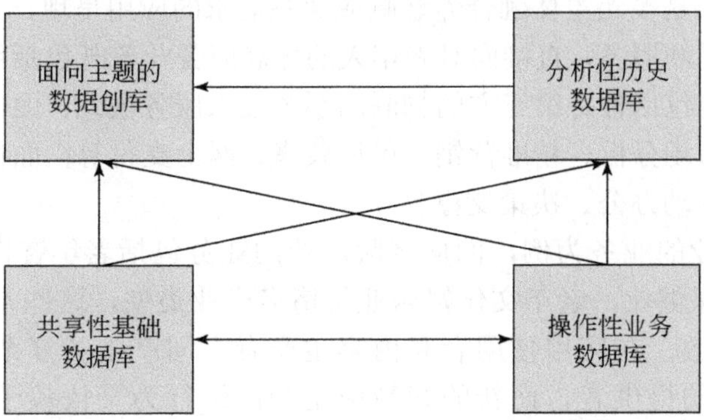

图 9-2　多元主体融合信息共享平台养老数据资源体系

（三）多元主体融合信息共享平台服务平台层

多元主体融合信息共享平台是多元主体融合养老统筹资源的集成核心，为多元主体融合养老各项应用与服务提供公共信息支撑能力，这些能力包括系统内部及其与外部系统之间的数据共享和交换能力，对大数据进行清晰整理、存储、分析、挖掘的能力，对物联感知设备和终端进行统一接入和信息传输的能力，以及为不同领域应用服务的，抽取其服务共性并予以集中呈现的领域共性支撑的能力。

由于多元主体融合养老平台同时面向不同类型的服务对象和业务类型，提供养老业务的主体也存在不同的单位性质和依托不同的网络环境，因此信息服务平台层尤其需要为多元主体融合养老提供面向混合组网方式的云服务能力，使其能够同时为企事业单位内部、社会第三方运营者，以及社群开发团体提供权限控制框架下的开放业务服务（图 9-3）。

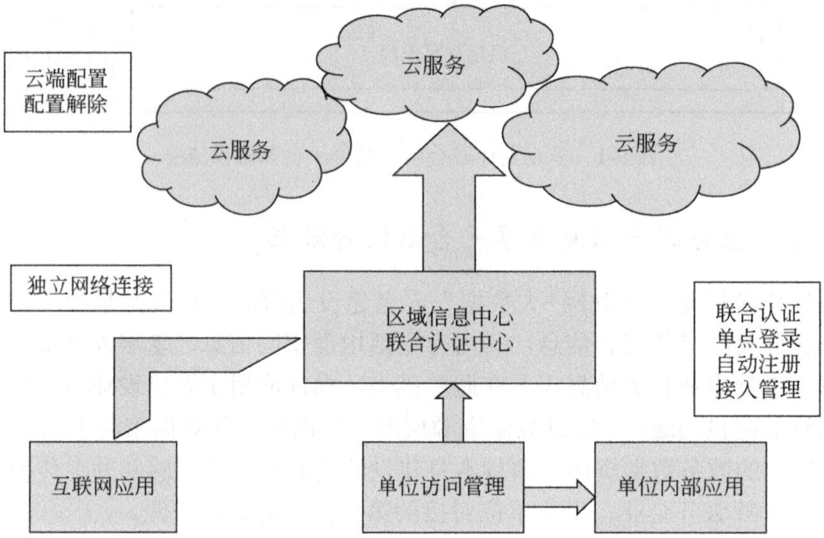

图 9-3　多元主体融合养老混合云服务部署模式

（四）多元主体融合信息共享平台应用系统层

信息应用系统层是多元主体融合养老响应业务需求的应用呈现，为多元主体融合养老提供面向用户的产品和服务，直接面对老年人的养老服务业务既包括统一适配的全媒体接入的云服务模式，也包括各种第三方的物联网系统接入服务模式；面向老龄产业服务的业务包括用户画像、市场分析、精准营销、渠道共享、网上支付等；面向老龄事业服务的业务包括电子政务、移动办公、决策支撑等。

以面向老龄产业的业务为例，面向老龄产业的业务包括老年咨询服务业、老年家政服务业、老年医疗保健业、老年文化娱乐业等诸多产业类型，这些不同类型的业务通过互联网的集聚和扩散，在应用使用者和内容生产者之间产生了复杂且微妙的联系，使用者逐渐成为信息的提供者，而新的智慧应用和网络行为又依赖于它们之间的相互转化（图 9-4）。

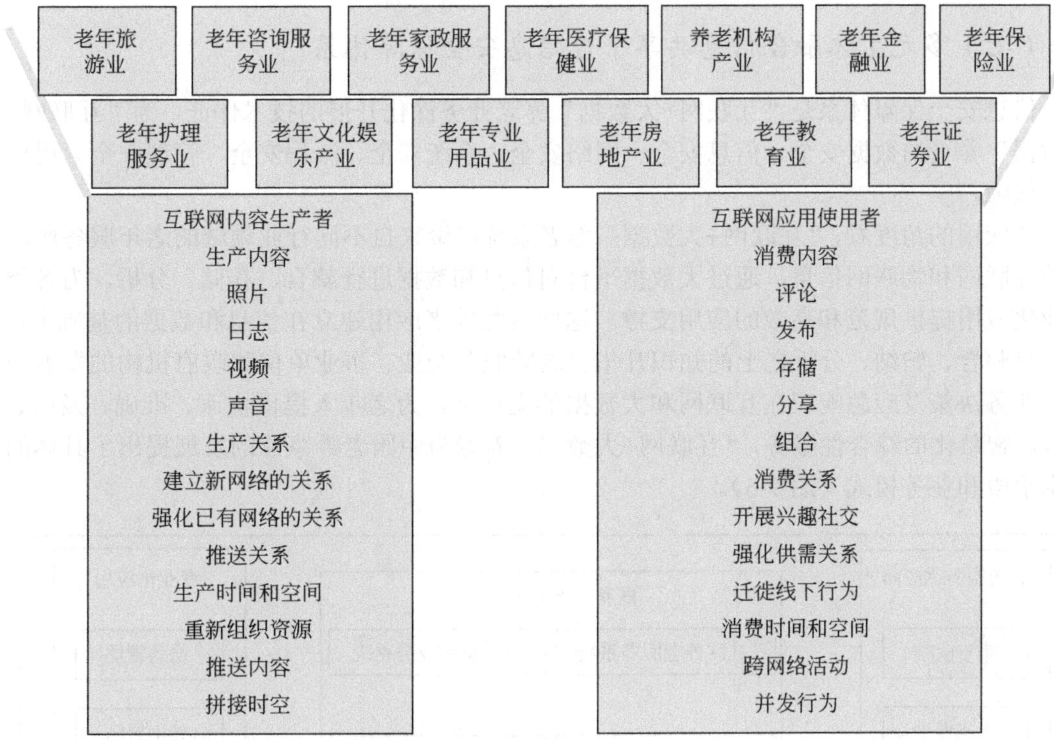

图 9-4　多元主体融合信息共享平台养老应用使用者和内容生产者转化关系

（五）多元主体融合信息共享平台交互展现层

信息交互展现层是多元主体融合养老直接面向用户的交互终端和界面，为最终用户提供支持各种终端和媒介的业务服务和交互界面，并在统一的接口和标准下组织形成全媒介服务网络，使第三方提供的涉老服务和产品得以获得渠道、入口，以及创新整合，且适应各项主流的操作系统和显示规格（图 9-5）。

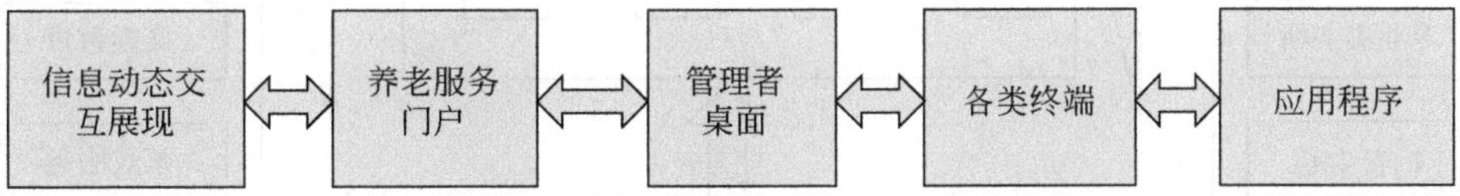

图 9-5　多元主体融合养老信息动态交互展现示意

（六）多元主体融合信息共享平台标准规范评价体系

标准规范评价体系是多元主体融合信息共享平台养老健康持续发展的基石，为多元主体融合养老长期健康发展提供系统通用接口协议和共性服务支撑标准，为系统架构提供参考依据，为应用标准提供索引指南，为评价模型提供指标和方法，为不同来源的术语进行统一和定义。

（七）多元主体融合信息共享平台信息安全保障体系

信息安全保障体系是“互联网+大数据”养老业务深化开展的技术保证，为“互联网+大数据”养老的数据安全、信息安全、网络安全、系统安全、流程安全、管理安全等提供制度保障。

从应用的角度看，“互联网+大数据”养老系统汇聚来自不同行业领域的老年服务所产生的互联网和物联网信息，通过大数据平台对信息和数据进行整合、存储、分析，为各类专业化应用提供规范和高效的应用支撑。这些智慧养老应用建立在信息和数据的基础上，是信息整合、归纳、分析之上的知识升华。老龄服务企业、事业单位和政府机构的发展规划、业务决策及应急响应在互联网和大数据的支持下，为老年人提供快速、准确、及时、有效、智慧化的综合性服务，“互联网+大数据”养老为中国老龄事业的发展提出了具体的技术手段和业务模式（图 9-6）。

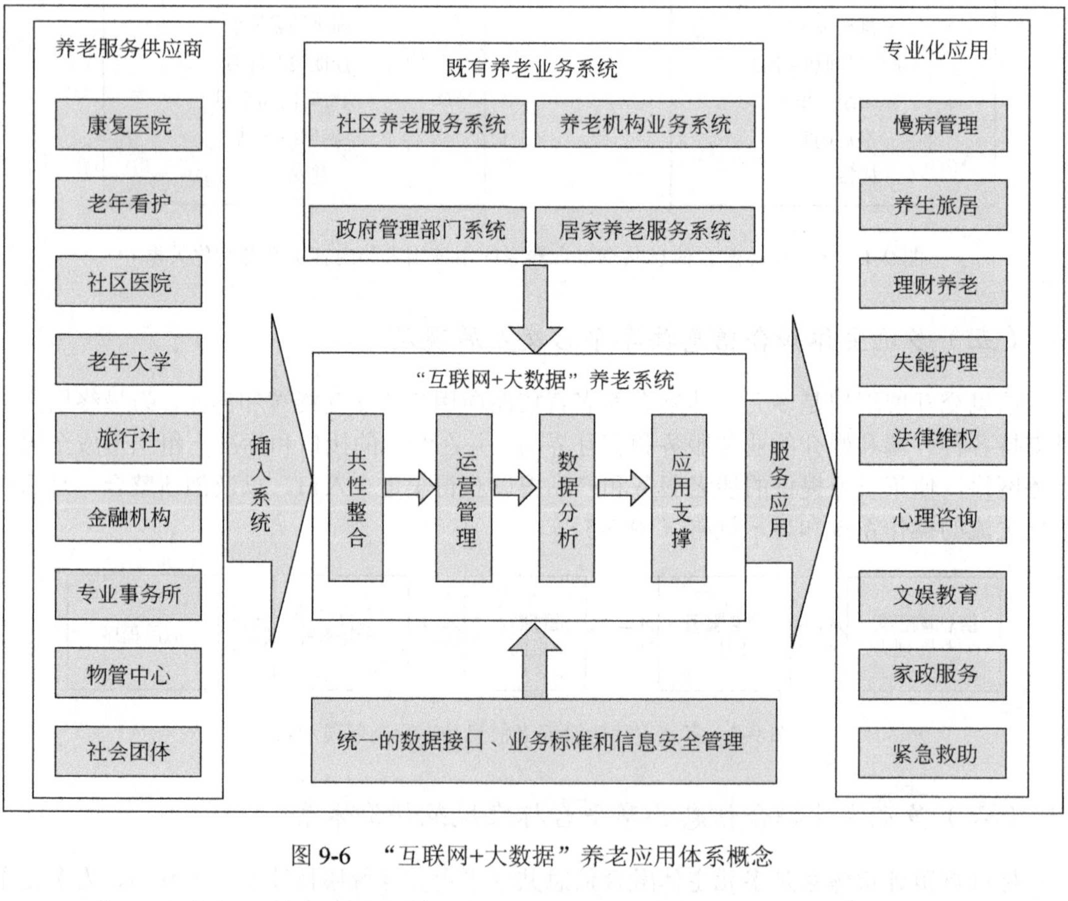

图 9-6 “互联网+大数据”养老应用体系概念

“互联网+大数据”养老系统的核心是“互联网+大数据”养老平台（图 9-7）。作为智慧养老商业生态系统的中间平台和智慧中枢，“互联网+大数据”养老平台应具备同时部署在私有云、公有云和社群云的能力，通过对大数据的整理和抽象，形成智能学习，不断优化知识体系，通过统一的应用系统支撑平台为社会各界的养老服务与应用提供开放的 API 接口，使来源于互联网和物联网的信息和数据得以归纳、演绎和升华并形成知识体系，为老龄事业的发展和老龄事务的决策提供能力支撑，为老龄产业和养老服务的发展提供驱动能力。

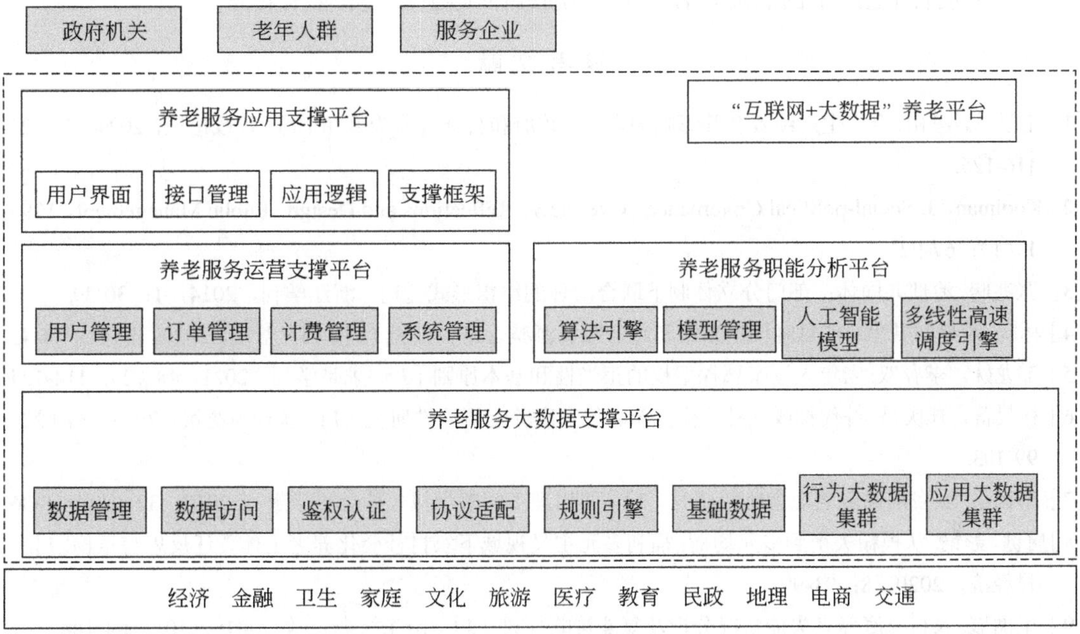

图 9-7 "互联网+大数据"养老平台部署

四、结论

"互联网+大数据"养老是一项复杂的系统工程，这一系统以老年人为中心，以信息数据为基础，围绕对个体和群体的特征描摹，纵向贯通信息的产生、采集、汇聚、存储、分析、挖掘、应用等各个阶段，横向覆盖跨部门、跨领域、跨行业的全方位业务，面向政府机构、老年人和老龄产业，提供智慧化、融合性的信息服务。"互联网+大数据"养老平台是系统的核心，由养老服务大数据支撑平台、养老服务智能分析平台、养老服务运营支撑平台和养老服务应用支撑平台组成，作为一个松耦合的中间平台，它向下联通金融、卫生、文化、旅游、医疗、教育、民政、电商、交通等各方面业务数据，向上承接政府机关、老年人群和服务企业的各项业务需求，并通过数据在平台中的沉淀、流通、融合，使数据抽象为信息，信息升华为知识，知识服务于智慧化的应用。"互联网+大数据"养老平台以统一的数据接口、业务标准和信息安全管理规范统筹整合养老业务系统和各种创新养老服务，形成业务和技术上的共性能力，支撑养老服务的运营管理、数据分析和业务应用。

中国社会的老龄化已经不期而至，老年人口规模庞大，增速加快。中国社会进入老龄社会以后将具有不同以往的社会结构和发展趋势。在网络社会的时代背景下，以互联网和大数据为依托，借助物联网、移动通信、云计算等信息通信技术手段实现在信息环境下的无缝接入，集聚并应用老龄大数据，为老年人提供全方位、广覆盖、智慧化的养老服务，从饮食起居、医疗保健到家政护理、文化娱乐，直至临终关怀、殡葬，充分体现人本主义的思想和人文关怀的理念，这是"互联网+大数据"养老的根本宗旨。"互联网+大数据"

养老的建设涉及多种信息通信技术和工程管理技术，这一系统依托于互联网和大数据，包含云计算、物联网及下一代通信网络技术，技术融合创新的复杂系统，需要社会各界通力合作，共同打造适应中国老龄化社会的“互联网+大数据”养老体系。

参考文献

[1] 王学军，牟田. 合作生产绩效及其影响因素：以政府和公众合作为视角［J］. 行政论坛，2021，28（2）：116-125.

[2] Kooiman，J. Social-political Governance：Overview，Reflections and Design. Public Management，1999，1（1）：67-92.

[3] 张兆曙. 治理共同体：部门分立体制下联合治理的组织形式［J］. 浙江学刊，2014，1：30-39.

[4] 林晓. 跨界与共赢：信息时代档案馆和图书馆资源整合路径探索［J］. 档案管理，2020，4（1）：44-45.

[5] 邹龙妹，李春双. 老年人近亲属探望权的正当性和基本原则［J］. 求是学刊，2021，48（2）：114-124.

[6] 林晨蕾，郑庆昌. 替代抑或互补：社会养老与家庭养老协同性研究［J］. 统计与决策，2018，34（22）：99-103.

[7] 李国梁. 城乡居民养老观念比较研究［J］. 四川理工学院学报（社会科学版），2017，32（3）：16-36.

[8]唐健，彭钢. 从模糊失衡到多元均衡：福利多元主义视域下农村社会化养老主体责任反思与重构[J]. 农村经济，2020，8：91-99.

[9] 梁丽霞. 农村家庭养老失能状况分析及复能策略探讨［J］. 山东社会科学，2015，10：184-188.

[10] 卢海阳，钱文荣. 子女外出务工对农村留守老人生活的影响研究［J］. 农业经济问题，2014，35（6）：24-32，110.

[11]衣玉梅，吴思琦. 社会治理视域下群团组织参与“精准扶贫”路径探析——以 C 市共青团为例[J]. 哈尔滨工业大学学报（社会科学版），2018，20（5）：70-75.

[12] 李捷枚. 20 世纪 50 年代中国农村养老保障模式变革［J］. 华中师范大学学报（人文社会科学版），2016，55（2）：24-31.

[13] 陆杰华，沙迪. 新时代农村养老服务体系面临的突出问题、主要矛盾与战略路径［J］. 新疆师范大学学报（哲学社会科学版），2019，40（2）：2，78-87.

[14] 安瑞霞. 中国农村老年人养老责任认知的影响因素分析［J］. 调研世界，2018，9：3-8.

[15] 成志刚，卢婷. 乡土社会中家庭养老格局的嬗变：女儿养老的“崛起”——基于场域理论视角的个案剖析［J］. 湖南社会科学，2021，4：131-138.

[16] 周湘莲，刘英. 社会治理视域中我国养老主体多元化发展［J］. 理论视野，2016，5：85-87.

[17]侯慧丽. 社会养老服务类型化特征与福利提供者的责任定位[J]. 中国人口科学，2018，5：83-93，128.

[18] 马玉丽. 治理视域下政府购买养老服务质量的评估机制研究［J］. 社会福利（理论版），2019，10：3-7.

[19] 韩沛锟，程瑶瑶. 农村养老服务：需求、政策实践与发展展望［J］. 学习论坛，2021，2：96-103.

[20]任勤，何泱泱. 社会养老服务供给主体间的职能与合作[J]. 四川大学学报（哲学社会科学版），2016，3：116-122.

[21] 张泽宇，田翀，方鹏骞. 基于健康老龄化的我国“十四五”期间医养结合体系发展趋势探析［J］. 中国卫生事业管理，2021，38（7）：493-495.

[22] 胡光志，谢丽华. 民族地区农村养老法律保障研究［J］. 西南民族大学学报（人文社会科学版），2021，42（6）：53-58.
[23] 马姗依，李阳. 医养结合养老服务模式与中国养老现实的契合［J］. 税务与经济，2016，38（6）：25-29.
[24] 张思锋. 中国养老服务体系建设中的政府行为与市场机制［J］. 社会保障评论，2021，5（1）：129-145.
[25] 史金玉. 新型城镇化下农村空巢老人养老困境［J］. 农业经济，2020，6：87-88.
[26] 杨斌，丁建定. "五维"框架下中国养老保险制度政府财政责任机制改革的环境分析［J］. 社会保障研究，2015，1：22-27.
[27] 李长远，张会萍. 医养结合养老服务供给主体角色定位及财政责任边界［J］. 当代经济管理，2021，43（2）：65-72.
[28] 吴飞. 社会化居家养老模式建构与政府能促型角色［J］. 河南师范大学学报（哲学社会科学版），2015，42（3）：28-32.
[29] 吴永明，许莉. 农村公共产品供给模式选择实证分析——基于经济发展阶段的判断［J］. 价格月刊，2014，4：81-85.
[30] 武玲娟. 新时代我国养老服务中的政府职责定位研究［J］. 东岳论丛，2018，39（9）：134-141.
[31] 王广辉. 国家养老责任的宪法学分析［J］. 暨南学报（哲学社会科学版），2020，42（3）：84-96.
[32] 韩烨，冀然，付佳平. 民办养老机构可持续发展的困境及对策研究［J］. 人口学刊，2021，43（4）：89-97.
[33] 赵奕钧，邓大松. 人工智能驱动下智慧养老服务模式构建研究［J］. 江淮论坛，2021，2：146-152.
[34] 郭金来. 中国家庭养老服务支持政策：需求、评估与政策体系构建［J］. 广州大学学报（社会科学版），2021，20（2）：61-70.
[35] 刘太刚，吴峥嵘，龚志文. 我国养老问题研究的理论工具评析——兼论需求溢出理论作为我国养老制度基础理论的适用性［J］. 江苏行政学院学报，2016，4：66-75.
[36] 王杰秀，安超. "元问题"视域下中国养老服务体系的改革与发展［J］. 社会保障评论，2020，4（3）：62-76.
[37] 贾玉娇. 人民视角下中国养老保障制度质量检验与优化思路［J］. 华中科技大学学报（社会科学版），2020，34（4）：48-54.
[38] 王洪娜. 医养结合养老机构服务效率及其影响因素——基于山东省 226 家医养结合养老机构数据分析［J］. 重庆社会科学，2020，5：129-140.
[39] 曹信邦. 中国长期照护财务供给多元主体的融合机制研究［J］. 中国行政管理，2019，9：107-112.
[40] 姜晓萍，张璇. 智慧社区的关键问题：内涵、维度与质量标准［J］. 上海行政学院学报，2017，18（6）：4-13.

第十章　社会化养老多元供给主体融合基本结论和研究展望

第一节　社会化养老多元供给主体融合的基本结论

一、社会化养老多元供给主体尚未实现融合

（一）政府供给主体一元独大，职能转变尚未完成

虽然我国社会化养老供给主体已经实现了多元化，但政府长期处于供给的垄断地位，多元主体协同供给不通畅，未形成有效的供给合力，阻碍了公共服务高质量供给的进程。在我国形成的社会化养老多元主体协同供给中，每个供给主体既有独特的优势，也存在一些局限和不足。但从单一主体向多主体供给转变并非一朝一夕的事情，尤其是在政府职能尚未完全转变的情况下。然而，我国社会化养老供给制度的变迁没有改变政府供给主体的垄断地位，市场、社会和老年人自身力量在社会化养老服务供给中仍然参与不足，造成社会化养老服务所需资金严重不足，供给效率低下。政府供给主体的“垄断”地位还没有完全被打破，尽管政府购买公共服务的方式已经得到极大改善，但公众需求度高、需求迫切且更具广泛性的普适性养老等领域很少被纳入政府购买服务的范围。造成政府供给主体一元独大，职能转变尚未完成的主要因素如下。

1. 养老行业是微利行业，缺少吸引力

养老行业属于典型的微利行业，在没有持续的非营利性投入的情况下，民办机构以自身有限的营利能力，难以实现快速发展[1]。养老行业缺少吸引力可以从两个方面来理解：一是对企业，尤其是私营企业缺少吸引力。由于养老产业尚处于起步阶段，需要政府、企业和老年客户一起推动行业发展，资本进入养老行业存在投资吸引力不足的问题。养老行业自身具有福利性、微利性的特点，导致养老机构难以完全按照市场规则运行、养老投资回收期长且盈利性差，单纯靠民间资本难以为继[2]。养老服务业的微利性是指从事养老服务业的企业在老龄市场的单项产品或单项服务中获得的平均利润率与从事其他产业相比相对较低。这包括两个方面的内容：第一，养老服务业的微利性是就单项产品或服务的平均利润率而言，但这与从事养老服务业的企业较高的总利润并不矛盾，原因在于老龄市场容量巨大；第二，微利性并不排斥养老服务业的市场性，也不等于主张养老服务业的福利性，这恰恰表明了养老服务业在市场中不同于其他产业的特殊性。二是对从业人员缺少吸引力。由于工作量大、待遇低、环境差和缺乏社会支持等问题，导致养老行业缺乏职业吸引力，养老从业人员流失严重。

在养老服务供给社会化、多元化过程中，充分发挥市场组织和市场机制的作用至关重

要。但市场的趋利性与养老服务的“准公共产品性”“微利性”之间存在着天然的矛盾，如果缺乏合理的政策干预和引导，养老服务的社会化和市场化供给必然会遇到一系列的问题。近年来，政府在发展养老服务产业中，出现了“将养老服务社会化等同于市场化、将市场化等同于高端化”的错误认识，以为只要充分发挥市场机制的作用，就可顺利解决养老服务供给问题。然而，实际情况恰恰相反。市场追逐利益，以效益为优先考虑因素。民营养老机构在过度市场化的运行机制下，面对掌握大量优势社会资源的公办养老机构的竞争，其发展只有两条路径：要么面向大多数的中低收入老年人，以微利甚至无利维持生存；要么面向少数高收入老年人，走高端路线，兴建高端养老机构。对于第一条路径，由于是微利甚至没有利润，私人资本并不愿意进入，出现市场供给不足。对于第二条路径，在高利润的诱惑下，私人资本大量进入，但高收入老年人毕竟是少数，最后出现市场供给过剩。由此可见，过度市场化将导致面向大多数老年人的基本养老服务供给不足，面向少数老年人的高端养老服务供给过剩，从而造成我国养老服务市场供给的整体失灵，这无助于我国养老服务问题的解决。因此，在养老服务社会化、市场化的过程中，政府必须解决养老服务“微利性”和私人资本逐利性之间的矛盾，通过强有力的政策，引导和吸引私人资本进入面向大多数老年人的“微利性”养老服务产业。对此，政府应该明确，养老服务的社会化应主要采取由社会非营利组织来提供的方式进行。对于私人资本投资非营利社会养老机构，政府必须给予充分的税费优惠和政策扶持，以弥补利润的不足。对于私人资本投资高端养老机构，政府在支持的基础上，应予以必要的规范和引导，防止一哄而上，无序发展。

2. 养老市场存在失灵

养老服务市场存在明显的市场失灵[3]。市场面向社会提供其他养老机构无法提供的服务，如护理型养老服务、医养结合服务，这两类养老服务需要专业的护理人才资源、医疗服务资源，以及面临较高的投入和经营风险，可以说，这两类服务是成本较高、投入较大、专业难度大的服务类型。营利机构供给养老服务不可避免地会产生“市场失灵”问题，也就是说，养老企业在经营过程中会过度重视经济利润，而轻视本应承担的社会责任，这将成为养老企业难以避免的现实困境。由于养老服务利益的外溢性决定了它是具有外部效应的准公共产品，因而营利机构供给养老服务不可避免地会产生“市场失灵”问题[4]，造成市场失灵主要有如下几个方面的因素。

（1）政府有效供给机制没有建立。随着我国老龄化的加速发展，老年人口高龄化、空巢化现象日益加剧，传统的家庭养老越来越难以为继。这就使得社会养老成为必然趋势。这种从家庭养老到社会养老的转变，是社会发展的重大变化，政府本应及时对养老服务制度进行系统调整以适应新的要求，但由于长期以来的习惯思维和习惯做法，加上偏重经济发展而忽视社会建设，政府对于社会养老制度的建设和创新仍有明显缺失。一是没有建立一个面向所有老年人的基本养老服务供给机制。从目前的老龄政策看，政府提供的养老服务仍主要针对“三无”老人、“五保户”老人和生活困难老人，有些地区甚至还没有做到“应保尽保”。二是没有建立起一套以老年人需求为导向的养老服务供给评价制度，导致政府的养老服务供给常与老年人实际需求脱节。从目前养老行业老人实际情况来看，目前生活照料和健康医疗是老年人最迫切的养老服务需求。但是，各地政府却没有把主要的财力、精力投放在满足老年人的这方面需求上，而是更倾向于搞大型养老场馆设施建设等“形象工程”。三是没有建立起税费优惠政策落实的督促检查制度。近年来，各地出台了不少扶持养老服务业发展的优惠政策。但实际情况却是，养老机构特别是民办养老机构要享受这些税费政策却比较困难，面临门槛高、审批难等诸多问题。

（2）社会组织供给机制发育不成熟。养老服务的社会供给主要依靠各种与养老相关的社会组织来实现。这些社会组织一般包括社区养老服务组织、慈善组织、志愿者组织和老年群众组织等，他们的公益性、非营利性、志愿性、自治性等特征决定了其可以有效弥补政府和市场的不足。因此，养老服务的社会供给机制不可或缺。然而，目前的社会组织发育不足，服务能力弱，难以发挥应有的作用。一是社会组织发展时间不长，组织规模小，服务能力弱。[5]。二是政府购买服务的机制还未形成。[6]。很多社会组织得不到政府的相应支持，无法得到更多的发展机会。三是政府管制较多，社会组织独立性差，长期以来只能依赖政府，大多数社会组织实际上成了政府的附属部门，并没有真正发挥社会组织的作用。由于社会组织的发育不完善，目前养老服务的社会供给出现了明显的“塌陷”状态，各种本应由社会组织供给的养老服务基本上还是政府包办。例如，社区养老服务机构基本上是由街道办事处或者街道派驻社区的工作人员来兼职管理。

（3）市场供给机制不能有效运作。市场供给不仅为老年人提供多样性、高质量的养老服务，而且通过承接购买服务的方式，为政府供给和社会供给提供重要支持。在养老服务业发达的国家，市场供给是养老服务供给的基础。然而，目前我国养老服务业的市场化、产业化程度还很低，市场供给机制发挥的作用还远远不够。不仅一些高层次的养老服务，如康复护理、日托护理、临终关怀等，还没有相应的市场养老机构能够提供，即便是日常照料、家政服务等基本的养老服务，也大多数是由政府性的社区养老服务机构提供，缺乏相应的专业性市场服务机构。

3. 非营利社会组织发展制约因素较多

养老服务社会化需要非营利社会组织充分发展，而非营利社会组织的发展又需要政府购买服务来大力支持。在养老服务社会化程度较高的国家，政府向非营利社会组织购买养老服务是一种重要的养老服务供给方式，它是对政府财政资源的合理配置，也是政府从服务的直接提供者向服务的协调者和监管者的转变。在购买养老服务过程中，政府部门按照法定的方式、程序和公平竞争的原则，将财政养老资金交由中标的非营利社会组织，由其开展养老服务，其本质上是公共服务的契约化提供模式。目前，我国养老服务的社会供给机制失灵，主要还在于我国非营利社会组织发育不健全，政府对非营利社会组织的生存发展，尚没有完善的政策和法律体系予以规范和扶持。例如，《社会团体登记管理条例》规定“社会团体不得从事营利性经营活动”，但社会组织要想维持生存及发展，至少应当以盈亏相抵或微薄利润的方式运营，因此不少社会组织的营利性活动处于地下状态，收支情况不能也不便向外公布，这影响了社会组织福利性、公益性事业的顺利开展。另外，政府对向非营利社会组织购买服务，目前还缺乏相应的政策规定予以支持。因此，非营利社会组织在设立、生存和发展上的政策缺失，使其在夹缝中生存、举步维艰、难以壮大，导致我国养老服务的社会供给机制出现失灵。

4. 养老服务需求资金短缺

总体上看，养老服务的财务平衡受到人口老龄化的威胁，资金缺口大。资金短缺体现在两个方面。一是养老企业资金短缺。资金筹集难，部分地区养老基金账户出现赤字，以及配套政策不足。二是养老参与者个人资金短缺。农村老年人的养老资金来源具有不确定性和不稳定性，很容易出现养老资金不足，甚至资金断链的情况[7]。一方面，从农村来讲，农村老人收入来源较少，失能、半失能群体增多，且这部分群体缴费面临困难。另一方面，由于商业保险费率高，普及程度不高。对于年限长的保险，通货膨胀、利率变化、照护价格变化等不确定性因素决定了其费率偏高。商业保险的高费率将大量中低收入老年人口排除在外。大规模的养老服务支出导致财政压力增加，中央和地方财政在大规模照料支出方面存在挑战。

近年来，有关鼓励社会资本投资养老服务的政策导向性异常鲜明，如优先保障用地供应、税费优惠、财政补贴供方等。这些属于供给政策，指向性非常明确，就是引导增强养老服务的市场供给。但是公共政策的有效性往往并不取决于决策者的良好意愿。现实表明，社会对供给政策的敏感性没有预期的高，政策性利好没有得到有效回应。一方面，政策红利还不足以产生足够的利益刺激；另一方面，还没有形成一个具有规模的养老服务市场。市场的形成首先要有需求，在需求的拉动下才会产生供给，需求和供给在价格机制的作用下，在趋向均衡的过程中实现市场的资源配置。而养老服务作为以“服务”为产品的市场，显然还处在发育过程中，一般性刺激供给的政策难以立竿见影。我国现阶段，老年人及其子女真正关心的养老服务是护理、照料性服务，而且需求刚性较强，因此支持性政策应更多向这个方向瞄准，突出供给引导的同时，还要注重增强老年人的购买力。

（二）多元主体供给并不协同

政府主导的多元主体协同供给机制尚未完全形成[8]。也就是说，目前多元供给主体之间缺乏协调性，多元主体协同供给的现实问题难以有效解决[9]。近年来，虽然我国也试图建立由政府主导的多元主体协同供给养老服务模式，但是在我国公共服务由政府管理向社会治理转型期，政府职能定位的偏差，承接公共服务的社会组织力量薄弱，有效的市场竞争主体缺乏，多元供给主体间有效协同供给养老服务的局面并未形成[10]。

1. 各主体之间动机行为不同

各方利益主体的利益驱使动机不同，因此利益主体在治理过程会博弈[11]。各主体之间动机行为不同及由此产生的利益冲突，具体来讲主要表现在三个方面：一是政策上和律法面临挑战；二是认识上面临挑战，包括社会认识、政府官员认识和其他组织认识；三是部门间存在利益冲突，工作中相互推诿。

2. 社会化养老法律制度还不完善

养老法律体系还不够完善，相应的专门立法非常少，很多法律都零散地分布在其他法律之中[12]。健全的法律制度是社会化养老建设和治理的重要保障，在社会化养老治理过程中需要通过法律来约束、促进各治理主体之间的有效协同，尤其是应该加强引导性制度的建设，利用其来避免各主体内部及各主体之间不协同行为的出现。目前，制度尚不能满足养老服务体系发展的保障需要。一是养老服务的政策文件多以“通知”“意见”“决定”等形式出现，相关法律缺位。虽然社会保险法多是以获取养老资金为目的的养老经济制度保障内容，但对老年人精神慰藉和关怀的内容不足。二是法律法规未成系统，协调性、针对性和操作性不强，缺少权威的护理等级标准、对被保险人的失能评价标准和护理人员专业定级标准等。尽管全国和各省市出台了多个扶持养老服务体系发展的政策文件，但在政策执行和落实监督方面尚未做到位。

（三）养老保障制度缺乏顶层设计

我国养老保障制度缺乏顶层设计是造成养老制度碎片化、养老政策不确定性发展、管理不平衡等问题的重要原因[13]。自2011年以来，关于医养结合的一系列主要相关文件，大多数是多部门联合发布，这些部门既有与医养结合直接相关的全国老龄办、中医药局、老龄委和老龄办、民政部，也有与此间接相关的国家发改委、财政部、卫健委等部门，甚至也关联到国土资源部、住房和城乡建设部等部门。而在地方政府层面，医养结合牵涉的政府相关部门就更多，有些甚至多达几十个相关部门。这些部门制定的医养结合政策呈现碎片化的特点，没有很好地发挥政策间的协同作用。

二、多元主体协同供给将成为新的发展方向

促进多元主体协同共治成为社会化养老服务新的发展方向。现代治理理论与实践表明，多元主体的有效协作配合，是推进社会化养老治理的新发展方向，也是实现治理现代化的有效路径。社会化养老供给侧结构性改革涉及政府、市场、企业、社会组织、家庭和个人等多个主体，不同主体之间的利益诉求存在一定差异，系统有效的共治机制有益于提高多元主体的协同共治，而多元主体的协同共治应主要从多元主体的利益出发，构建涵盖政府、市场、企业、社会组织、家庭和个人在内的多维系统下的多元主体协同发展模式。有效满足老年人多层次、多样化的健康养老服务需求，多元主体协同参与服务供给已成为社会共识，并成为破解养老服务供需失衡的有效途径[14]。应以多元主体合作供给的方式来实现社会化养老的有效供给，政府只是社会化养老供给主体之一，关键是要形成政府、市场、非营利组织、家庭等多元主体的合作效应，推进社会化养老的多元主体协同供给[15]。

三、有效供给是社会化养老服务融合的关键

保障和扩大养老服务的有效供给是解决中国养老服务供需体系存在问题的关键[16]。养老服务有效供给是指适应养老服务有效需求的养老服务供给结构、数量与质量的有效性[17]。养老服务的有效供给需要职能部门和地方政府共同协作[18]。实现农村养老服务产品有效供给的关键则是在考虑地方现状的同时，需要形成多元主体的合作网络，树立合作理念，保证供给能力，供给分配，明确责任归属[19]。要想实现社会化养老服务的有效供给，有两个最核心的任务要做：一是上层的国家政策要给力，要到位，要全方位支持养老服务产业的发展；另外一个是要夯实社区基础，尤其是社区治理要进一步完善。具体来讲，要从以下四个方面进行。

一是加大社会化养老服务设施有效供给。就社会化养老来讲，对老旧小区通过政府回购、租赁等方式填补社会化养老设施欠账。新建小区按规定建设的养老设施移交政府后，要无偿或低偿用于社区养老服务。对企业、政府和事业单位腾退的用地、用房，适宜的要优先用于社区养老服务。

二是放宽准入，引导社会力量广泛参与社会化养老服务。引导社会力量积极参与养老服务，并保障其合法、平等的市场主体地位[20]。政府应当摒除体制和机制障碍，并保障社会力量合法、平等的市场主体地位，在建设资金、土地征用、税收信贷、医保报销等方

面为其提供更多的政策扶持，不断提升社会力量在养老市场中的生存能力和竞争能力。鼓励发展具备全托、日托、上门服务等综合功能的社区养老机构，在房租、用水用电价格上给予政策优惠。依托“互联网+”提供“点菜式”就近便捷养老服务，支持连锁化、综合化、品牌化运营。

三是支持社会养老服务专业队伍建设。充实养老服务专业队伍，不断改善目前专业人员比例低、结构不合理的状况[21]。按规定以财政补贴等方式，支持大范围开展养老服务人员培训，扩大普通高校、职业院校在这方面的培养规模，加快建设素质优良的专业队伍。

四是优化财政支持养老服务业发展的支出结构，相关资金更多用于支持社会化养老服务。整合高龄津贴、护理补贴等，集中补贴经济困难的高龄、失能老人的长期照护费用。

四、协同供给能够实现多元主体之间融合的目标

（一）明确不同供给主体的供给职责

要解决养老服务多元主体之间融合问题，必须从创新体制机制角度入手，重构养老服务供给机制。首要工作是要明确不同供给主体的供给职责，使其各在其位，各负其责，以纠正当前普遍存在的缺位、越位和错位现象。可针对不同的养老服务供给主体予以相应的制度安排，以充分发挥各方面的力量，协同参与养老服务的供给。需要特别注意的是，在加强社会养老服务供给的同时，要继续强调子女在赡养老人方面应承担的责任，不但要给父母赡养费，更需要定期照护父母。这既是中国传统孝文化的基本要求，也是我国公民的法定义务。

（二）发挥政府主导作用，牵头建立一个四层次的社会养老服务供给体系

1. 健全完全福利性质的机构养老服务

这是由政府自办自营的养老机构提供的养老服务，对象严格限定为“五保”老人、“三无”老人和生活困难老人。由政府免费提供基本的福利性养老服务主要起到兜底的功能和作用。发挥政府托底的功能，政府要保基本、兜底线，保障弱势群体的养老服务，满足困难老年人的基本养老服务需求[22]。目前一是要大幅度增加福利性养老服务供给，做到“应保尽保”；二是对不符合上述条件的入住老人，应该予以清退。

2. 政府扶助的社区基本居家养老服务

这是面向所有适合居家养老的健康老年人或基本能自理的老年人，提供生活照料、家政服务、社区医疗、居家护理、精神慰藉等基本的养老服务。政府的扶持主要体现在三个方面：一是通过财政投资建设基本的社区养老场所和养老设施；二是对居家养老服务中心、日间照料中心和社区医疗机构等社区养老服务机构予以财政补贴，购买其服务，将其提供养老服务的价格控制在相对于市场较低的范围内；三是对收入较低的老年人的居家养老服务费用给予全额或者部分补助。

3. 政府扶助的非营利养老机构服务

这是面向所有愿意到社会机构养老的老人或者不得不到社会机构养老的失能老人，为其提供全方位的专业性机构养老服务。为吸引私人资本参与投资“微利性”的社会养老机

构，政府应从以下方面加大政策扶持力度：一是出台促进非营利社会组织发展的法规文件；二是建立政府购买非营利养老机构服务的制度；三是降低准入门槛，取消社会办养老机构的床位限制，允许兴办小型的家庭式养老服务机构；四是通过优惠供地、公建民营等方式重点解决养老机构场所问题；五是增加补贴标准，改进补贴方式，将补床位改为补人头；六是切实督促检查优惠政策的落实执行。

4. 政府支持的市场营利性养老机构服务

这是面向所有具备条件的高收入老年人的养老服务。政府对其发展采取支持态度。一是修改对民营、外资投资养老服务产业的歧视性规定，放开市场准入，实现公平竞争；二是加强规范引导，建立良好的运营环境；三是面向全国老年人，大力发展高端老年旅游、老年休闲服务，带动养老服务市场的发展。

五、搭建信息共享平台是多元主体融合的有力之举

多主体融合首先需要主体与需求者之间、各主体之间的信息互通，而政府提供信息共享平台可以为社会化养老服务供给主体和养老服务需求者之间搭建相互了解的信息平台，可以使各主体全面掌握养老服务的内容、数量和消费方式，也可以借助信息共享平台使主体与主体间能够相互了解和掌握各主体供给信息，使多主体互动的信息畅通，以达到科学配置养老服务资源的目的。基于区域养老信息平台，建设统一规范、互联互通的养老信息共享系统，积极推动各类智慧养老机构与产品服务商之间的信息共享、深度开发和合理利用，开展智慧养老大数据的深度挖掘与应用，从而实现数据资源共享。

六、完善社会化养老多元供给主体融合制度架构

1. 完善制度保障，形成多元主体协同参与的制度架构

调动经济、政策法律、社会组织、伦理道德等多元化的养老资源协同助力社会化养老，形成养老资源多元供给，加快构建市场、家庭、社会、政府协同养老新局面。构建适应现代社会和中国国情的社会化养老多元供给主体融合制度，需要充分调动多种积极因素，重新界定多元化主体的养老责任与职能，推动家庭、政府、社会等多元养老主体协同参与养老。在现代社会，养老资源经济供给的主导责任由家庭转向政府，家庭、政府、社会共同提供养老照料陪护服务。同时，根植于中国文化的传统家庭养老给老年人的亲情关怀和精神慰藉仍然具有不可替代的特殊地位。企业、社会组织是协同参与养老的主体，可以弥补政府和家庭供给养老资源和功能发挥途径有限性的不足。

2. 培育养老文化资源，形成尊老敬老的文化氛围

政府以城市社区和农村基层组织为依托，有效举办具有广泛社会影响的尊老敬老节，弘扬尊老敬老的文化氛围，不仅能够有效培育、调动养老的社会资本与文化资源，也能够有效调动社会和企业的经济资源，实现养老经济资源的多元供给，为老人发放更高水平的养老福利和养老金，弥补家庭养老经济负担较重和政府提供的农村养老社会保障水平较低的不足，形成政府、家庭、村集体和企业协同参与社会化养老事业的新局面，这对解决养老难题是一个重要助力。

第二节 社会化养老多元供给主体融合研究的创新

一、扩大供给能力是社会化养老多元供给主体融合的重要抓手

（一）迎合老年人需求，创新养老服务方式

近些年，随着异地养老群体数量的不断扩大，除异地观光外，老年人对于异地养老各方面的需求也在不断上升。越来越多的老年人选择以异地养老的方式满足访友、疗养、学习、采风等需求。从目前的发展状况看，老年群体对于异地养老的需求在上升，而老年人由于自身能力原因对于异地养老相关信息的查找不足，无法第一时间掌握适合自己的信息，一定程度上造成了养老资源的浪费。

（二）转变老龄群体观念，接受异地机构养老

家庭对于老年群体中的每个人都有一份特殊的意义，随着老龄化进程的加速，人们对于养老方式的选择也在不断改变着，传统的养老方式受到了巨大的冲击。“四二一”家庭结构的出现，养老方式逐渐由传统家庭向机构养老、社区养老等新型养老方式转变，而候鸟式养老模式得到社会大众的普遍认可。候鸟式养老能够缓解老年人对养老机构持有的消极态度及老年人入住养老机构时的排斥心理，从而转变老年人的养老观念，让更多的老年群体接受异地养老方式。

（三）优化养老观念，促进养老机构发展

将养老机构的发展现状进行对比后可发现，目前养老机构虽然总体发展较好，但养老机构入住人员较多，出现了床位紧张的情况。候鸟养老群体的总体流向是由农村向城市、从贫穷地区向发达地区、从发达地区向老年人适合的气候环境优越的地方流动。为了更好地整合养老机构资源，缓解机构资源间的不平衡，有效实现异地养老机构的对接，形成互动养老，应尝试鼓励生活在养老环境不佳但经济较发达地区的老年人，向经济欠发达但自然环境优越的地区流动。在老年群体中实现养老资源在不同地域间的重新组合与优化配置。对于养老模式来说，可以秉承“走出去，请进来”的养老理念，养老机构通过在信息平台上的信息共享，将视野放在整个养老产业中以提升全局观念。与此同时，我们不仅要宣传养老资源优势，还要将更多的养老资源请进来，使资源优势得到充分发挥。

（四）完善社区养老服务体系

社区养老服务体系逐渐走入人们的生活，社会也由熟人社会向陌生人社会转变，而社区成为这种弱关系集散的最基层管理和服务单位，在人们的日常生活中扮演着不可替代的角色，成为社会化养老服务网络中不可缺少的一环。在老年服务业中作为重要载体的社区养老机构、日托站、护理院等能够满足老年人居家养老中对各类服务的需求。社区应当在完善社区环境和基础设施的同时，大力推广“居家养老+社区医疗”的“医养结合”服务模式。将社区卫生服务站纳入医保范围，解决老年人医疗报销的问题。在每个社区建立一

所社区卫生服务站，并按照服务人口配备专业医疗服务人员，在社区建立老年健康管理档案与咨询服务平台，及时为老年人提供健康讲座、咨询、检查、保健、治疗等服务。培育出一支具备专业知识和技能的服务队伍，积极动员社区居民，建设具有稳定性的志愿者队伍，促进邻里互助，促使社区居民之间的弱关系得到强化，完善社区养老服务体系。

（五）构建养老产业网络平台

构建养老机构网络平台，能够在信息上实现优势互补与利益共赢。将养老机构的网络平台进行资源共享，使各地养老机构能够通过互联网了解老年人对异地养老的需求，对于相关的养老产业与服务来说也具有积极的引导作用。与此同时，可将信息化与养老服务相结合，运用网络建立沟通互动平台，通过整合公共服务资源满足老年客户安全看护、生活照料、休闲娱乐、亲情关爱等方面的需求，为老年群体提供新型信息化的养老模式。

二、制度创新是社会化养老多元供给主体融合的前提

要将深化公共部门（政府）和私人部门（市场、社会组织、家庭及个人等）的合作作为一项长期的制度坚持，通过公私合作供给养老服务的制度创新，激活多元主体供给养老服务的动力和活力[23]。

（一）建立养老机构的责任保险制度，降低养老机构经营风险

制约私人资本投资的重要因素是养老机构经营的高风险。为此，政府可以推行养老机构责任保险和老年人意外伤害保险制度。该保险由商业保险公司提供，政府以补贴方式出资为养老机构购买责任保险，当老年人在养老机构发生意外伤害或者死亡时，由商业保险公司理赔，这样就可将养老机构从无限责任中解脱出来，增加私人资本的投资积极性，从而促进养老服务的社会供给和市场供给。

（二）建立长期护理保险制度，为社会化养老提供制度保障

在养老服务中，花费最大的是老年护理服务。建立长期护理保险制度，通过社会筹资的方式，为养老服务的社会化供给奠定长期稳定的经济基础，这是为老年人提供护理服务的重要制度保障，也是增加养老服务供给效能的良好举措。长期护理保险制度是医养结合模式健康运行的制度保障[24]。目前日本、韩国都已实行该制度，我国青岛市也率先建立了长期医疗护理保险制度，我们可以借鉴其中的经验。在建立护理保险制度之前，也可以推行“医养结合”模式，允许从医疗保险基金中支付老年护理床位费用。先在城市开始实行长期护理保险制度，以此为试点，总结成功经验后再向农村推广。

（三）建立跨养老方式、跨区域流动的养老服务衔接制度

政府针对老年人从社区居家养老转移到机构养老，从一个地方养老转移到另一个地方养老，应建立起统一的衔接制度，以确保对老年人的养老服务供给无缝对接。目前要加快推进养老服务在省级层面的统筹，一是在省级层面范围实现医疗保险费用支付和费用结算的相互认定和互联互通，使老年人在同一省不同地市享受的医疗护理服务都可以纳入医疗护理保险范围，然后依次向全国推广，最终实现全国范围内互联互通；二是要逐步取消

对基本养老服务供给对象的身份歧视，政府对农村和城镇老年人提供一视同仁的基本养老服务。

三、政府是社会化养老多元供给主体融合的保证

社会化养老是大势所趋，但养老社会化并不等于政府可以"大撒把"。从某种意义上讲，推进养老服务社会化，政府的责任非但不能减轻，反而应进一步强化。政府应发挥主导作用，加大资金投入、政策扶持、教育培训力度，切实为社会养老"扶上马，送一程"。

（一）政府是养老保障事业的最主要担当者

既然养老保障是最大、最难的公共事务之一，而政府是最主要的公共事务主管者，自然政府也是养老保障事业的最主要担当者。政府不仅要管起整个养老保障事务，而且要为整个养老保障事业提供物质兜底和根本支撑。特别是公共财政是由政府组织实施的，"取之于民、用之于民"这一本质从根本上决定了这一点。坚持政府主导，充分发挥社会力量等多元主体推动养老服务体系建设[25]。因此，政府具有完全的责任，从政策到物质都要有更大的担当，以更大的积极性和责任性推动养老保障事业，确保其健康稳妥地发展。

（二）政府是养老保障事业的最主要组织者

社会、家庭、个人乃至企业、市场等各种因素虽然都是养老保障事业的有效因素，但其有效性却不一定能够充分发挥出来，主要是因为这些因素存在分散化、可能微弱化、不一定相互适应和相互聚合等问题。因此，只有依靠政府的有效组织，这些因素才可能克服影响其发挥作用的各种问题，进而很好发挥和实现各自的有效性，聚合成有益于养老保障事业发展的推动力。实践表明，政府在组织这些因素发挥其各自作用上具有不可替代的作用，不仅包括引导、指导和帮助能动主体更积极、智慧地参与养老保障事业，而且包括限制、克服或化解如市场等因素可能出现的消极作用，以促进公平正义的实现为准则，激发或开发各因素的积极作用来滋养和繁荣养老保障事业。

（三）政府是养老保障事业的最主要动力源

养老保障基本上可算是一种只有高物质投入、低物质产出的公益事业。除有强烈公益责任心和使命的主体外，市场主体缺少兴趣和毅力主动参与或推动这项事业。养老仍然是一项社会保障需求，公益性是养老机构的核心属性[26]。政府的人民性质和以人为本、为民服务的原则决定了政府天然具有要主动发起、积极推动这项事业的自觉性和能动性。政府必须为养老保障这种公益事业得到正常推动而不断做出更大的努力，发挥更大的作用，成为吸引、汇聚、组合各种积极性、主动性和创造性的动力源泉与主流。因此，政府要在动力源上确保角色完全到位，确保养老保障事业能够从政府那里得到不竭的支持力、带动力和推动力。

四、多元供给主体提供多样化养老需求

当前，我国老年产业面临着供给产品质量不足、结构不优、效益不高、供需不平衡等问题，远没有满足广大老年人对适老产品多样化、多层次的需求。完善社会养老服务体系

建设，不断探索养老服务的新形式、新方法，加快养老服务基础设施建设，逐步满足辖区老年人多层次、多样化的养老服务需求，努力实现老有所养、老有所乐。

现实中，银发经济供给结构单一、产品档次不高、管理服务低下，与不断扩大的银发经济旺盛消费需求存在诸多脱节情况，老人的消费潜能远未释放。如果职业教育与企业加强合作，依托其充足的人才和智力资源，可在传统领域发展新技术应用。例如，利用大数据等先进技术，在精神慰藉、生活照护、康复辅助、安全监护等养老关键领域开展"银发经济"产品的创新研发，发展壮大老年用品产业。在新领域开拓新市场，参与适老化改造，开发满足老年人衣、食、住、行需求的生活用品，如受老年消费人群普遍欢迎的跌倒探测、急救拉绳、生命体征监护等可穿戴设备。近年来，从健康监测、养老监护等新产品，到慢性病智能综合管理、远程智慧医养结合等新服务，智慧养老快速发展，助推了科技在养老领域的广泛应用，产生了很好的经济和社会效益。

第三节　社会化养老多元供给主体融合研究的不足和应对措施

一、社会化养老多元供给主体融合机制有待进一步深化

（一）政府主导、制度配套、提升监管、组织保障

1. 充分发挥政府主导作用

明确政府的职能定位，进行系统规划与顶层设计，明确目标，履行兜底责任，加强养老服务保障制度建设，增加养老服务有效供给，推进养老机制创新，加强监管，健全老年人关爱服务体系，加强专业人才队伍建设，推动养老产业发展壮大，争创国家积极应对人口老龄化重点联系城市。

2. 加强政策设计与法治建设

重点关注为"三无"、贫困、失独等特殊老人提供兜底、福利性的养老服务；准确评估不同健康状况、生活自理能力、收入水平老年人的养老服务需求，把握不同地区之间需求与能力的差异性，制定分类指导的政策条款，精准施策；建立公办养老机构入住评估和轮候制度，明确老年人轮候前提条件和排序原则；关注老年人精神文明建设，丰富老年生活，实施老有所为计划。

3. 加强政府、社会综合监管

以信用监管为基础，推行政府监管、行业自律、社会监督相结合，以管代促，提升养老服务标准化、管理信息化、队伍专业化水平，确保养老机构安全管理长效机制和常态化应急演练机制有效运行，切实保护老年人权益。

（二）政府为主、社会协同、市场运作、多主体参与

1. 促进产业融合发展

政府主导不等于政府包揽全部责任，需要充分运用市场和社会资源，政府、市场、社会、社区、家庭、个人等多主体协同参与。在明确政府职责、充分发挥政府"兜底线、保

基本”作用的同时，综合考虑区位优越、开放现代、产业鲜明等特点，加强规划引领，在用地、财税、金融信贷等方面给予支持，制定产业融合发展政策，创新养老机制，探索“养老+”模式，充分运用市场和社会资源，培育和壮大市场主体，增加养老服务有效供给，建立多层次的养老服务体系，保障各类人群的基本养老服务和多样化、差异化的养老服务需求，在确保政府职责不缺位、不越位的前提下，其他各类养老服务充分交给市场和社会主体。

2. 支持扩大普惠养老服务供给

通过“政策包”带动企业普惠型“服务包”，引导各类主体提供普惠养老服务，加大国有经济对普惠养老的支持，鼓励国有企业在养老服务领域的基础设施建设和网点布局，培育发展以普惠养老服务为主责主业、承担公共服务功能的国有企业。有序稳妥推动党政机关和国有企事业单位所属培训疗养机构转型为普惠型养老服务机构。

3. 吸引多元主体参与

实施“养老+行业”行动，支持养老服务与文化、旅游、餐饮、体育、家政、教育、养生、健康、金融、地产等行业融合发展，创新和丰富养老产业新模式与新业态，拓展旅居养老、文化养老、健康养老、养老产品供给等新型消费领域，打造一批产业链长、覆盖领域广、经济社会效益显著的产业集群，形成一批具有影响力和竞争力的行业品牌。

4. 创新养老供给、培养服务人才

推动机构与医疗卫生机构，通过一体联建、签约合作、托管、派驻医护人员等形式，建立紧密型合作关系，实现养老机构医养结合服务覆盖；简化审批手续，推动医养深度结合，加大养老供给。加快培养老年医学、心理、康复、护理、营养、社会工作、养老理论研究等专业人才；支持院校开展 1+X 证书制度试点，加大养老复合型人才培养；推动校企合作，将养老服务列为校企合作优先领域，并给予财政支持。

（三）加强中国特色“居家社区机构相协调”的养老服务体系建设

1. 探索适合中国国情的创新养老模式

在中国文化背景下摸索适合中国国情的创新养老模式，构建以居家为基础、社区为依托、机构为支撑的社会养老服务体系。老年人居家养老，享受上门照料服务；社区养老服务中心，为老年人提供日托、用餐、家政、文化活动、健康体检、绿色通道送医等服务，为健康低龄老年人提供服务的同时，加强对高龄、失能失智失独老年人、空巢老年人和贫困老年人的养老服务供给，对已建成住宅小区公共服务设施进行适老化无障碍改造，推进老旧小区坡道、楼梯扶手、电梯等与老年人日常生活密切相关的生活服务设施改造，降低老年人失能发生的可能性，同时积极向农村社区推进，建立农村居家养老“巡访+互助”制度，满足老年人健康、安全、快乐等方面的需求，为老年人提供高质量的老年生活。

2. 搭建智慧养老服务平台

以政府为主导，搭建智慧养老服务平台，覆盖建设街道、社区、适老化家庭三层养老供给设施，明确服务内容、形式、服务标准、人员持证上岗要求、组织管理和监督评估机制等，引入市场机制，让居家养老服务企业参与，保证提供细致专业的养老服务。政府需加强对养老企业的指导和监管，保障老年人享受规范居家养老服务权益，为居家养老服务企业创造良好的发展环境，让企业良性竞争，不断优化服务。

二、社会化养老多元供给主体融合效果有待进一步提升

（一）提高服务的可及性和便利性

从养老的传统看，进一步提升社会化养老服务质量，首先“提高老年人享受养老服务的可及性和便利性”[27]。我国大部分老年人选择居家养老，包括慢病、高龄、失能、半失能等行动不便、需要照料的老人，也集中在社区。现阶段，应重点提高居家和社区养老结合服务质量。一方面，要鼓励社区卫生服务机构、乡镇卫生院、养老服务机构等在社区（乡镇）设立医养结合服务设施，推动医疗卫生机构将服务延伸至社区和家庭，将上门医疗服务向养老机构拓展。另一方面，可通过“互联网+医疗健康”“互联网+护理服务”等创新方式，让老年人不出社区（乡镇）即能享受服务。

（二）促进养老政策衔接、资源共享和服务融合

从社会化养老的发展历程看，要在优化服务衔接方面下更大功夫，进一步促进政策衔接、资源共享和服务融合。长期以来，我国养老服务分别由不同类型、不同层级的机构提供，政策制定和监督管理职能分散于卫生、民政等多个部门。推进社会化养老，需要把各方面的资源整合起来，协同提供服务。例如，医疗卫生机构可以在养老机构中设立医疗服务站点，提供嵌入式医疗卫生服务；养老机构可以改造和增加护理型床位和设施，增强内设医疗卫生机构服务能力，与医疗卫生机构开展签约合作，为老人提供预约就诊绿色通道等医疗服务。只有推动医疗、康复、护理、养老服务更好地实现资源共享、服务衔接，医养结合服务质量才能不断迈上新台阶。

三、社会化养老多元供给主体融合政策有待进一步细化

（一）完善社会化养老制度设计

政府首先应承担起社会化养老制度设计与整合的职能，一方面完善“顶层设计”，进一步拟定出台全国范围内通用的具有指导意义的养老服务的相关法律、法规与政策；另一方面进行“细则拟定”，确保养老服务的具体施行。

第一，完善中央和地方社会化养老制度的顶层设计。强化养老制度多层次的顶层设计[28]。政府在制定与完善养老服务供给的相关制度方案的过程中，应遵循中央立法与地方政策共同推进、分别拟定的原则。在中央层面优化顶层设计，使养老服务的法律、法规、政策等相互贯通与协调，逐步形成脉络清晰、内容完善的有机系统，以普遍性的法律、法规、政策等作为全国性的养老服务工作的统一指导。在地方层面，由于我国地区发展不平衡，不同地区的人口老龄化水平、经济实力、社会发展、社会组织培育、实践基础等各方面条件不同，养老服务的具体政策也应在中央相关法律、法规、条例、意见等统一指导下，结合地方实际，分别制定地方性的养老服务规章制度，如“实施办法”“实施意见”“管理办法”等，为当地养老服务供给的具体实践提供必要的依据。

第二，细化实施准则。制定法律法规政策的意义在于具体贯彻落实，政府在推进养老服务法治化的同时，应做好法律法规与政策的解释与明确化工作，颁布相关实施细则，使

养老服务的具体开展有章可循。

第三，完善配套政策。养老服务的具体开展与推进需要一系列配套政策来支撑，而配套政策主要可归结为人力与财力两方面。就人力来看，养老服务需要由各类型的人力资源来承担。面对老年人口日益增长的健康养老需求，相关养老服务的专业人员，包括老年护理员、老年医师、老年康复师、老年心理咨询师、社会工作者等均面临着供不应求的窘境。政府应出台相关政策，鼓励高素质人才进入养老行业，促进与养老行业相关的职业发展，提升养老服务人员福利待遇水平，优化养老服务人才队伍，提升养老服务从业人员的整体素质与专业能力。就财力来看，对于大部分老年人，尤其是失能半失能老年人而言，政府应尽快探索与建立适合中国国情的、覆盖全体老年公民的、强制性的“长期护理保险”制度，以完善老年护理服务的制度化筹资机制，保障养老服务长期有序运行。

（二）优化财政支持

养老服务作为“准公共产品”，具有明显的福利性质。虽然在养老服务供给中，政府并不是唯一的资金来源方，个人、家庭与其他服务机构等均承担一定的财政责任。然而，充足、稳定且精准的财政投入是政府履行养老服务主体责任的重要体现。

第一，提高财政支出。就中央的财政支出来看，2018 年，我国中央本级支出总额为 33226.97 亿元，其中社会保障与就业支出为 1207.55 亿元，卫生健康支出为 188.11 亿元，分别占中央本级总支出的 3.63%与 0.56%，远低于中央在教育、科技、农林水等公共服务方面的支出。因此，政府的财政预算应进一步提升包括养老服务在内的民生性支出的比重。政府可以考虑专门针对养老服务进行财政列支与预算，确保形成对养老服务的稳定财政支持。

第二，改革补贴机制。养老补贴是政府对养老服务进行财政投入的重要表现。目前政府的养老补贴仍是以“供方补贴”方式为主，即针对养老服务的供给方，如民办养老机构的床位补贴、房租补贴、保险补贴、护理补贴等；或者针对居家老年服务机构的综合补贴。老年人的养老需求具有普遍性，单纯的“供方补贴”机制本质上剥夺了未能接受相关机构服务供给的老年人的权利，政府应进一步优化补贴机制，根据老年人的不同情形，探索针对不同对象、分门别类的养老补贴标准与方案。

第三，拓宽社会化养老筹资渠道。政府对于养老服务的财政支持，除了在政府财政预算中列支以外，还应拓展其他资金来源渠道。一方面，加强社会化养老自主筹资。通过加大社区养老服务的宣传，吸引更多社会企业家、非营利机构进行投资，鼓励社区不同层次爱心人士和老年人参与社会活动，将资金投入到社区养老服务中，因此政府可以通过给予社会企业或其他组织优惠政策的方式。另一方面，鼓励社会爱心人士捐赠。例如，构建社区网络平台，吸引社会爱心人士为社区养老服务捐赠，设立慈善捐赠基金、福利彩票基金等，养老事业需要多方面的力量才能够发展，鼓励他们为社区养老服务捐助，同时做好资金监管与审计工作，健全责任追究和问责机制。

（三）强化统筹监管

在养老服务供给服务提供过程中，政府需要保证各个主体协调运作，各个环节紧密联系，尽力避免环节脱节或差错产生，政府在此过程中应承担起统筹、监督与评估等责任。

第一，做好统筹协调。养老服务供给涉及多元化的主体共同参与，不同主体之间权利与义务如何划分、职责与权限如何界定、利益与关系如何确认等均需要权衡、协商与整合。养老服务涉及民政、卫生、人社等不同政府部门之间，政府与社会组织之间，政府与市场组织之间，市场组织与社会组织之间，政府与社区之间，社区与各类组织之间（包括市场组织与社会组织），不同社会组织之间，不同市场组织之间等一系列多重而复杂的合作或竞争关系，而这些关系需要政府来统筹协调。

第二，强化监督机制。养老服务的具体实施主要由相关社会组织或商业机构来推进，而政府应以细化的监督管理条例为基础，强化对于养老服务主体的监督，规范包括养老服务社会组织、养老企业等在内的各服务主体的行为，确保各服务主体的职责履行，保证各服务主体的财务状况、治理结构、人员配备等与组织的性质与目标相契合，杜绝各类“寻租”“套利”等违规行为。政府应建立专门的养老服务监督管理机构，实行机构监督与项目监督相结合。

第三，完善评估体系。专业而完备的评估体系是养老服务质量的重要保证。在多元主体评估的原则下，政府也应是重要的外部评估主体之一。对于评估的方式，政府或者可自设评估办公室，或者可经由评估机构、评估专家、服务对象与社会公众评价，对养老服务的实施过程与效果成果进行评估。通过评估，一方面有助于养老服务机构的服务品质改善，提升服务对象的满意程度；另一方面也有助于总结养老服务的相关经验，探索相关理论，优化与完善养老服务供给。

第四节 社会化养老多元供给主体融合研究的展望

一、不同年龄段老人占比发生变动背景下社会化养老多元供给主体如何融合

深度老龄化通常不会单独出现，它常伴失能、半失能、失智、独居、空巢。1999 年，中国进入老龄化社会。根据《中华人民共和国 2021 年国民经济和社会发展统计公报》数据显示，截至 2021 年底，65 岁及以上老年人口占总人口的 14.2%，且人口结构老龄化趋势继续。2020 年 6 月 12 日，中国发展研究基金会发布的《中国发展报告 2020：中国人口老龄化的发展趋势和政策》显示，2035～2050 年是中国人口老龄化的高峰阶段，到 2050 年中国 65 岁及以上的老年人口将达 3.8 亿人，占总人口比例的近 30%；60 岁及以上的老年人口将接近 5 亿人，占总人口比例的 1/3 以上[29]。深度老龄化是老龄化进程发展到一定阶段的必然产物，导致人口深度老龄化的基本因素有两个：一是老年人口，尤其是高龄老人的死亡率下降或存活率上升；二是人口年龄队列自身的惯性推移[30]。深度老龄化预示着老龄化的性质与状态已经发生改变，即以生育率下降为主导的“底部老龄化”转变为以死亡率下降为主导的“顶部老龄化”。在深度老龄化背景下，社会化养老多元供给主体如何融合成为需要思考和解决的问题。

二、提升政府在社会化养老多元供给主体资源整合能力

首先，要转变政府职能，改变政府包办养老服务的现状。养老服务不能仅靠政府来实现，必须广泛动员社会资源共同参与、共同发展社会福利事业。政府要从包办养老服务转

向支持和管理养老服务社会化供给，推动一次性建设补贴、床位补贴、税收减免、水电优惠等民办养老院支持性政策落地，将政策的激励作用真正落实到民办养老院。

其次，完善养老法律法规，保障老年人和民办养老机构的合法权益。健全的养老法律体系，不仅是对老年人接受养老服务的有效保障，也是消除民办养老院投资顾虑的制度保证。由于缺乏相应法律法规的规范，在我国养老服务市场中，部分鱼龙混杂的单位、团体以养老之名，侵害老年人的合法权益。养老行业又因老年人身体虚弱、疾病缠身等被视为高风险行业，如果没有法律的清晰界定，社会资本将顾及风险而不敢进入。

最后，以竞争方式，促进养老服务市场提质增效。一是打破行业垄断，开放养老市场，鼓励兴办各类养老机构，如创新机制以公建民营、民办公助等方式增加市场供给。二是公立养老机构退出市场竞争领域，重点承担救济城镇无生活来源、无劳动能力、无赡养人的“三无”老人和农村“五保”老人的职责，与民办养老院在不同领域发挥应有作用。三是采取“养老券”等方式，按照失能老人、半失能老人和低收入老人等类别分别提供补贴，由老年人按照养老机构服务质量自由选择，从而促进民办养老院的充分竞争。四是建立民办养老机构评估制度，以服务质量的高低实施竞争性补贴，避免吃“大锅饭”。当然，养老服务社会化供给并不意味着政府责任的减轻，反而是要做好更多的工作，如切实加强政府投入。目前虽然养老服务体系纳入政府责任，但更多停留在原则性要求上，有关部门应尽快进行科学预算，只有真正落实到位的政府投入，才是落实民办养老院各项补贴从根本上得到保障。

三、如何划分社会化养老不同供给主体责任

要解决养老服务供给不足问题，必须从创新体制机制角度入手，重构养老服务供给主体责任分担机制。首要工作是要明确不同供给主体的供给职责，使其各在其位，各负其责，以纠正当前普遍存在的缺位、越位和错位现象。养老服务的供给主体主要包括家庭子女、政府、非营利社会组织、市场营利机构等。因此，可针对不同的养老服务供给主体予以相应的制度安排，以充分发挥各方面的力量，协同参与养老服务的供给。

（一）科学界定政府的职能

当前，政府在我国养老服务社会化的过程中承担着主导性的角色，引领我国养老服务社会化的发展。政府的主导性地位表明其在养老服务中的职能以指引性、规范性、支持性为主，具体表现为以下几点。

1. 提供基本养老服务，追求社会公平

政府权力收缩，但仍承担着供给基本养老服务，满足老年人基本养老服务需求的责任。当然，政府并不一定直接提供基本养老服务，可以通过向市场、非营利组织购买等形式，作为提供者支付给老年群体。

2. 提供制度支持

政府应制定相关的养老服务社会化的发展规划，推出养老服务社会化的法律法规，全面掌控其方向，创造良好的发展环境，科学引导养老服务社会化的发展。

3. 提供政策支持

政府的政策支持是养老服务社会化发展的工具，既要明确养老服务社会化发展的战略

目标与根本任务，也要有养老服务特定领域的目标与任务，具体到某一问题的目标与实现措施等，积极地、具体地指明养老服务社会化发展的方向，引导发展。

4. 提供资金支持

政府强有力的财政支持是养老服务社会化可持续发展的有力保障，政府应积极发挥其财政支持作用，将养老服务发展纳入财政预算，运营基础性的养老服务机构，同时资助、扶持民办养老服务机构的发展，补贴居家养老服务相关项目的发展。

5. 提供监督管理机制

政府的监督管理机制是养老服务社会化良性运行的重要条件，一方面要加强对养老服务社会化的制度、政策等执行力度、执行情况的监督，确保制度、政策的有效执行；另一方面，需要加强对养老服务机构的监督管理，包括其服务准入条件、服务标准、服务质量等。

（二）充分发挥市场养老服务的主体性作用

市场是养老服务社会化的主要参与主体，其参与养老服务的合理性主要体现在以下方面。第一，养老服务是准公共产品，具有一定的竞争性，同时也是公益性与营利性的统一，市场参与满足其竞争性与营利性的特征；第二，市场参与养老服务具有一定的优势，可弥补政府供应的空白，可最大限度满足老年人的个性化、特殊化需求，同时能够相应地提升养老服务效率，减少政府财政负担与压力。

市场在养老服务社会化过程中的主要职责如下。第一，承担服务生产者角色，直接提供养老服务。市场发挥作用的领域主要是发展性的养老服务领域，生产提供多样化、高层次、发展性的养老服务，满足老年人多样化的发展性的养老服务需求。市场主要有两种供给方式，一是市场单独供给养老服务，探求市场需求方，扩展养老服务产业，提供有偿养老服务；二是市场与政府或者社区合作供给养老服务，体现为政府购买市场服务或对社区环境条件的利用，提供低偿的养老服务；第二，研究养老服务市场，增强创新性，开发养老服务产业。市场具有很大的灵活性、创新性，蕴藏着诸多养老服务发展机遇，市场应充分发挥其积极性，开发多样化的养老服务，创新养老服务供给方式，促进养老服务市场的发展，为养老服务的市场化运行提供良好的条件。

（三）积极调动非营利组织参与社会化养老服务的积极性

“非营利组织是调节政府失灵和市场失灵的重要组织机构”[31]。非营利组织具有公益性的特征，能够有效地避免政府失灵及市场失灵，是养老服务社会化的主要依托，也是未来养老服务的主力军。非营利组织参与养老服务社会化主要依靠其独有的优势：弥补政府及市场参与的空白；节约成本，减轻政府负担；专业化服务，提高服务质量。

非营利组织在养老服务社会化过程中主要承担以下职责。第一，作为生产者，直接提供养老服务。非营利组织既可以作用于基本养老服务，也可以作用于发展性养老服务，只是供给形式会有所区别。对于基本养老服务来说，主要是政府向非营利性组织购买服务，提供免费性的服务。对于发展性养老服务来说，既可以政府购买，也可以自己经营，提供低偿养老服务。第二，承担养老服务的监督管理工作、服务评估工作等。当前，这一职责的实行主要是政府的合作者来进行，发挥中介作用，提供发展建议。当前，上海等地的居家养老服务中的“第三方评估”只是该职能的具体化。

（四）以社区作为社会化养老服务的主要载体

社区是老年人的主要生活场所，社区参与养老服务社会化具有一定的优势。第一，社区是老年人熟悉的环境，符合老年人恋旧、不愿离开熟悉环境的养老意愿；第二，社区内有丰富的养老服务资源，有利于资源的整合，有效提供养老服务；第三，社区在满足老年人的精神需求及心理需求等方面比政府、市场等主体拥有优势。

社区在养老服务社会化过程中主要承担以下职能。第一，提供养老服务。社区在提供养老服务时主要有两种角色：社区直接提供养老服务，多是无偿形式的；社区作为中介，与市场、非营利组织等合作，提供平台，为社区老年人引入服务，进行宣传工作。第二，构建社区参与养老服务的动力机制。这项工作主要涉及建立社区机制、制度、规范、养老服务宣传等，为养老服务在社区的发展创造良好的条件。第三，整合社会资源。社区要积极整合、利用社区内的丰富资源，尤其是非正式的志愿者资源，同时不能忽略老年群体自身所拥有的资源，发挥低龄老人的余热，参与养老服务志愿工作。

（五）发挥家庭不可替代的养老功能

伴随家庭养老功能的弱化，有人对家庭参与养老服务社会化提出了质疑，事实上，家庭拥有其不可替代的养老功能。第一，家庭能够提供亲情支持等精神层面的养老服务，这是任何其他主体所不能提供的；第二，家庭服务具有及时性与互动性，成员间的信任度较强，能够塑造良好的服务氛围；第三，我国传统的思想意识强调家庭及子女的赡养义务与责任，拥有较为坚固的伦理基础；第四，养老服务社会化的发展程度低，其他主体的养老功能尚不完善，故家庭的基础性作用不容忽视。

参考文献

[1] 陈学荣. 南京市：着力发展民办养老机构［J］. 社会福利，2009，1：12.

[2] 韩烨，蒲新微. 居家养老偏好：影响因素及其解释——基于长春市的调查［J］. 兰州学刊，2018，4：145-154.

[3] 张举国. “一核多元”：元治理视阈下农村养老服务供给侧结构性改革［J］. 求实，2016，11：80-88.

[4] 任勤，何泱泱. 社会养老服务供给主体间的职能与合作［J］. 四川大学学报（哲学社会科学版），2016，3：116-122.

[5] 何艳玲，王铮. 统合治理：党建引领社会治理及其对网络治理的再定义［J］. 管理世界，2022，38（5）：115-131.

[6] 李向显，刘宇飞. 从“体制内”到“公益圈”的公益人才现状研究［J］. 中国青年社会科学，2018，37（5）：127-133.

[7] 焦嫦亮，宋艳. 新农村建设中养老服务安全水平提升策略与路径——评《新型农村社会养老保险风险识别与防范研究》［J］. 中国安全科学学报，2022，32（1）：208.

[8] 杜智民，康芳. 农村社区居家养老服务供给精准化的实践困境与优化路径［J］. 重庆社会科学，2020，9：130-140.

[9] 赵奕钧，邓大松. 人工智能驱动下智慧养老服务模式构建研究［J］. 江淮论坛，2021，2：146-152.

[10] 李长远，张会萍. 包容性发展视角下农村养老服务发展的非均衡性及调适［J］. 现代经济探讨，2018，11：121-126.

[11] 詹国辉，刘邦凡，张瑾. 农业面源污染的适应性治理：国际经验、限度与路径选择——基于雄安——白洋淀水域的实证考察［J］. 河北经贸大学学报，2018，39（2）：87-96.

[12] 张睿海. 城乡融合视野下构建我国农村社会保障体系的法律规制［J］. 农业经济，2019，12：54-56.

[13] 沈毅. 以新发展理念引领养老保障体系协调发展研究［J］. 广西社会科学，2017，13：194-199.

[14] 李长远，张会萍. 医养结合养老服务供给主体角色定位及财政责任边界［J］. 当代经济管理，2021，43（2）：65-72.

[15] 包先康. 农村养老服务协同供给模式建构研究［J］. 社会科学辑刊，2016，5：38-46.

[16] 辜胜阻，吴华君，曹冬梅. 构建科学合理养老服务体系的战略思考与建议［J］. 人口研究，2017，1：3-14.

[17] 张思锋. 中国养老服务体系建设中的政府行为与市场机制［J］. 社会保障评论，2021，5（1）：129-145.

[18] 杜春林，臧璐衡. 从"碎片化运作"到"整体性治理"：智慧养老服务供给的路径创新研究［J］. 学习与实践，2020，7：92-101.

[19] 雷咸胜，崔凤. 农村养老服务产品的合作供给. 人口与社会，2015，31（3）：105-106.

[20] 任杨，朱宇，关博文. 社区居家养老服务中的政府作用［J］. 学习与探索，2022，9：16-26.

[21] 陈连军. 社会工作介入居家养老服务的推进路径研究［J］. 学术交流，2013，7：131-133.

[22] 辜胜阻，吴华君，曹冬梅. 构建科学合理养老服务体系的战略思考与建议［J］. 人口研究，2017，41（1）：3-14.

[23] 鲁迎春，唐亚林. 数字治理时代养老服务供给的互动服务模式：特质、问题及其优化之策［J］. 南京社会科学，2020，7：51-59.

[24] 杨哲，王茂福. 日本医养结合养老服务的实践及对我国的启示［J］. 社会保障研究，2021，1：93-102.

[25] 刘卫东，李爱. 我国居家养老服务发展面临的现实困境及应对策略［J］. 东岳论丛，2022，43（9）：96-103.

[26] 何宏莲，李晓东. 我国养老产业集群发展应对人口老龄化策略［J］. 学术交流，2020，10：133-140，192.

[27] 白维军. 流动公共服务视角下的民族地区农村养老保障服务创新［J］. 内蒙古社会科学（汉文版），2014，35（2）：9-13.

[28] 董克用，孙博. 从多层次到多支柱：养老保障体系改革再思考［J］. 公共管理学报，2011，8（1）：1-9，122.

[29] 中国发展研究基金会. 中国发展报告 2020：中国人口老龄化的发展趋势和政策［R/OL］. https://www.cdrf. org. cn/zgfzbg/5586. htm［2020-06-19］.

[30] 綦翠华. 健康促进与人口高龄化［J］. 山东社会科学，2014，10：66-70.

[31] 张振鹏. 文化产业数字化的理论框架、现实逻辑与实现路径［J］. 社会科学战线，2022，9：74-83.